アクティベート
保育学

汐見稔幸・大豆生田啓友 [監修]

01 保育原理

汐見稔幸・無藤 隆・大豆生田啓友 [編著]

ミネルヴァ書房

シリーズ刊行にあたって

　幼稚園教育要領、保育所保育指針、幼保連携型認定こども園教育・保育要領が改訂（定）されました。この3文書の改訂（定）は、わが国の乳幼児教育・保育の世界にとって、とても大きな意味をもっています。たとえば、幼稚園・保育所・認定こども園には共通の教育機能があることが明示されたこと、「子ども主体の遊びが学び」だという乳幼児教育・保育の考え方を踏まえたうえで、小学校以降の教育への接続を図ることがより明確化されたこと等々があげられます。

　それは、乳幼児期の保育の質の重要性を明らかにした研究や世界的な動向、子ども・子育て支援新制度の流れを受けた、すべての園が質の高い教育・保育を保障することをより具現化する改訂（定）でもあります。つまり、これからの時代は、すべての園が、子ども主体の遊びを通した学びを保障することがより求められるのです。

　そして、この改訂（定）を受けて、幼稚園教諭の教職課程にはコアカリキュラムが導入され、保育士養成課程も改訂されました。本シリーズはこのような動向を踏まえ、新しい時代の学力観に基づいた保育者養成を見据えた内容と構成となるように考えました。

　そこで、本シリーズにおいては、学生が身近なWORKを通して、主体的・対話的に学べるように、そして深い学びへとつながるような工夫を行っています。学生自身が、子どもや保育の学びに主体的に、ワクワクしながら、時には教室を離れて、仲間と協同的に学ぶことができることを目指しました。

　子どもの保育に関わる世界はとても魅力的なものです。保育って、最高におもしろいのです。どうか、このテキストが、学生のみなさんにワクワクしながら使ってもらえることを期待しています。

　2019年2月

監修者　汐見稔幸・大豆生田啓友

はじめに

　毎日保育の営みをしている人は，自分のやっていることをより大きな枠組みで考えてみるということはあまりできません。日々，問題なく保育をすることで手一杯でしょう。ちょうど，山登りをしている人が，自分は山全体のどこにいて，その周囲にはどういうものがあるか実はよくわからない，というのと似ています。

　しかし，山をある程度登ったとき，見晴し台のようなところがあり，そこで全体を一望することができたときは違います。「あっ，あそこから登ってきたんだ！」「えっ，あっちにも道があったのか！」「あそこは素敵だな，あっちに行こうか」など一挙に見えるものが広がります。「帰りは別の道から下りてみよう」ということも発想できます。

　「保育原理」を学ぶ意味というのは，この全体を眺望するということと似ています。

　ある園に勤めたらまずその園の保育の仕方やこだわり，その園が大事にしている行事などを懸命に学びます。2，3年経つと，その園の保育のやり方に慣れてきて楽になります。しかし，そうしてその園に適応しようと努力しているだけだと，その園の保育のやり方や慣行が実は数あるやり方のうちの一つにすぎなくて，もっと多様な保育の仕方があるということが次第にわからなくなっていきます。学生の頃に習ったことも次第に忘れていく時期です。

　しかし，保育の原理を学んだりそこで学んだことを覚えていると，「自分がやっている方法は○○法というものらしく，このやり方ではある力は伸びるけど，逆に別の力は育たない」ということがわかったりします。「歴史のなかにはもっと多様な模索があったけど，それらはそれぞれの時代の課題に合わせようとして生まれたものだったんだ」などと，保育を社会との関係のなかで意味づけることもできるようになります。また，「保育を成り立たせている制度に

は福祉的な視点と教育的な視点が入り込んでいて，その関係をどうつくっていくかによって保育の意味は変わってくる」などと理解できれば，自分の立ち位置を決めるヒントが増えていきます。

　これらに限らないのですが，保育という営みを少し高いところから鳥瞰することで，保育をより深く，そして的確に把握したり，保育の意味をもっと深く捉えることができるのです。この巻の各論はそうした視点をみなさんにもってもらうためのものです。各論で興味をもったことは，より専門的に学んでください。そうすれば本当の保育のプロになっていくでしょう。

　2019年2月

編著者を代表して　汐見稔幸

目　次

はじめに

第 1 章　「保育」とは何か　　1

1　「保育」の誕生と戦前の幼稚園・保育所……3
- 1　幼稚園における「保育」　3
- 2　保育所における「保育」　5

2　法的に規定される「保育」……6
- 1　「学校教育法」による「幼稚園」,「児童福祉法」による「保育所」　6
- 2　幼児教育・保育のガイドラインの誕生　8

3　「子ども主体の保育・教育」へ……10

4　保育を原理的に考える……12
- 1　「学ぶこと」と「教えること」　12
- 2　倉橋の保育の四層構造から考える　14

5　制度としての「保育」……17

第 2 章　保育と子ども理解　　23

1　子ども理解とは何か……25
- 1　私たちにとって「大切な人」はどんな人？　25
- 2　「大切な人」が私たちにとる姿勢とは　26
- 3　子どもを見る「まなざし」と「子ども理解」　27
- 4　「指導・管理的まなざし」を向けることの問題性　29

2　「子ども理解」の根幹にあるもの……31

- 1 「ある」から出発するのが「子ども理解」 31
- 2 子どもの行為の「意味」を探る 32
- 3 肯定的な関心と受容的な態度が生み出す「子ども理解」 33
- 4 「こころもち」に応答するということ 34

3 「子ども理解」から始まる遊びの援助 ……………………………… 35
- 1 「子ども理解」から始まる環境構成・再構成 35
- 2 子どもの「主体的・対話的な深い学び」を支えるために 36

4 「子ども理解」を深めるために ……………………………………… 37
- 1 自分自身の実践を「振り返る」 37
- 2 仲間と共に「振り返る」 38
- 3 「省察」が子ども理解を深める 38

第3章 保育の内容　　41

1 保育内容とは何か……………………………………………………… 43
- 1 保育内容の定義 43
- 2 保育内容の構造 44

2 保育内容の変遷……………………………………………………… 48

3 幼稚園教育要領等における保育内容 ……………………………… 50
- 1 「育みたい資質・能力」と「幼児期の終わりまでに育ってほしい姿」 50
- 2 養護に関わる内容 53
- 3 保育所保育指針等の各年齢段階の保育内容 55

第4章 保育の方法　　65

1 保育の方法とは何か…………………………………………………… 67
- 1 万能な保育の方法など存在しない 67

　　　　2　「保育者が中心となる保育」と「子どもが中心となる保
　　　　　　育」　68
　　　　3　保育の方法が子どもの発達やその後の人生に影響を与
　　　　　　える?!　69
　　2　望ましい保育の方法を考える……………………………………… 70
　　　　1　保育者が教え導くだけでも，子どもを放任するだけで
　　　　　　もない　70
　　　　2　子どもを中心に保育者がつないで発展する　71
　　　　3　小グループ活動を組織する　72
　　3　「子どもを中心に保育者がつないで発展」する保育の方法……… 73
　　　　1　鍵となる「子どもを中心に保育者がつないで発展」　73
　　　　2　事例から考える「子どもを中心に保育者がつないで発
　　　　　　展」　75

第 5 章　保育の計画と評価　　　　　　　　　　　　　79

　　1　保育における計画と評価とは何か……………………………… 81
　　　　1　保育における計画と評価にはどのようなものがあるの
　　　　　　か　81
　　　　2　保育における記録の役割――保育専門職による実践づく
　　　　　　りの道具としての記録　82
　　　　3　保育の計画と評価の特徴――実践のフレキシビリティ
　　　　　　（臨機応変さ）を大切に　84
　　2　保育の計画とは………………………………………………… 86
　　　　1　全体的な計画　87
　　　　2　指導計画　88
　　　　3　「育みたい資質・能力」と「幼児期の終わりまでに育っ
　　　　　　てほしい姿」　88
　　3　保育の評価とは………………………………………………… 91
　　　　1　評価の枠組み　91
　　　　2　PDCA サイクル　91

　　　　3　カリキュラム・マネジメント　92
　4　保育の質の維持と向上を図るために ………………………… 92

第 6 章　保育と子育て支援　　　　　　　　　　　　　　95

　1　子育て支援とは何か ……………………………………………… 97
　　　　1　子育てと仕事の両立支援　97
　　　　2　待機児童対策　98
　　　　3　子育て負担軽減としての経済的支援　99
　　　　4　親子への支援　99
　　　　5　少子化対策としての子育て支援　100
　　　　6　子どもが健やかに育つことを社会全体で支援する　100
　2　何が子育てを困難にしているのか？ …………………………103
　　　　1　エピソードから考える子育て困難　103
　　　　2　子育ての孤立状況　105
　　　　3　情報時代の子育て　106
　　　　4　多様な家族　107
　3　保育の場で行われる子育て支援 ………………………………108
　　　　1　子育て支援の基本　108
　　　　2　「子育て支援の基本」のポイントの解説　110
　　　　3　園児の保護者に対する支援　111
　　　　4　地域の保護者に対する支援　113

第 7 章　健康・安全と保育　　　　　　　　　　　　　　115

　1　子どもの健康と安全についての理解 …………………………117
　　　　1　子どもの命を守ることは保育の大前提　117
　　　　2　「養護」についての考え方をもとに，子どもの健康と
　　　　　　安全を捉える　119

目　次

　　　　　3　子ども一人一人への理解が，健康と安全の維持・向上
　　　　　　　につながる　122
　　　　　4　「主体性」が健康と安全をつくり出す　124
　　　　　5　「自ら健康と安全をつくり出す」子どもを育てるため
　　　　　　　に　125
　　2　0〜2歳の子どもの健康・安全と保育 …………………………126
　　　　　1　年齢が低い子どもほど命の危険が大きい　126
　　　　　2　「くう・ねる・みずあそび」に注意　127
　　　　　3　0〜2歳の保育で注意したいこと　129
　　3　3〜5歳の子どもの健康・安全と保育 …………………………130
　　　　　1　保育者の関わり方が事故を起こし，事故を防ぐ　130
　　　　　2　3歳以上のプールや園外活動での事故　132
　　4　子どもの発達を保障する健康・安全な保育のために…………133

第8章　保育者の専門性と資質向上　　137

　　1　法令における保育者の専門性 ……………………………………139
　　　　　1　保育士の専門性の法的な根拠　139
　　　　　2　保育所保育指針における保育者の専門性　141
　　　　　3　保育士養成課程で育まれる専門性　142
　　2　保育者の専門性の特質 ……………………………………………144
　　　　　1　保育の特質と「省察的実践者」　144
　　　　　2　省察的実践者としての援助の在り方　145
　　3　保育者の資質向上 …………………………………………………146
　　　　　1　保育所保育指針における保育者の資質向上　146
　　　　　2　施設長の役割　147
　　　　　3　保育者の研修　148
　　　　　4　研修への組織的な取り組み　149

第 9 章　保育の歴史に学ぶ　　151

1　保育の種類……153
- 1　保育への問い　153
- 2　保育の位置づけ　154

2　保育思想とその歴史的背景……156
- 1　オウエン――幼児学校のはじまり　156
- 2　フレーベル――幼稚園のはじまり　157
- 3　モンテッソーリ――障害児の教育からの発展　158
- 4　マラグッツィ――レッジョ・エミリアの幼児教育　160

3　日本の幼稚園保育の展開……162
- 1　遊びを中心とする保育の成立　162
- 2　学校との関係の模索　165
- 3　遊びを中心とする保育の展開　166

4　日本の保育所保育の展開……167
- 1　保護される子ども　168
- 2　保護者の就労支援　169
- 3　社会のなかの子どもの発見　170

5　プロジェクトの試み……171
- 1　戦前戦後の新教育　171
- 2　新たな幼児教育に向けて　172

第 10 章　多様な子どもの理解と保育　　175

1　外国籍家庭の子どもの理解と保育……177
- 1　多文化共生を目指すために　177
- 2　外国籍家庭の子どもはどのような経験をするのか　179
- 3　外国籍家庭を受け入れるポイント　180

2　貧困家庭の子どもの理解と保育……182

　　　　　目　次

　　　　1　ニッポンの貧困　182
　　　　2　遊びを通して貧困家庭を支える　185
　3　障害のある子どもの理解と保育 …………………………………188
　　　　1　子どもが「生きてよかった」と思える保育を目指す　188
　　　　2　子どもの思いを読みとるために　189
　4　すべての子どもがうれしい保育をするために ………………190

第11章　学校や地域との連携のなかで行う保育　　195

　1　連携は何で大事なのだろう？ ……………………………………197
　　　　1　運動会で小学校高学年の踊りを見て　197
　　　　2　学びとは何か，学びが起こるとは　198
　2　エピソードから小学校や地域との連携を考える ………………199
　3　学校との連携 ……………………………………………………201
　　　　1　各園と学校との取り組み　201
　　　　2　小学校側の大きな変化　202
　4　地域との連携 ……………………………………………………203
　　　　1　園に地域を呼び込む　204
　　　　2　地域に子どもたちが出ていく　204
　　　　3　園を中心に地域をつくる　206

第12章　保育に関わる法律と制度　　209

　1　法律等の意味と読み方 ……………………………………………211
　　　　1　法律等の種類と意味合い　211
　　　　2　条文の表記法および読み方　213
　2　保育に関わる法律等 ………………………………………………214
　　　　1　子どもの生活に関わる法律　214

- 2　国際条約・規約と保育・教育　214
- 3　憲法と保育・教育　214
- 4　教育基本法と保育・教育　215
- 5　保育所・幼保連携型認定こども園・幼稚園に関する法律上の規定　216

3　保育に関わる制度　　　　　　　　　　　　　　　　218
- 1　保育に関わる行政機構　218
- 2　保育に関わる機関　218
- 3　保育の財政　219
- 4　子ども・子育て支援制度　220

第13章　これからの保育の課題と展望　225

1　これからの保育の在り方を考える　　　　　　　　　227
- 1　幼児期の教育の共通性の確立　228
- 2　乳児期からの連続としての教育・保育を捉える　233

2　今後の保育の課題とは何か　　　　　　　　　　　　237
- 1　幼児教育・保育とは何かを問う　237
- 2　専門性の向上に向けて　237

―― 本シリーズの特徴 ――

　シリーズ「アクティベート保育学」では，読者のみなさんが主体的・対話的で深い学びを成就できるよう，以下のような特徴を設けています。

●学びのポイント
　各章の扉に，押さえてほしい要点を簡潔に示しています。これから学ぶ内容の「ポイント」を押さえたうえで読み進めることで，理解を深められます。
●WORK
　各章の冒頭に「WORK」を設けています。主体的・対話的にWORKに取り組むことで，より関心をもって学びに入っていけるように工夫されています。
●導　入
　本論に入る前に，各章の内容へと誘う「導入」を設けています。ここで当該章の概要や内容理解を深めるための視点が示されています。
●まとめ
　章末には，学んだ内容を振り返る「まとめ」を設けています。
●さらに学びたい人のために
　当該章の内容をさらに深めることができる書籍等をいくつか取り上げ，それぞれに対して概要やおすすめポイントなどを紹介しています。
●カリキュラム対応表
　「目次構成」と「教職課程コアカリキュラム」・「保育士養成課程教授内容」との対応表を弊社ウェブサイトに掲載しています。詳細は，以下のURLから各巻のページに入りご覧ください。
　　〈http://www.minervashobo.co.jp/search/s13002.html〉

第 1 章
「保育」とは何か

・・・ 学びのポイント ・・・

- 「保育」「教育」という言葉の意味を幼稚園や保育所の発展・変遷から考える。
- 「保育」について原理的に考える。
- 制度から日本の保育の特徴を考える。

WORK 法律から「保育」と「教育」の意味を考える

学校教育法の第22条は以下のように書かれています(以下,下線筆者)。

> 第22条　幼稚園は,義務教育及びその後の教育の基礎を培うものとして,幼児を<u>保育</u>し,幼児の健やかな成長のために適当な環境を与えて,その心身の発達を助長することを目的とする。

これが幼稚園の規定(目的)ですが,続く第23条では次のように個別の目標を掲げています。

> 第23条　幼稚園における<u>教育</u>は,前条に規定する目的を実現するため,次に掲げる目標を達成するよう行われるものとする。
> 一　健康,安全で幸福な生活のために必要な基本的な習慣を養い,身体諸機能の調和的発達を図ること。
> 二　集団生活を通じて,喜んでこれに参加する態度を養うとともに家族や身近な人への信頼感を深め,自主,自律及び協同の精神並びに規範意識の芽生えを養うこと。
> 三　身近な社会生活,生命及び自然に対する興味を養い,それらに対する正しい理解と態度及び思考力の芽生えを養うこと。
> 四　日常の会話や,絵本,童話等に親しむことを通じて,言葉の使い方を正しく導くとともに,相手の話を理解しようとする態度を養うこと。
> 五　音楽,身体による表現,造形等に親しむことを通じて,豊かな感性と表現力の芽生えを養うこと。

よく読んでほしいのですが,学校教育法では,幼稚園は「保育」するところであると書かれていますが(第22条),すぐあとには「教育」を行う場であると書かれています(第23条)。この場合の「保育」と「教育」は同じことを指しているのでしょうか,それとも異なった内容を指しているのでしょうか。もし同じであればどうして二通りの書かれ方がされているのでしょうか。逆に異なっているのであれば,どうして同じ法律で違う言い方がされているのでしょうか。意見を交換してみてください。

また,保育所のことは学校教育法にはでてきません。保育所のことは何法に出ていて,その法律では保育所も保育する,教育すると両方書かれているでしょうか。それともどちらかだけでしょうか。調べてみてください。

第 1 章 「保育」とは何か

● 導 入 ● ● ● ● ● ● ●

　保育という言葉は，幼稚園や保育所で仕事をする人間にとってはもっとも日常的な用語で，普段この言葉の意味についてあれこれ吟味することはないでしょう。「保育者は」とか，「普段の保育では」などの言い方があたり前のように使われている基本用語です。でも，改めて「先生，保育って本当はどういう意味なんですか？」と保護者から聞かれたら，みなさんはどう答えるでしょうか？

　実はこれが意外と難しいのです。あまりに日常的に使われている言葉ほど丁寧に定義することは難しいということでしょうか。そこで，本章ではこの「保育」という言葉がいつから，どういう意味で使われてきたかを，幼稚園と保育所がどのようにして生まれてきたのかということと重ねて，簡単にですが探りたいと思います。そこを出発点として，保育の基本とされていることについて，いくつかの視点から原理的に考えていきたいと思います。

● ● ● ● ● ● ●

1 「保育」の誕生と戦前の幼稚園・保育所[*1]

1　幼稚園における「保育」

　さて，保育という言葉は，いつから使われ，どういう意味で使われていたのかということについてですが，これについてはすでに多くの研究がなされています。

　現在定説とされているのは，保育という言葉は1876（明治9）年に公的な幼稚園としてはじめてつくられた東京女子師範学校附属幼稚園（現在のお茶の水女子大学附属幼稚園）の園則において初めて使われた，ということです。この園則のなかで，子どもを「保育」するとか「保育時間」などといった言い方がなされています。

　この幼稚園がつくられた4年前の1872（明治5）年に近代的な学校制度を整

＊1　保育の歴史については，本書第9章で詳しく扱っているので，そちらも参照のこと。

備することを謳った「学制」が制定されたのですが,そこでは幼稚園という言葉は使われず,「幼稚小学」という名称が幼稚園に該当する施設に対して使われていました。ただ,実際にはそうした施設はまだ日本にはありませんでした。またこの学制では保育という言葉は使われていなくて,幼稚小学では「教ル」という言葉が使われていました。とはいえ,先にも述べたように当時は幼稚小学という施設に実態はなく,小学校との区別が明確ではなかったようです。

　学制が制定され,国として全国に学校制度を整備する意気込みは示されたのですが,当時の学校は授業料を徴収していたこともあって就学率がなかなか上がりませんでした。そこで,文部大輔(文部大臣の補佐役)の田中不二麿が渡米してアメリカのやり方を学び,帰国後それを取り入れて,学制を廃止し,自由な制度にすることを主張しました(教育令：1879年)。

　この田中,実は幼児教育に関心があって「幼稚園開設之儀」(1875年)という文書を発表しています。この文書で,田中はこのままでは小学校との区別がつかないことを怖れて,幼児の教育の方法として「看護扶育」を提唱し,「幼稚園」を設立して注意深く「看護扶育」しながら遊びを通じて小学校教育に「誘導」していくことを訴えています。田中は,幼児期の教育と小学校以降の教育を,おそらく初めて,丁寧に区別すべし,としたのです。

　東京女子師範学校附属幼稚園で「保育」という語が使われはじめたのは,こうした土俵があったからこそだったのでしょう。保育という語には,はじめから,机に向かって勉強するというイメージと違って,遊びを通じた諸活動のなかで,見守りながら自覚的な学びへと誘導するというイメージがあったようです。

　こうして明治の前半期にあちこちで「保育」を行う場として幼稚園がつくられるようになりました。大阪の商人が自らの子どもたちのためにつくった愛珠(あいしゅ)幼稚園[*2]は,日本で2番目に古い幼稚園で,木造の園舎がそのまま保存されていて今は重要文化財になっていますが,現在でも大阪市立の幼稚園として機能し

＊2　幼稚園という言い方は,フレーベル(Fröbel, F. W. A.)がつくった「キンダーガルテン」すなわち「幼児あるいは幼稚の園庭」の訳語だと思われる。フレーベルについては,本書第9章参照。

ています。こうした幼稚園が明治期前半から全国に広がり，そこにおける保姆（今でいう保育者）の仕事を広く「保育」というようになりました。すぐに貧民対象の幼稚園もつくられましたが，あまり機能せず，幼稚園のほとんどは裕福な家庭の子どもたちが通いました。

2 保育所における「保育」

　では，保育所のほうはどうでしょう。日本で初めて保育所が開設されたのは，1871（明治4）年に横浜で3人のアメリカ人女性宣教師によってつくられた「アメリカン・ミッション・ホーム」（亜米利加婦人教授所）だと言われています。日本人と外国人の「混血児」を救済し育てる施設で，現在の横浜共立学園の前身です。

　日本人の手によって保育所が初めて開設されたのは，1890（明治23）年新潟県の「静修女学院附設託児所」と言われています。この施設は子守をしながら学校に通う子どもたちが，一定時間子守から離れて勉強できるようにとつくられたもので，その後，似たような託児所は全国各地でつくられていきました。

　1900（明治33）年，熱心なクリスチャンでありフレーベル主義者であった野口幽香と森島峰が，当時広がりつつあったスラム街・貧民街で生きる子どもたちを放置できないと，東京麹町で新しい幼児教育施設を立ちあげました。その後，貧民街のあった隣の四ッ谷に移されました（四ッ谷は当時の東京の三大貧民街の一つで，最大のものでした。意外ですね）。これが二葉幼稚園で，都市の低賃金労働者家庭の子どものための教育施設がここから始まりました。この施設は1，2歳の子どもでも面倒を見ていたので，当時の関係者からそれは「幼稚園」と違う，別の施設名を使うべきという意見が出されました。そのため名称を1916（大正5）年に「二葉保育園」と変えました。当時託児所という言い方があったのですが，単にあずかっているだけでない，子どもをきちんと保育しているという矜恃がこの「保育園」という言い方に感じられます。

　同じ時期に「社会事業の父」と言われる生江孝之が，関西で社会福祉事業としての保育所の必要性を訴えました。生江は，1904（明治37）年，日露戦争の

軍人遺族家庭の生活を支えるために、貧しい労働者家庭の幼児を正しく育てるためには幼稚園と異なる施設が必要である旨を訴えました。これが当時の内務省（当時）に影響を与え、内務省は貧民予防対策として「幼児保育所」に補助金を支給するようになりました。これが1909（明治42）年です。

このようにして、保育所のほうは、①貧民街の子どもたちの救済のためにつくった慈善事業としての保育所、②工場雇い主が、女性労働力の確保のためにつくった託児所、③農村の繁忙期のための季節保育所、④セツルメント活動の一貫としての保育所など、それぞれの形で次第に増えていきました。1918（大正7）年には、米騒動が起こったこと受け、救貧・治安対策の一環として大阪、京都、東京で公立の保育所も開設されました。

こうして戦前、富裕層の子どもが通った幼稚園と貧しい層の子どもが通った保育所という分業が形をなしていきました。このうち公立の保育所で働いている人は幼稚園の免許をもっていた人が多かったので、その内容は「保育」として、幼稚園と変わらなかったようです。保育所のほうは、正規の管轄機関がありませんでしたので、主として民間の人たちの自主的な努力で、幼稚園と異ならない内容を目指していたのだと思います。

2 法的に規定される「保育」

1 「学校教育法」による「幼稚園」、「児童福祉法」による「保育所」

以上のように、幼稚園は西洋をモデルに幼児期からの教育を行う機関として、保育所は社会の構造変化と共に発生した新たなニーズに応じた子育てを支援する機関として、別々に生まれ育ちました。戦後、1946年に「憲法」が、その翌年の1947年に「教育基本法」がそれぞれ制定され、新たな教育や福祉制度の策定が課題となりましたが、幼稚園は学校教育法（1947年制定）、保育所は児童福祉法（1947年制定）という別々の法律で規定されました。これは、こうした歴史的経緯があったからです。

ただし、幼稚園を学校として含めるかどうかが議論となったことは知ってお

第1章 「保育」とは何か

くべきでしょう。反対論もあったのですが，倉橋惣三*3や当時文部省にいた坂元彦太郎*4らの尽力で，幼稚園は学校の一つに含まれることになりました。制定時の学校教育法の第1条は「この法律で学校とは小学校，中学校……」といろいろな学校が書かれた後，最後に「及び幼稚園とする」と幼稚園が付け加えのような形で書かれていました。ここに当時の議論の様子がうかがえます。

　それはともかく，戦後に「学校教育法」という大事な法律のなかに幼稚園を置くことが規定され，またそこは何をするところかが書かれた意味は大きいといわねばなりません。戦後の改革は「憲法」の制定から始まって，民主主義，平和主義，文化主義などが標榜されたのですが，その実現の多くを戦後教育の発展と定着に期待しました。幼稚園はそうした戦後改革，戦後の民主化を担う組織の一員として位置づけられたわけです。

　その幼稚園での実践をどういう言葉で規定するかが課題となったのですが，当初「学校教育法」のなかに幼稚園を学校として組み入れたのだから，そこは他の学校と同じように「教育」するところ，という書き方でいいのではないかという意見がありました。これに対して，これまで幼稚園は「保育」をするところと言ってきたのだから戦後もやはり「保育」という語にすべきではないかという議論が起こりました。このことを強く主張していたのが，当時文部省にいて学校教育法の策定に関わっていた坂元彦太郎と教育刷新委員会にいた倉橋惣三でした。坂元はあるところで「保育というのを医者が使っているような意味ではなしに，保護養成，保護教育の略ということにしましょうということにしたわけです」と言い，小学校とは「非常に違ったものだということを表したかったわけです」とも言っています。保護と教育を同時に強調したと言うのです。

　その後制定された児童福祉法で保育所が規定されましたが，保育所のほうは以前から言われていた「保護養育」の意味で使われました。こうして少し内容上のニュアンスは異なりますが，いずれも「保育」という語で戦後はスタート

＊3　**倉橋惣三**（くらはし・そうぞう：1882-1955）：大正から昭和にかけて活躍した日本の幼児教育・保育の理論的指導者。日本の幼児教育の父とも言われ，児童中心の進歩的な保育を提唱した。本書第9章も参照。
＊4　**坂元彦太郎**（さかもと・ひこたろう：1904-1995）：日本の教育学者で，1947年制定の「学校教育法」の草案の作成や「幼稚園教育要領」の作成に携わった。

したのです。^{*5}

　児童福祉法はもともと戦災孤児対策の法として制定議論が始まった法律ですが，途中で戦災孤児だけでなく，すべての子どもの福祉を考える法にすべきということになって生まれた，子どもの福祉に関わる総合法で，とても大切な法律です。そのなかで保育所をつくることが盛り込まれたのですが，その後の改正で「保育に欠ける子」を行政措置してあずかる組織とし，その設置を行政に義務づけました。これによって親が昼間働いていたり病気であったりして子どもの面倒を見られないときは，本人が行政に訴えればその子を保育所があずかって面倒を見てもらえるという制度（措置制度）が正式に始まったのです。これは画期的なことでした。

2　幼児教育・保育のガイドラインの誕生

　こうして戦後，幼稚園も保育所も法律で規定され，それゆえ税金を使って営む大切な教育および福祉施設となりました。当然，そこで行われる保育の内容（中味）は多額の税金を費やすのに相応しいものにしなくてはなりません。ちょうど学校教育の民主的な統一化のために「学習指導要領」が策定された時期（1947年）でしたので，その乳幼児版として保育の内容や方法のガイドラインをつくろうということになり，急いで幼児版のガイドラインがつくられました。つくった責任者はGHQの民間情報部教育部顧問であったヘレン・ヘファナンですが，実際は当時文部省の初等教育課にいた坂元彦太郎らの呼びかけで，当時の日本の保育界の重要メンバーたちがヘファナンたちと協議して作成したものでした（1948年）。名称は「保育要領」といいます。

　この「保育要領」はよくできたものでしたが，保育所と幼稚園の区別がありません。またアメリカの幼稚園をモデルとしたところがあり，日本の幼稚園の歴史から見ると不十分という意見もありました。そこで，幼稚園関係者は，独自に幼稚園専用のガイドラインの策定に取りかかりました。完成したのは1956

＊5　岡田正章ほか『戦後保育史（第1巻）』フレーベル館，1980年を参照のこと。

年で，そのとき名称を「幼稚園<u>保育</u>要領」ではなく「幼稚園<u>教育</u>要領」としました。「保育」という語を日常語として使い始めた保育所との差異化を図るために，幼稚園は「教育」するところということをより強調しようとしたわけです。このときこの「幼稚園教育要領」は小学校以降の「教科」に代わって「領域」という言い方で，保育の内容を区別しました。実際には「言語」「自然」「社会」「健康」「音楽リズム」「絵画制作」という6つの領域が設定されたのですが，すぐわかるように，それぞれ小学校以降の国語，理科，社会，保健体育，音楽，図工という教科に対応したものになっていました。ただし，6領域は小学校の教科を幼児版にやさしくしたものではない，ということは，このときもその後も一貫して強調されています。子どもたちの経験は「言語の経験」「自然の経験」などときれいに分けられないからです。そのうえで，それぞれの領域ごとに身につけてほしい行動や能力が細かに書かれ，それらは「望ましい経験」と総称されました。

　こうして保育所は「保育要領」，幼稚園は「幼稚園教育要領」と2本立てのガイドラインの時代がしばらく続きます。しかし，幼稚園は学校教育法では「保育」，「幼稚園教育要領」では「教育」ですから，どちらの用語も使用するということで落ち着いたといえます。

　その後しばらくして，幼稚園と保育所の二系統は必要ない，一本化すべきだという議論が起こります。種々議論はあったのですが，すぐに一本化は難しいということで，さしあたり両者の保育内容は同じにする，ということで決着が着いたという経緯があります。

　こうした経緯を経たあと，1964年に「幼稚園教育要領」が法的な性格をもつ文書として告示化されることになりました。それを機に，保育所も独自の指針をつくることが課題となりました。そして翌1965年に「保育所保育指針」が初めてつくられました。そこで「指針」の保育の内容は「要領」の保育の内容と基本的に同じにすることが当時の文部省と厚生省との間で取り決められていましたので，このときから保育所と幼稚園の保育内容（目標と目標を達成するための内容）は原則同じということが始まります。保育指針のほうは告示文書でなく，厚生省の児童家庭局長による通知文書でした。

以上，大急ぎで戦後の幼稚園と保育所の発展・変遷を見てきたので混乱した人もいるかもしれませんが，こうした経緯は現場をあずかる人間としても常識にしておいてほしいことです。

3 「子ども主体の保育・教育」へ

　幼稚園教育要領と保育所保育指針はその後25年間変更されませんでした。しかし，1980年代に入る頃から日本の子どもの育ちの様子が大きく変化してきました。中学校があちこちで荒れ，校内暴力も頻繁に起こりました。子どもたちの非行も変わってきてシンナーなど自虐的逃避的な非行が目立つようになりました。荒れを防ぐために管理的な教育が広がると，今度はいじめが大流行し，それを不安に思う子どもたちが大量に不登校になっていきました。生活でも夜更かし朝寝坊型の子どもが増え，スイッチ一つで要望が充たされるスタイルが一挙に広がっていきました。

　当時よく言われたのが，意欲とか関心とかが閉塞してしまっている感じを与える子どもたちの増大でした。無気力，無感動，無関心＝三無主義という言い方が広がったのもこの頃です。その背景に，モータリーゼーション（車社会の到来）の影響などで遊び場を失った子たちが次第に自発的な遊びができなくなっていき，必然的に家のなかで親の指示で動くことが多くなっていったことがありました。管理教育的な学校の雰囲気がそれを助長していました。

　当時の学校等での教育の背後には，こうした文化と社会の歴史的な大きな変化が襲っていたのですが，学校はそれに適切に対応できないでいました。どうしても古いやり方が残りがちなのが学校だからです。政治の世界でもそれに対する反省が始まり，臨時教育審議会（臨教審）が開かれ，知識集約型の学びや管理型の教育への批判が広く起こるようになっていきました。

　こうした雰囲気のなかで保育・幼児教育への反省が始まりました。その議論では，幼児の世界でも子どもたちに自主性や主体性という，人間にとってもっとも大事な素養がうまく育たなくなっていることが指摘され，それなのに保育や幼児教育は，相変わらず子どもたちに指示し従わせるような形が多く残って

いることが問題になりました。そこで，保育の世界での目標を思い切って変え，自主性や自発性がもっとも発揮される「遊び」をもっと保育の軸として重視して，遊びの多様な発展というプロセスのなかで人間的な基礎力を育てていくスタイルへ切り替えることが決まりました。遊びこそ，子どもたちが自主性や自発性，主体性を発揮し，またそれらが育つ活動だからです。こうして子どもたちの多様で豊かな遊びを引き出すことが保育の課題となり，そのための場，状況をつくり出すことが保育者のもっとも大事な仕事ということになりました。これを「環境を通した教育」ということが一般的です。子どもたちの多様な遊びを誘発する環境，子どもの学びが多様に実現する遊びを引き出すような広義の環境を創造することが保育の基本となったわけです。自発的で自己実現的な行為である「遊び」を多様に引き出す環境や雰囲気をつくることが保育の最大の課題となったということです。

　もちろん，保育は教育ですから，単に遊んでいればいいということではありません。遊びという主体的な活動のなかで現在と将来に必要な力の基礎が育っていかねばなりません。育っていくことをさまざまなかたちで支えるのが保育です。そこでそれを明確にするために「遊びを通しての総合的な指導」という言い方がされるようになりました。

　また保育目標も構想し直され，6領域に替わるものとして将来，社会で人間らしく生きていくのに必要な力を分析し，①種々の身体能力，②多様な人間関係を処理する力，③環境を分析的・総合的に認識する力，④言葉の力と言葉によるコミュニケーション力，⑤個性的で豊かな表現力の5つを析出しました。そこで，この5つに「健康」「人間関係」「環境」「言葉」「表現」という名称をつけ，これが新たに「領域」（5領域）と言われるようになりました。

　さらに，これまで各領域で書かれていた「望ましい経験」のなかには，いわゆる「到達目標」（これこれのことができるということが明確になった目標，たとえば「跳び箱3段が跳べる」など）と「方向目標」（あれこれのことをすることが好きになる等の方向だけを示す目標，たとえば「身体を精一杯動かすことが好きになる」など）が混在していましたので，それをやめて，すべて方向目標だけで記述することにしました。実際にはそれは「心情」「意欲」「態度」とされ，「〜する気

持ちを身につける」(心情)とか「〜することに意欲をもてるようになる」(意欲)とか「〜しようとする態度を身につける」(態度)などを保育の目標として記述することが標榜されるようになりました。

　以上のように，1990年前後に，これまでの保育・幼児教育の基本原理の大きな転換が図られたのです。保育者・教師が仕切ったり引っ張っていくことが主流になっている保育・教育が否定され，子どもが自分たちで考えたり企画したりすることを思い切って増やす「子ども主体の保育・教育」が主題になったのです。原理が「環境を通した教育」で，方法として「遊びを通しての総合的指導」が重視されるように変わったわけです。2018年度の教育要領や保育指針の改訂（改定）でも，このことはもう一度強調され，特に「資質・能力」[*6]を育むために「主体的・対話的で深い学び」が提唱されたのです。

4　保育を原理的に考える

　ここで，改めて，「子ども中心の保育・教育」「環境を通した教育」が今日なぜ強調されているのかを原理的に考えてみましょう。

　このことを考えるには，人間はもともと，教育されて育ったわけではないというところまで戻って考える必要があります。

1　「学ぶこと」と「教えること」

　人類は長く生命を繋いできました。ホモサピエンス族がこの地に表れて20万年から40万年くらい経つと言われていますが，途中で絶滅した他のホモ族と違って，上手に環境変化を生き抜き，今日に至っています。その間，種としての持続をひたすら工夫して図ってきたのですが，そのためにみんなが編み出した生き抜くための知恵やスキルを次世代に伝えて，力として保持するようにしな

---

*6　**資質・能力**：以前は「生きる力」と言われていた育てるべき目標を，より正確に表そうとしたもの。3つの柱からなり，①「知識及び技能の基礎」，②「思考力，判断力，表現力等の基礎」，③「学びに向かう力，人間性等」を身につけた様子を総合的に指している。

ければならなかったはずです。この知恵やスキルを伝え，我がものにするための営みはもっとも広い意味で「教育」ということができます。

　ところが，すぐにわかりますが，そのやり方は今のように誰かに「教え」てもらうというよりは，たとえば狩りに一緒に参加したり農業を手伝ったりして，その方法を実践的に「学ぶ」というようなものがほとんどだったはずです。料理の仕方，火の付け方，野菜の育て方，あるいは子どもの育て方なども，実践的に真似たり手伝ったりしながらいつの間にか身につけていったものと思われます。また，いつの時代も子どもは自由に遊んだと思われますが，遊び道具も場所も特にない時代におもしろく楽しく遊ぶには，ひたすら工夫するしかありませんでした。ごく最近でもそうでした。つまり子どもにとって遊びこそもっとも頭を使い，発想力を鍛え，上手に協力する練習をする営みだったのです。当然，その過程で考える力，企画力，失敗から学ぶ力，諦めない力，協同力などを親が知らないうちに身につけました。

　この，遊びを通してあれこれのスキルとか知恵を自分で身につけていくことは，広い意味で「学び」であり，これまで人類は「教え」を通して「学んだ」のではなく，模倣や見習い，手伝い，試行錯誤等を通じて，自ら「学んで」育っていったということがわかります。つまり，教育にとって大事なのは自ら「学ぶ」ことであり，「教える」ことは必要に応じて適当に行えばよかったのです。まねをすることを昔は「まねぶ」と言いましたが，そこから「まなぶ」という言葉ができたと言われています。ですから，「学び」にとって上手な人のやり方を「模倣」することはとても大事なことだったわけです。

　以上を踏まえて，人間の育ちのプロセスをもう少し正確に表現しましょう。これまで見てきたことは，子どもたちには生活のなかでの自主的な「学び」が豊かにあって，それと関連させながら必要に応じたときに「教え」があったということです。現代社会でこの自主的な「学び」を考えますと，今見た遊びと仕事よりももっと多様，多角度から行われていることがわかります。たとえば絵本を読んでもらったことに影響を受ける，テレビのアニメや漫画に影響を受ける，あるいは親の頻繁な夫婦ゲンカの影響で人間関係を不安に思うようになるなど，生活のあらゆるところで何らかの影響を子どもたちは受けます。そし

て，たとえばカブトムシに興味をもち，飼って増やしてみたいと思ったとき，じゃあ，図鑑で調べてみようとか，ネットで調べてみよう，というような働きかけを大人がする必要が出てきたりします。こういう場面で図鑑を買ってあげるとか，ネットの使い方を教えるとか，口で説明してあげるとかいう行為は，自主的な学びを他者がサポートしていることになり，ここには「教え」に属する行為が多く含まれるようになります。

　この関係を別の言い方で言ってみます。自主的に学びながら育つ側面は，狭い意味での「教育」（教えて育てる）ではなく，自主的な育ちですから，これを少し難しく「自主的形成」と呼ぶことにしましょう。それに対して適宜行う「教え」は，その「自主的形成」への介入であり，サポートであり，自主的な形成を首尾よく行うためのコントロール作業といえるでしょう。あくまでも「自主的形成」が前提で，それをより高度なレベルで実現するための関わり，介入です。そこで，この後者の意味での関わり，介入を，狭い意味での「教育」と呼んではどうか，というアイデアが浮かびます。そうすれば，子どもの育ちの全体を捉えたうえで，その過程を分析的に把握することができ，「教育」という行為の意味や役割を正確に把握・理解することができます。つまり，子どもたちの全体的な育ちのなかで，子どもたちの「自主的形成」の部分をまず明確にし，その形成過程で子どもたちに生まれた問いや課題を解決するために，その形成過程をもっと先に進めたり，ときには抑制したりしながら，その形成目標をより高度に達成できるように働きかける営みを「教育」と定義することで，2つの育ち，育ての機能を区別して関連づけることができるわけです。

　これまで，こうした区別なく「教育」を論じることが多かったので，教育という営みの範囲が限定できずに混乱が起こりがちでした。保育ではもちろん，この両者の区別が大事になります。

2　倉橋の保育の四層構造から考える

　保育学の歴史のなかではこうした区別をきちんと行って議論したのは戦前から戦後の日本の保育界の中心で活躍した倉橋惣三氏でした。戦後の教育改革で

第1章 「保育」とは何か

保育・幼児教育の重要性を訴えた中心メンバーです。

倉橋は『幼稚園真諦』という，幼児教育の基本原理をわかりやすく書いた本のなかで，保育の四層構造について説明しています。私なりに解説すると以下のようになります。

(1) 自己充実……子どもたちが自主的に遊びや制作活動に夢中になっている様子です。この自己充実が十分に行われることで子どもはその子らしく育つわけで，そのために保育者は遊具，教具，園庭環境，室内環境，友人環境などを適切に創造していくことが大事だといいます。保育者もまた環境になります。

(2) 充実指導……子どもがせっかく何かに没頭して遊ぼうとしても，スキル，知識等が足りなくて諦めかけることがよくあります。そうしたときに，子どもの主体性を損なわない範囲で上手にその自己充実を支えてあげることが必要になります。これが充実指導です。

(3) 誘導保育……子どもは将来市民，国民として大事な役割を果たさねばなりませんが，そのために，市民的な能力を訓練されなければなりません。調査，集団での探求，議論等によって子どもたちが遊びや生活のなかで見つけた問いをより高度に解明していく練習が必要になります。そうした場をつくるために，保育者が子どもたちと相談しながら上手により高いレベルに誘導していくことがときに課題になります。これが誘導保育です。協働で科学する，芸術する活動です。

(4) 教導保育……子どもたちが園での生活で，さまざまなことに興味・関心が広がったり深まったりするとき，タイミングを見計らって知識を伝えてあげるとスーと入っていくことがあります。畑をつくっている活動の際に，野菜の育て方の図鑑を常備して，適切にそれをもとに解説すると，いつの間にか野菜の育て方の基本や留意点を子どもたちが覚えてしまうことがあります。興味・関心に適切に応答する知識の教育はある意味では大事

なのです。もちろん，そんなにチャンスが多いわけではありませんが，これが教導保育です。

　以上ですが，この四層の保育論は，今見た子どもたちの「自主的形成」を「自己充実」と表現して，それを保障することが保育の基本であることを強調しているという点でとても合点がいくものです。「自己充実」は「教育」そのものではありませんが，その環境を丁寧につくることは保育者による広義の「教育」として位置づけられていますので「自己充実」の保障を「教育」ということができるでしょう。言い換えるとこれは「環境を通した教育」ということになります。「自己充実」が豊かにできる環境をつくることこそ保育者の教育行為の出発なのです。

　そのうえで，それにいわば介入して「自己充実」が首尾よくいくように働きかける，ときにそこから誘導しながら協同的な探索につなげるなどのことを繰り返します。これは先に見た「自主的形成」への介入という意味での（狭く限定した）「教育」にあたります。

　「環境を通した教育」という原理は，こうして，保育のもっとも大事なポイントを押さえた普遍性の高い原理ということが理解いただけたでしょうか。このことの意味，そして環境を豊かにつくるということの内容については，現場に行ったときにもっとも多く議論し続けなければならない課題といえます。

　ちなみに言いますと，先に「自主的形成」とそれへの介入・コントロールとしての「教育」を区別しましたが，前者の「自主的形成」は，これまで家庭・地域での生活のなかで，かなり多様に行われ実現していたものでした。生活が相対的に貧しく，電化文明もさほど広がっていない社会では，人間は自らの手であれこれを工夫して実現するしかありませんが，その過程でさまざまな力を身につけました。

　しかし現在，生活の実際は大きく変容し，子どもたちが自主的に人間諸力を形成していく環境はどんどん減っていっています。そのため，身体を育てることからして意識的に行うしかなくなっていて，保育の課題や内容が膨らんできています。地域や家庭で自主的に育つ部分が減ってきている分，意識的に育てなければならないことが増えているわけですが，もともと自主的に育っていた

わけですから，そこを意識的に育てるといっても，可能な限り自主的に育っているという形を踏まえる必要があります。そこで，倉橋のいう「自己充実」が豊かにできる環境を意識的につくってその「自己充実」を励ますことが保育の課題になってきたわけです。

　このことを丁寧にしないと，自主的な育ちを個別の家庭での育てに期待するしかなくなります。しかし，現代の家庭は核家族が増えていて，地縁，血縁の関係もどんどん希薄化しています。地域にあまり開かれていない現代の個別の家庭内で，これまで自由な遊びや仕事への参加で子どもたちが身につけてきた人間諸力を同じように身につけさせることは，率直に言って不可能です。今はむしろ，ほんの幼い頃から専門性の高い丁寧な保育を受けたほうが，子どもたちはよく育つという環境に変わってきたのです。これが，現代社会における保育の社会的な意義になってきています。保育はオプション的行為から社会的に必要な行為，インフラに変わりつつあるのです。

　また，現代社会ではいわゆる貧困問題が深刻になってきています。あらゆる事柄がシステムに組み込まれてきている現代社会では，そのシステムに上手に参入できるかどうかで，その人の自己実現性，幸せ度が大きく変わります。現状のままでは，必然的にこのシステムにうまく参入できない人が増え，貧困は進行してしまう可能性があります。つまり，自己原因でというよりは制度的に貧困に陥る家庭が必然的に出てくるのが現代社会ですから，そうした家庭の子どもの人間的な可能性の開発を誰が責任をもって行うのか，ということが社会の課題になってきているわけです。当然それを保育が担うことが課題になってきているのです。これも保育の現代的な社会的意義の一つです。

5　制度としての「保育」

　さて，保育のことを原理的に理解するために，もう一つ，保育は制度だということを知っておくことが必要でしょう。

　保育は制度だというのは当たり前だと思われますが，各国でどのような制度のなかで位置づけられているかは実はかなり異なります。この面からも日本の

保育の特徴を理解することができるのです。

　本章のはじめのところで幼稚園と保育所の出自がかなり異なっていることを簡単にですが見ました。この区分・区別は現代でも続いていて，幼稚園は教育や文化のことを統括する役所である文部科学省が，保育所は福祉や健康の問題を統括している役所である厚生労働省が管轄しています。また，新しくできた「認定こども園」（幼保連携型認定こども園）という幼稚園と保育所をくっつけた形の保育・幼児教育施設は，この両省のいずれかではなく，内閣府が管理しています。日本では3種類ある保育・幼児教育機関は3か所で別々に管理されているわけです。これは世界でも珍しいことです。世界の多くの国は，なるべく一元的に管理するほうに動いているからです。

　復習になりますが，幼稚園ははじめから教育機関として位置づけられてきましたが，保育所のほうは違っていました。当初は，最初に見たように，産業社会の到来によって生まれた都市労働者の子どもを預かって育てたり，農繁期の農家の子どもの世話をしたりする季節保育所などの形で始まりました。その結果，保育所は育て・育ちの条件に恵まれない子どもを社会が世話をして育てるという意味で，いわゆる「福祉」施設としての性格が強くなりました。こうして，保育を行う機関は，はじめから二系統で生まれ発展してきたのですが，これは世界共通ですので，二系統あるということは歴史の必然ともいえます。

　しかし，現代では2つの理由で，この分類・区別が次第に当てはまらなくなってきました。

　1つは，国の福祉政策が，世界に呼応して，いわゆる社会的弱者だけを対象とするものから，すべての人を対象とするものに変わってきたということに関係があります。たとえば認知症になった場合，それを家族だけでサポートすることは相当に難しいことです。子どもが不登校になったときの親の負担も相当なものです。でもこれまでの福祉政策では，こうした認知症の人やその人を世話する人，また，不登校の子どもやその家庭で子どもの教育を行わなければならない保護者等は，福祉施策の対象に含まれていませんでした。夫の暴力に逃げ出したいと思っている妻も，支えてくれるところはありませんでした。孤立した育児でイライラを募らせ，つい子どもを虐待してしまったという保護者に

も，支援の手は回りませんでした。

　これまでは，①福祉は貧困や病気など，明らかに生きるのが大変で，②かつ自分で福祉行政の世話になりたいと申し出なければならず，③そのうえ，福祉行政の対象にするかどうかは行政の役人が決めるという制度でした。この3つの条件が福祉政策の基本枠組だったのです。しかし，DVの被害者になる，不登校になる，認知症になる，交通事故にあう等々は国民のすべてが常に可能性を背負っているわけで，これからの福祉政策は，少なくとも税金を払っている限り，国民のすべてを対象とし，その人にニーズが生じたときに適切に応じるものに変えなければならない，という機運が世界中で高まりました。日本でも議論が始まり，今世紀に入る頃に世界の動きから少し遅れましたが，変更されたのです。この流れはさらに先の①～③も変更しました。社会的に不利な環境におかれている人は，自分から福祉の世話になると行政に申し出るリテラシーが十分でないわけですから，①～③の3条件ではなく，ニーズのある人を行政が積極的に探し，こちらから出向いてでも世話をしなければならない，とされたのです。日本ではこの転換を「社会福祉の基礎構造改革」と呼んでいますが，この流れの影響で，福祉制度の一環であった保育所の社会的な意味が変わりました。これまで保護者が昼間働いていたり病気で寝込んでいたりして子どもの世話をできないなどの人を「保育に欠ける」人と呼び，その人だけが対象でした。しかし，これからは保育を必要とする人はすべて対象になり得る，と変更されたのです。そこで児童福祉法では保育所を利用できる人は「保育に欠ける」人から「保育を必要とする」人を対象とする，と書き換えられました。小さな変更に見えますが，原理的にはとても大きな変更です。保育はすべての子どもを育てている人が利用し得るものへ変更となり，子育て世代全体の権利となったわけです。

　今は保育所が足りなくて，保育を必要とする人でも入所できない場合が多くありますが，状況が変われば，希望する人は誰でも保育所を利用できるという方向に変わっていくでしょう。この点で，保育所は幼稚園と同じ方向に向かって動いているといえます。

　保育所と幼稚園を区別することが通用しなくなってきているもう1つの理由

は，子どもの自主的形成のチャンスが減ってきていて，制度としての幼稚園，保育所などで，これまで自主的形成の結果，身についていたような能力（最近ではこうした能力を非認知的スキルと呼ぶ）を意識的に育てなければならなくなってきたということに関係しています。保育所は，幼稚園と同じように，子どもたちの認知的スキルだけでなく非認知的スキルを意識的に育てることが期待されるようになってきたのです。つまり保育所に対して，広義の教育機能を高め・拡大することを社会が要請するようになってきたということです。保育所は社会的機能の面からも，幼稚園のように教育機関として機能してほしいといわれているわけで，この側面からも幼稚園と接近しているということです。

　このことを前提としますと，今のように「保育所は厚生労働省」，「幼稚園は文部科学省」，「認定こども園は内閣府」という3つに分かれた分担・管轄は実態に合わなくなってきていると言えるでしょう。保育所も教育機能を高めねばならないわけですから，原理的にいえば，教育を管理する役所である文部科学省が保育所も認定こども園も管轄するべき，ということになるでしょう。すでにヨーロッパの多くの国では，幼稚園・保育所の区別をなくして日本でいう認定こども園に制度的に一体化する方向で改革が進められていて，そのほとんどが文部科学省一元管理になってきています。その方向で3歳からの無償化も進められていて，フランスのように3歳からの義務教育に移行した国も出てきています。この動きはもっと進むでしょう。ただしその場合，文部科学省の幼児教育課には，妊娠から乳児期の育てを支援できる専門性が必要で，これまで母子保健，乳児福祉といわれていた機能をも担うことが必要になります。そのことを前提としたうえで，できるだけ早く管轄を一元化することが日本の保育行政の課題となっているということです。

 まとめ

　本章では，まず保育・幼児教育という営みがほんの一部の人たちのためのものであったのに，百数十年の間に社会になくてはならないものに変容してきた経緯を大急ぎではありますが追ってみました。そこから保育の基本とされていることを原理的に考えてみました。

　いま保育には，少し前までなら子どもたちが「生活」を営む過程で自然に身につ

けていた，いわゆる「非認知的スキル」を意識的に育てる場としての役割が期待されています。「非認知的スキル」とは，遊びや製作，仕事の活動のなかでうまくいくまで諦めず，粘り強く行為をすることで育つ人間のしなやかさ，たくましさ，粘り強さ，やわらかさ等のことです。こうしたスキルを育てるためには，保育者がどんどん引っ張っていく保育は有効ではありません。子どもたちの主体的で対話的で，集中した粘り強い活動が必要です。そこで，そうした活動を多様に生み出すための「環境をつくる」ことが保育に求められるようになってきたのです。これらについては，次章から順次学んでいきましょう。

 さらに学びたい人のために

○ルソー，今野一雄（訳）『エミール（上・中・下）』岩波書店，1962・1963・1964年。
　　近代社会の担い手となる市民は自分を大切にする人間でなければならず，かつ公共の利益を真剣に追求する人でもなければなりません。この2つを矛盾せずに育てるための原理を述べた古典です。みんなで一度は読み合ってほしいと思います。

○デューイ，松野安男（訳）『民主主義と教育（上・下）』岩波書店，1975年。
　　産業が発展し，社会がさまざまな課題をもつようになってくると民主主義が歪められることが起こります。それを防ぎ，みんなが参加する民主主義社会はどのようにしたら成立するか，それをその担い手を育てる教育論として述べた名著です。

○日本保育学会（編）『保育学講座　全5巻』東京大学出版会，2016年。
　　特に第1巻『保育学とは――問いと成り立ち』は，本書とつながる内容がより専門的に書かれています。少し背伸びして挑んでください。

第 2 章

保育と子ども理解

●●● 学びのポイント ●●●

- 「子ども理解」とは何か，何をすることかを学ぶ。
- 保育の場で，保育者はどのようにして「子ども理解」を深めていくのかについて学ぶ。
- 保育者の専門性としての「子ども理解」の原理・原則を学ぶ。

WORK　どんなところに興味をもち，発展しそう？

　写真を見てください。朝登園すると，園に珍客が。ザリガニです。発見した子どもたちは，興味深げに見ています。子どもたちは，ザリガニのどんなところに興味をもつと思いますか？　また，どんな遊びにつながっていきそうですか？　箇条書きで書き出し，グループで話し合ってみましょう。

1．個人で想像する（10分）

2．グループで想像したことを話し合う（20分）

3．グループで整理し，発表する（整理15分，発表時間1グループ5分）
　「2．」で話し合ったことをもとに，そのためにはどんなものを準備したり，環境を整える必要があるか合せて考えてみましょう。

● 導　入 ●

　保育は，人と人の関わりによって生まれる営みです。保育者も，保護者も，子どもも，人です。保育の場において，もっとも根源的な人と人の関わりは，保育者と子どもの関わりです。その関わりは，それぞれがどのようなことに心を動かされるか，どのようなまなざしを双方や，それぞれを取り巻く事象や関係に向け合うかによって変わり，お互いの間に生まれる関係も変わってきます。その際，鍵になるのが，保育者の「子ども理解」です。言い換えれば，「子ども理解」は，保育者の子どもに対する関わりの土台であり，保育の基盤となるものです。では，その「子ども理解」とは，一体何をすることなのか，なぜ保育の基盤となるのかを，考えてみたいと思います。

1　子ども理解とは何か

1　私たちにとって「大切な人」はどんな人？

　あなたにとって大切な人（家族，親友，恩師，恋人など）のことを思い浮かべてみてください。その人は，あなたにどのような気持ちを与えてくれる人ですか？
　下記に示したものは，筆者が担当する「子育て学」という講義で学生たちに聞いた結果です。

> ・自分のことを大事に思ってくれている人。
> ・安心感を与えてくれる人。
> ・自分の気持ちを話したくなる，わかってもらいたくなる人。
> ・どんなときも自分の身になって話を聞いてくれる人。
> ・助言，アドバイスをくれる人。
> ・支えたり，助けてあげたくなる人。
> ・うれしいこと，悲しいことなどがあったときに真っ先に伝えたくなる人。
> ・その人みたいになりたいと憧れの気持ちをもつ人。
> ・自分の背中を押し，自信を与えてくれる人。

筆者自身も，おおよそ同じようなことを思い浮かべました。みなさんはどうだったでしょうか。私たちにとって大切な人は，私たちのことを大切に思い，私たちが見聞きし，感じたことを，共に見て，感じ，その結果を一緒に喜び，驚き，悩み，悲しもうとしてくれる人なのかもしれません。反対に私たちの側からも，大切な人に対してそうしたことを行おうとするのではないでしょうか。その双方向からの関わりの過程のなかで，アドバイスや助言，考えなどを出し合い，励まされたり，自信をもらったり，憧れを抱くのかもしれません。普段は意識しませんが，改めて立ち止まって考えてみると，私たちの「いま」は，こうした大切な人の存在によって支えられ，支えているのだと思います。

　今，この本を手にとって読んでいる人の多くは，子どもや保育に関心のある学生かと思います。それゆえに，先に思い浮かべた具体的な固有名詞付きの「大切な人」像は，自分と同年代か，年上の人のことが多かったのではないでしょうか。でも，実際に保育を担っている現場の保育者や，子育て当事者である保護者に聞くと，自分の園の子どものことや，わが子のことをあげる人もいます。おそらく，その子どもたちにとっても，その先生や親は，きっと「大切な人」になっていることでしょう。

2　「大切な人」が私たちにとる姿勢とは

　そんな私たち個々にとっての「大切な人」の私たちに対する姿勢（反対に「大切な人」に対して私たちがとる姿勢）には，ある共通点があるように考えます。それは，相手を尊厳ある人として認め，その人の立場に立って考えるということです。一方的に何かを教えたり，押しつけたり，与える人ではないはずです。双方向からの働きかけがあり，仮に教えたり，与えたりすることがあったとしても，まずは相手の身になる，なろうとすることから始まっていると思います。

　冒頭の「導入」のなかでも述べたように，保育という人と人との関わりによって生み出される営みにおいて，もっとも根源的な関わりは，保育者と子どもの関わりです。保育者が子どもにとって，子どもにとって保育者が「大切な人」になる際の重要な鍵が「子ども理解」です。子どもは，子どもである前に

一人の人間です。ゆえに，「子ども理解」の出発は，子どもを一人の尊厳ある人間として認め，その人（その子）の立場に立つことから始まるのです。

3　子どもを見る「まなざし」と「子ども理解」

では，子どもを一人の尊厳ある人間として認め，その子の立場に立つとき，反対に立てないとき，私たちはどのような「まなざし」を子どもに向けているのでしょうか。具体的なエピソードをもとに考えてみたいと思います。

エピソード　ロッカーに廃材をため込むAくんをめぐって

　ある園の4歳児クラスでのこと。子どもたちが好きなときに，自由に素材や道具を選んで，好きなものをもっとつくり込めるようにと，移動式のワゴンに材料や素材，道具を置き，それまでなかった制作・廃材コーナーをつくりました。すると，子どもたちが自分で素材や道具を選び，思い思いに作品をつくり込む姿が見られるようになりました。そんななか担任保育者は，一人の子ども（Aくん）のことがすごく気になり始めます。Aくんは何もつくらずに，気に入った素材をただ集め，自分のロッカーやかばんにしまうのでした。やがて「Aくん，つくらないなら，取らないで」と言葉をかけるようになっていきますが，それとともにAくんは，担任保育者と目が合うと視線を逸らし，さっと逃げるように立ち去るようになっていきます。

　そこで担任保育者は，職員会議の席上で，Aくんとの間に距離を感じ，だんだん否定的に見えてしまうことを打ち明けました。何もつくらないで材料をため込むから，ほかの子が使いたいと思ったときに使えず，トラブルになるというのです。その話を聞いて，同僚の保育者は，「彼って，つくったりするの，好きだったっけ？」と聞きました。「いや，むしろ，苦手で避けていた気も……」と言いかけて，担任保育者はハッとしました。「もしかしたら，つくりたいけど，つくれないのかも……」。その後，これまでのAくんの姿と自分自身の関わりの関係，Aくんと他児との関係など，あらゆる角度からAくんのことを「わかりたい」「支えたい」一心で話し合い，翌日からAくんのことを咎めることはせずに，少し見守ることにし

> ました。
>   数日後，Aくんがまた材料集めをしているとき，「いい材料集めたね，一緒につくる？」とにこやかに担任保育者は声をかけました。すると，Aくんは「おれ，恐竜がつくりたいねん」とつぶやいたそうです。担任保育者は，Aくんを否定的に見ていた自分が恥ずかしくなると同時に，Aくんのことが愛おしく，思わず抱きしめたくなったそうです。

 このエピソードのなかには，2つの子どもを見る「まなざし」が存在します。一つを「指導的・管理的なまなざし」と呼ぶことにします。もう一つを，「人間として信頼するまなざし」とします。この2つの「まなざし」が事例のなかでは入れ替わり立ち現れています。具体的に見てみましょう。
 そもそもこの園では，子どもたちが自由に好きなときに，やりたい人が，必要な素材を選んで，何かをつくれるような環境構成がなされていませんでした。一斉活動のなかで，同じ素材で，同じものを子どもたちがつくることが当たり前になっていました。その背後には，すべての子どもに同じ体験をさせ，同じことができるようにさせたい。自由にさせると，安全面でも不安があるといったことがありました。つまり，「指導的・管理的なまなざし」が強かったのです。しかし，園全体で，子どもの目線から自園の保育や保育環境を見直し，事例のなかに出てくるような制作・廃材コーナーをつくっていくときには，子どもたちが真に楽しみ，育っていくためには何が必要かを，子どもたちの側から考えていました。つまり，ここでは，「人間として信頼するまなざし」が子どもたちに向けられているのです。
 その一方で，材料をロッカーにため込むAくんに向けられる担任保育者のまなざしは，再び「管理・指導的なまなざし」になってしまいます。おそらく担任保育者は，最初からAくんを否定的に見るつもりはなかったと思います。むしろ，Aくんのことを気にかけていたのでしょう。そんななか，制作・廃材コーナーが出来上がり，生き生きとつくり込む他児の姿に喜びや手応えを感じ，その子どもたちの姿を支えたい気持ちが強くなっていくとき，Aくんに対しての気にかけ方が変わっていったように思います。Aくんに対しては「使わない

なら，取らないでほしい」「取るなら，つくればいいのに」といったように，保育者側の「願い」や「望ましさ」を一方的に押しつけ，「Aくんはつくらないのに，材料を独り占めする子」と決めつけ，いかにその行動をやめさせるかばかりを考えることになっていたと考えられるのです。

しかし，この担任保育者の素晴らしいところは，同僚にAくんに対する自分の正直な気持ちを打ち明け，同僚と話していくなかで，Aくんの側から材料を集める理由を考えていくところです。その際担任保育者は，Aくんがどんな思いで材料を集めているのか，今までのAくんはどうだったか，自分のAくんに対してのこれまでの言葉かけはどうだったかなど，さまざまな事柄と関係づけながら，Aくんの姿と自分自身のAくんに対する関わりを捉え直していました。

翌日「いい材料集めたね，一緒につくる？」と担任保育者に声をかけられたAくんは，きっと驚きつつも，うれしかったことでしょう。なぜなら，ここではこれまでのように自分のしていること（材料をため込むこと）を咎められもしなければ，むしろ，集めたものについての肯定的な感想まで述べているからです。ここでの担任保育者は，Aくんを「管理・指導」しようとしてはいません。むしろ，Aくんを一人の「人間として信頼」し，集めた素材を共に見て，Aくんの行為を認めているように見えるのです。それが，Aくん自身の「つぶやき」を生み出していたようにも考えられるのです。このようにどのような「まなざし」を子どもに向けるかによって，実際の理解の仕方が変わり，その子への関わりも変わり，子どもが見せてくれる姿も変わってくるのです。

4　「指導・管理的まなざし」を向けることの問題性

先のエピソードに限らず，私たちは一見すると「問題」を抱えているように見える子どもの姿に対して，その表面的な姿や行動からその問題性を取り上げてしまう傾向があるように思います。そして，その状態をどうにか取り除こうとすることがあります。たとえば，Aくんのような姿を見たときには，その外側に表れている行動（Aくんの場合には，材料をロッカーにため込む姿）から，「ルールを守れない」「自己中心的」な姿として捉えてしまうかもしれません。津

守(1987)[*1]は，このような大人側の先入観や価値観から子どもを捉える見方を「概念的な理解」と呼び，そうした理解の仕方が子どもに対する本質的な理解を妨げてしまうことを指摘しています。このように私たちは，子どもをはじめ他者に寄り添っているつもりでいても，自分にとって理解しづらい言動を相手が見せる場合，つい，それをその人の性格や能力の問題として捉えてしまうことがあるのです。「彼は〇〇だから，こうした行動をとる」と考え，その人のことを「わかったつもり」になり，自分自身が安心を得ることを優先しがちになってしまうことがあることを自覚する必要があります。

　また，西(2018)[*2]は，その子の問題や課題ばかりを見て，それをどう指導によって取り除くかを考えるとき，それらの問題を，その子個人のものとする限定的な視野で子どもを見ており，「関係性」を排除しているとしています。

　実際，担任保育者は，Aくんの表面的な行動（材料をロッカーにため込む）ばかりに目が向いているときには，Aくんのこれまでの様子や，Aくんが制作・廃材コーナーという場や，その遊びそのものに対してどのような思いをもち，見ていたかには意識が向きにくかったと考えられます。

　想像でしかないですが，一斉活動中心でみな同じものをつくることになっていたときには，つくるべきものが決まっており，Aくんは自分の「できなさ」が自分自身で気になり，何かをつくることに自信や興味をもてなかったのかもしれません。あるいは，出来栄えを担任保育者に評価されることに恐れを抱いていたかもしれません。それが，制作・廃材コーナーができて，仲間たちが自由に思い思いにその子が「よい」と思う出来栄えでつくり込んでいる姿とその姿を喜ぶ担任保育者の姿を見て，Aくん自身もやってみたくなっていたのかもしれません。

　先に述べたように，このAくんの思いはあくまで想像です。相手が子どもであれ，大人であれ，他者のことがすべて「わかる」わけではありません。むしろ，いつも正確に「わかっている」と思うほうが危険かもしれません。大切な

＊1　津守真『子どもの世界をどうみるか──行為とその意味』NHK出版，1987年，pp. 128-131。
＊2　西隆太朗『子どもと出会う保育学──思想と実践の融合をめざして』ミネルヴァ書房，2018年，p. ⅲ。

ことは，正確に理解できたかどうかではなく，Aくんの担任保育者のように「わからない」から「わかりたい」，「支えたい」という思いをもち，相手に寄り添っていく姿勢なのです。それが，先にあげた「大切な人」が私たちに示してくれている姿勢なのではないでしょうか。では，そのような，目の前のその子を理解していこうとする姿勢はどのように生み出されているのか，次に考えてみたいと思います。

2 「子ども理解」の根幹にあるもの

1 「ある」から出発するのが「子ども理解」

　Aくんをはじめ，子どもの表面的な行動には，さまざまなことへの思いが関係しており，その行動そのものが，そうしたことへの思いや葛藤の現れの一つとして捉えることができます。以前は，何かをつくったりすることにそれほど興味を示さなかったAくんが材料を集めている姿には，それまでと違った変化が見られます。また，担任保育者の「もしかしたら，つくりたいけど，つくれない」という読み取りをもとにした担任保育者の温かい言葉かけに対して，「恐竜をつくりたい」とつぶやくAくんの姿は，自分の身になってわかろうとしてくれる保育者の支えをもとに，それまでの自分とは違う自分に自らなっていこうとしているようにも見えます。

　鯨岡（2010）[*3]は，子どもは今の「ある」を受け止め・認めてもらうことで，自ら今の「ある」を突き崩し，「なる」へと向かうとしています。しかし，子どもの今の「ある」を受け止め・認めることができないときには，子どもの表

---

*3　鯨岡は，「子どもという存在は，『子どもである』という現状肯定的な表現で捉えられる面と，子どもは『未来のおとなである』（将来おとなになる）という現状止揚的な表現が交叉する，不思議な両義性を捉えた存在」であるとし，「そのような両義的な存在を前にしたとき，養育者や保育者の『育てる』営みには，『ある』を受け止め，認める対応（主体として受け止め尊重する対応）と，『なる』を導き・促す対応との二面が必要」になるとして，保育というのは多元的な両義性を貫かれた営みであると指摘しています。鯨岡峻「関係論的学び論――関係発達論の立場から」佐伯胖（監修），渡部信一（編）『「学び」の認知科学事典』大修館書店，2010年，pp. 395-401。

面的な言動から（たとえば，「落ち着きがない」「話を聞けない」「ルールが守れない」「遊べない」など），子どもの「○○がない」ことばかりに目が向き，いかにして自分たちの理想とする姿に近づけるか，「なる」ことを急かすことが子どものためであると捉えられ，そこに保育者としての役割を見出しかねないのです。

でも，きっと一見すると，「落ち着きがない」ように見える子どもにもその子の思いが「ある」はずです。先の事例のAくんにも，何かしらの思いや葛藤が「ある」のです。その「ある」への注目が，その子を理解し，支えていくうえでの出発点になります。言い換えれば，それは，目の前の子どもの姿からその子の内面を理解しようとする姿勢なのです。

2　子どもの行為の「意味」を探る

子どもの内面を理解するということは，子どもの行為の背後にあるその子にとっての「意味」を探ることにもつながります。つまり，直接は目に見えないそのとき，そこでその子が感じていることや葛藤など，心のなかの気持ちへと温かいまなざしを向けることです。言い換えれば，一人一人の子どもの行為には，その子の内的な世界が現れているのです。一見すると，何気ないことや否定的に見える姿であったとしても，その子にとっての行為の「意味」が存在するのです。よって，今まさに目の前にいるその子が見せてくれている姿に注目し，言動や表情，しぐさなどから，その子が何を訴えようとしているのか，何を表現しているのかを，その子の側から探っていく姿勢が大切なのです。

だからといって，ただじっと見ていたり，その子の「つぶやき」を拾えば，その子のすることの「意味」が見えてくるわけではありません。青山（2017）[*4]は，子どもの世界を垣間見る方法にはさまざまな方法があると断ったうえで，次の3つをよく試みるものとしてあげています。

①子どもと隣り合ってみる。

[*4]　青山誠『あなたも保育者になれる──子どもの心に耳をすますための22のヒント』小学館，2017年，p. 36。

②子どものまねをしてみる。
③子どもと平行遊びをしてみる。

①は，子どもと同じ方向に体の向きを揃え，同じ姿勢をとり，その子の見ている「風景を共に見る」ことから，その子が今何を見つめ，その風景のなかで何を感じているかを，感じることを表しています。②は，ダンゴムシをいじる，砂に触るなど，子どものしていることを，実際にやって，子どもになってみることです。③は，いきなりその子の遊びに入っていかず，すぐ隣で自分は自分で遊んでみることです。すると，ふっと言葉や視線を交わす瞬間が生まれ，その子との心の距離が縮まり，その子のすることの「意味」が見えてくるかもしれません。

3 肯定的な関心と受容的な態度が生み出す「子ども理解」

改めて先のエピソードのAくんのすることの「意味」を考えてみたいと思います。Aくんが，担任保育者を避ける姿は，Aくん自身が否定的に見られ，自分の思いを受け止めてもらえていないことを訴えているようにも見えます。一方，担任保育者が，同僚にAくんへの自分の思いを正直に話し，Aくんへの見方を問い直していくときには，今のAくんを否定する姿は見られません。むしろ，そこに何かしらの思いや訴えが「ある」と受け止め，寄り添っていこうとしています。

このような担任保育者のAくんに対する肯定的な関心と受容的な態度に対して，Aくん自身も少しずつ心を開き，自分の思いを語り，つくることに挑戦していったのかもしれません。子どもは（私たち大人も），自分に温かい関心を寄せ，寄り添ってくれる他者と出会い，心がつながっていることを実感していくとき，情緒を安定させたり，その関係を基盤として新たな世界に踏み出し，そのことを他者と喜び合うことができるのです。

4 「こころもち」に応答するということ

　肯定的な関心と受容的な態度をもとに子どもに共感し，実際に子どもに関わっていく過程は，その時々の子どもの思いを感じとり，応答していることにもなります。日本の幼児教育の先駆者であり，保育実践を基盤にした理論構築を行ってきた倉橋惣三は，そうした子どもたちの思い（こころもち）への共感やそれに応答することこそが，保育者にとって大切な役割であるとして，次のように表現しています。[*5]

> こころもち
>
> 　子どもは心もちに生きている。その心もちを汲んでくれる人。
> 　その心もちに触れてくれる人だけが，子どもにとって，有り難い人，うれしい人である。
> 　子どもの心もちは，極めてかすかに，極めて短い。濃い心もち，久しい心もちは，誰でも見落とさない。かすかにして短き心もちを見落とさない人だけが，子どもと俱（とも）にいる人である。
> 　心もちは心もちである。その原因，理由とは別のことである。ましてや，その結果とは切り離されることである。多くの人が，原因や理由をたずねて，子どもの今の心もちを共感してくれない。結果がどうなるかを問うて今の，此の，心もちを諒察してくれない。殊に先生という人がそうだ。
> 　その子の今の心もちにのみ，今のその子がある。

　「心もち」とは倉橋独自の言葉ですが，保育者が子どもとの関わりのなかで必要とされる，理屈ではなく「感じる」ということや，さらには，相手の立場に立って，相手の見ている世界や感じていることを「共感する」ことなど，心と心で響き合うことを表しています。これは，子ども理解そのものであり，目の前の子どもをどのように見て，関わるかが問われており，現在の保育にも通じるところがあります。

　2017年に告示された「保育所保育指針」では，第1章の「総則」の2に「養

＊5　倉橋惣三『育ての心（上）』フレーベル館，2008年，pp. 34-35。

護に関する基本的事項」という項目が入りました。旧保育所保育指針では，第3章にあったものです。「総則」とは，その「法令等の全体に通じる決まり」のような核となるもので，その組織で行う活動の基本方針や理念，守るべき事項等の原則が書かれている重要なものです。そのなかに「養護」に関する項目が入れられたことは注目すべきことです。つまり，どの年齢であっても，子どもに対して温かいまなざしを向け，心を砕き，受容的・応答的に関わることが，保育の基盤になると強調されたのです。その関わりの根幹にあるのが，子ども理解であり，倉橋の言う「こころもち」に応答することなのです。目の前の子どもの「ない」（できない，足りない）にではなく，「ある」（子どもの思いや豊かな世界）に心を砕いていく姿勢こそが，「養護と教育を一体的に展開する」という保育という営みや関わりを生み出す原点なのです。

3 「子ども理解」から始まる遊びの援助

目の前の子どもの思いや豊かな世界に目を向けることは，子どもの遊びを援助したり，その遊びを支えるための環境構成や指導計画を立案していくうえでも欠かせません。子どもたちの遊ぶ姿と保育者の姿から考えてみたいと思います。

1 「子ども理解」から始まる環境構成・再構成

ある保育園の5歳児クラスでのこと。一人の子どもがGWにキャンプに行ったことをきっかけに，テントづくりが始まりました。その後，キャンプごっこ，家や秘密基地づくりへと遊びが変化し，「本物のカレーをつくりたい」という発想から，クラスでカレーをつくって食べることになりました。また，遊びに参加するメンバーにも変化が見られ，新たな友達関係が生まれていきました。その過程において保育者は，その都度子どもたちの「つぶやき」を拾い，どんなテントか，キャンプには何が必要か，カレーには何を入れるのかなどを子どもたちと話し合いながら，保育環境を再構成していました。具体的にはテ

ントの写真を保育室内に掲示し,たき火や建築に関する絵本や書籍を用意したり,キャンプやBBQごっこのためのスペースを確保したり,制作コーナーの素材などの種類を増やしたりしました。

　このような保育者の遊びの援助も,子ども理解が出発点となっています。つまり,子どもが今何に興味・関心を抱き,何を楽しんでいるのか,どんなことを実現したいと願い,どんな疑問をもっているかなど,一人一人の思いを丁寧に読み取ったり,子どもの思いに応えることから始まっているのです。子どもの遊びの深まりや広がりや,そのための環境構成・再構成にも,子ども理解は欠かせないのです。

2　子どもの「主体的・対話的な深い学び」を支えるために

　幼稚園教育要領,保育所保育指針,幼保連携型認定こども園教育・保育要領の改訂（定）では,「幼児期の終わりまでに育ってほしい姿」を意識した保育内容,保育の計画・評価の在り方に関する記載内容が充実しました[*6]。しかし,それらは,到達目標を示したものではありません。遊びを中心とした「主体的・対話的で深い学び」を充実させるためのものです。そのためには,指導計画も,目の前の子どもの姿や同僚と対話しながら,より応答的に作成していく必要があります。

　目の前の子どもは,遊びのなかで,"今,何をおもしろがり,楽しんでいるんだろう？　どんな問いが生まれ,どんな発見をし,それがその子にとってどんな経験になっているんだろう？"といったように,子どもの見ている世界,感じている世界を,共に見て,感じ,想像するのです。つまり,「子ども理解」が出発点になるのです。それは,言い換えれば,子どもが物事に主体的に関わり,繰り広げている多様な探求する姿と対話するということです。そして,この先,その子どもがどのように遊びを展開・発展させそうなのかを,同僚との対話を通して共に予想し,その子どもの興味・関心を刺激したり,子ども自身

＊6　幼稚園教育要領等の改訂のポイントについては,本書第3章や第5章,第13章なども参照のこと。

が主体的に活動するために必要な準備（時間・空間の確保，教材・素材の準備，援助の視点など）を計画したりするのです。

ただし，予想し，準備はしても，実際にそれらをどう使い，どんな発想を生み出すかは，子どもたちに委ねることも重要です。そして，予想外の子どもの姿を，喜びをもって驚き，認め，対話を通して計画をその都度つくり直していくのです。

このようなことから，指導計画もまた子ども理解から出発すると言えるでしょう。指導計画は，私たちの願いや意図に基づいて用意した活動を，子どもたちに一方的に効率よく「させる」ためのものでありません。子どもや同僚と「共につくる」ものであり，子どもの世界に近づき，子どもの「主体的・対話的な深い学び」を支えるためのものなのです。

では，遊びの援助や指導計画を作成するうえでも出発点となる子ども理解は，どのように深めていけばよいのか，最後に考えてみたいと思います。

4 「子ども理解」を深めるために

1 自分自身の実践を「振り返る」

保育者が，子どもの内面に寄り添い，その子にとっての行為の意味に迫り，その子に必要な援助を瞬時に見出していくとき，子どもと関わりながら，今目の前で子どもが見せる姿の背景にあるこれまでのその子の様子などを，瞬時に「振り返る」ことをしていると言えます。つまり，今，その子が○○することの「意味」を捉え，何らかの判断を行いながら関わり，自分の援助（具体的な関わり）や枠組み（見方・読み取り）を修正し，新たな関わりを生み出しているのです。[7]

---

[7] こうした「実践知」と「行為の中の省察」に基づいた専門家像を，ショーン（Schön, D. A.）は「反省的実践家」として提唱しています。Schön, D. A. (1983). *The Reflective Practitioner*, Basic Books.（佐藤学・秋田喜代美（訳）『専門家の知恵——反省的実践家は行為しながら考える』ゆみる出版，2001年）。

また，そうした実践のなかでの瞬時の関わり（「振り返り」を含む）は，保育が終わった後での「振り返り」と密接に関連しています。保育後の「振り返り」では，保育中には夢中でわからなかったその子の内面や，「できごと」の意味，自分の関わりなどを捉え直すことになり，保育者の日々の子ども理解と関わりを生み出すことになるのです。

2　仲間と共に「振り返る」

　こうした「振り返り」は，個人で保育室を掃除しながら行われる場合もあれば，保育記録や日誌などをつけることを通して行われることもあります。そうした場合，一人静かに日頃の子どもや自分自身の姿を思い起こし，それらと対話していく場合が多いでしょう。

　その一方で，一緒に働いている同僚をはじめ，多様な他者との関係のなかでも「振り返り」は行われます。つまり，多様な他者と共に子どもの姿を「語り合う」ことを通して「振り返る」のです。自分たちの実践（子どもの見方や印象に残った子どもの姿や「できごと」など）を語り合い，「対話」する過程のなかでは，自分のなかの（子どもや自分自身の姿との）「対話」だけからでは見えてこなかったような多様な見方に出会い，子どもや自分自身の姿を多面的に捉え直すことができます。さらに，他者の見方から自分だけでは発想できなかったような子どもを見る視点や実際の関わりを獲得していくことにもなります。つまり，仲間と共に子どもや保育について「語り合い」，自分自身の保育や子どもの見方を「振り返る」ことが，子ども理解を深めることにつながり，そこからおのずとその子どもの育ちを見通しつつ，環境構成を変える手がかりや，新たな他者やモノとの出会いをもたらすための具体的な手立てなどをデザインする原動力にもなっていくのです。

3　「省察」が子ども理解を深める

　このように子どもや子どもに関わる自分自身の姿を「振り返り」，保育（子

どもの見方や具体的な手立てを含む）をつくり直していくことを，保育や教育の世界では「省察」と呼びます。津守（1998）が「保育の実践は省察をも含めてのことである。…（中略）…実践と省察は切り離すことができない」というように，保育者が子ども理解を深め，その専門性を向上させていくためには，日々の実践を「省察」することが必要不可欠なのです。そして，そうした「省察」を生み出すためにも，子どもの姿から学ぶ姿勢や，仲間と共に子どもや保育について「語り合い」「学び合う」ことが保育者には欠かせないのです。

 まとめ

「子ども理解」は，その名の通り，目の前の子どものことを理解しようとすることです。それは，その子との信頼関係を築くうえで欠かせないものです。でも，それだけではありません。その子がどのように世界を広げていこうとしているのか，それを支えるための援助や環境構成，計画などを考える際の根幹をなすものなのです。それゆえに，「子ども理解」は，保育の基盤となるのです。そして，その「子ども理解」は，自分の実践を「振り返り」，子ども，同僚，研究者など多様な他者と対話することによって深めていくことができるのです。

 さらに学びたい人のために

○津守真『保育者の地平――私的体験から普遍に向けて』ミネルヴァ書房，1997年。
　一人一人の子どもたちの行為が意味するところを丁寧に読み解き，保育者として応えていく著者の姿から，保育という営みの奥深さが伝わってきます。

○子どもと保育総合研究所（編）『子どもを「人間としてみる」ということ――子どもとともにある保育の原点』ミネルヴァ書房，2013年。
　「子どもをみる」「子どもが育つ」「子どもが学ぶ」「子どもを育てる」といった保育の根本にある事柄を問い直しており，子どもに向けるまなざしや援助の在り方について多くの示唆を与えてくれます。

＊8　津守真「保育者としての教師」佐伯胖ほか（編）『教師像の再構築』岩波書店，1998年，p. 160。

第3章

保育の内容

・・・ 学びのポイント ・・・

- 保育内容の捉え方や変遷について学ぶ。
- 保育所保育指針,幼稚園教育要領,幼保連携型認定こども園教育・保育要領で定められている保育内容について学ぶ。
- 発達段階に応じた保育内容について学ぶ。

WORK　保育の活動を分類してみよう！

　幼稚園や保育所，認定こども園等で行われている活動を，「共通する特徴」からいくつかの種類に分けてみましょう。

・先生に「おはよう」の挨拶をする	・かばんと帽子をロッカーにしまう
・トイレに行く	・砂場で砂や泥でままごとをする
・プリンセスごっこをする	・園庭で虫採りをする
・鬼ごっこをする	・友達とけんかをした後仲直りする
・給食（お弁当）を食べる	・うさぎの飼育当番をする
・手洗い・うがいをする	・発表会の劇の練習をする
・高齢者と交流する	・運動会に参加する
・午睡をする	・おやつを食べる
・クラス全体で運動遊びをする	・絵本の読み聞かせを楽しむ
・片づけをする	・空き箱で製作をする

① まずは個人で，上記の活動をいくつかの種類に分けてみましょう。

② 4～5人のグループで，お互いが分けた「活動の種類」を発表し合ってみましょう。なぜ，そのように分けたのか，お互いに説明し合いましょう。

③ 幼稚園や保育所，認定こども園等の活動は，どんな種類に分けられるのかなど，話し合ってみましょう。

第3章　保育の内容

● 導　入 ●　●　●　●　●

　「保育の内容」すなわち「保育内容」とは何を意味するでしょうか。

　保育が，保育所・幼稚園・認定こども園等の登園から降園までの子どもの生活全体にわたって展開されるものであることから，保育内容は，園生活における子どもが経験するすべてを意味すると言えます。

　保育内容は，幼稚園教育要領や保育所保育指針，幼保連携型認定こども園教育・保育要領によって国としての基準が定められていますが，具体的には，子どもの年齢や時期，園の理念や特色，地域性などによってさまざまな工夫や配慮がなされ，各園や保育者が創意工夫しながら展開するものです。

　目の前の子どもたちの実態に即しながら，子どもたちの「今」を充実させ，子どもたちのよりよい「未来」につながるような保育内容を子どもと共に生み出していくことが保育者に求められます。

　　　　　　　　　　　　　　　　　　●　●　●　●　●　●　●

1　保育内容とは何か

1　保育内容の定義

　「保育の内容」すなわち「保育内容」とは，何を意味するでしょうか。

　保育内容とは，文字通り保育所，幼稚園，認定こども園等での保育全体の内容を指します。子どもにとっては，登園から降園までの一日の園生活そのものが，あるいは入園から修了までに園生活のなかで経験するすべての事柄が保育内容と言えます。保育者にとっては，保育のねらいに沿って実践する遊び，行事などのすべての事柄が保育内容と言えます。したがって，保育内容が意味する範囲は広く，そこに含まれる活動も多様です。

　では，「活動」という側面に注目し，多様な活動を含む保育内容をいくつかの種類に分けて整理するとしたら，どのような分類方法があるでしょうか。また，分類した種類は互いにどのような関係にあるでしょうか。

2　保育内容の構造

「WORK」を行ってみて、どのような活動をどのような種類に分けることができたでしょうか。

「保育内容とは何か」「そこに含まれている概念・要素は何か」「その概念間の（要素間）の関係はどのような関係か」を、明らかにするものを「保育内容の構造」と呼びます（瀧川, 2006）[1]。「WORK」でみなさんが行った作業は、まさにその保育内容の構造を考える、という作業にあたります。「保育内容の構造」は、以前から議論がなされ、検討されてきました。

保育内容の構造の捉え方の代表的なものには、三層で捉える「三層構造」と、幼稚園教育要領の領域に沿って捉える「領域構造」とがあります。

①保育の「三層構造」

保育内容の三層構造とは、幼稚園や保育所等の保育内容を「生活」「遊び・労働」「課業活動（課題活動・領域活動）」の3つに分けて捉えたものです。このうちの「課業活動」とは、造形や体育など特定の課題に取り組む活動を保育者が系統的に指導するような活動にあたります。

三層構造の捉え方の一つである安部（1983）[2]の「保育構造図」（図3-1）では、さらに三層に加えて「基本的生活習慣の形成」や「集団づくり」を位置づけて、それらが相互に関連し合いながら保育が展開されるとしています。

②保育内容の「領域構造」

保育内容の領域構造とは、1989（平成元）年の幼稚園教育要領の改訂において保育内容が新たに5領域にまとめられたことを踏まえて、それらの関連等を捉えるものです。

たとえば、岸井（1990）[3]は、幼児の育ちの「まるごと」に相当する円のなかに幼稚園教育要領の5領域に対応する5つの「幼児期に育つもの＝幼児期に育

---

[1]　瀧川光治「戦後の保育内容構造化論の歴史的分析」『保育の質を高めるための「保育内容」の再構造化——フィールド調査に基づいた「保育内容論」の構築に向けて』（平成16～17年度科学研究費補助金（基盤研究Ｃ）研究成果報告書 研究代表者：瀧川光治）2006年，pp. 14-23。
[2]　安部富士男『遊びと労働を生かす保育』国土社，1983年。
[3]　岸井勇雄『幼児教育課程総論』同文書院，1990年。

第3章　保育の内容

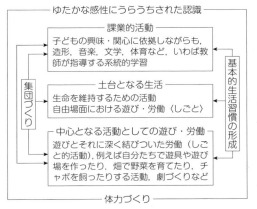

図3-1　保育内容の「三層構造」
出所：安部（1983），p. 130。

図3-2　保育内容の「領域構造」
出所：岸井（1990），p. 130。

てるべきもの」を位置づけています（図3-2）。この図では，育ちの基礎となるという意味で「心身の健康」が円の下半分に置かれています。

③その他の保育内容の構造の捉え方

保育内容の構造の捉え方には，三層構造や領域構造以外にもさまざまな捉え方があります。保育内容に含まれる活動を捉える観点は，領域以外にも，教育課程上の位置づけ（教育課程に係る活動・教育課程外の活動），生活時間帯（午前の保育，午後の保育）や活動の単位（個人・集団）など多様にあります。

瀧川（2006）がさまざまな保育内容の構造に関する議論を通して抽出される概念としてあげた5点を踏まえ，整理すると，保育内容を捉える切り口は表3-1のようになります。

また，一日の園生活における子どもの活動とそこでの経験から，保育内容を捉える観点として，「時間的構造（午前／午後）」「内容的構造（生活習慣／遊び／一斉指導／行事）」「活動単位としての構造（個人／グループ／集団）」があります。[*4]

［*4］　砂上史子「フィールド調査（4）幼稚園における子どもの活動としての保育内容」『保育の質を高めるための「保育内容」の再構造化——フィールド調査に基づいた「保育内容論」の構築に向けて』（平成16〜17年度科学研究費補助金（基盤研究C）研究成果報告書　研究代表者：瀧川光治）2006年，pp. 70-75。

表3-1　保育内容を捉える切り口となる概念

概　念	活動内容
1．生　活	日々繰り返される基本的な生活習慣に関わる活動 食事，排せつ，衣服，清潔，午睡　等
2．当番・係活動	園生活で必要でありかつ学級，学年で共通に責任をもって順番に行う活動 給食当番，飼育当番，栽培（水やり）当番　等
3．個と集団	活動における人数や人間関係 個人単位の活動，グループ単位の活動，学級単位の活動　等
4．遊　び	子どもの主体的・自発的活動としての遊び 体を動かす遊び，物と関わる遊び，人と関わる遊び　等
5．課題活動	一斉活動や行事等として教育的課題をもって計画的に設定・指導する活動 課題活動（課業），一斉での製作活動，行事　等

出所：瀧川（2006）をもとにさらに考察を加えて筆者作成。

　このうち，「時間的構造」は，子どもが登園してから降園するまでの一日の園生活の時間的流れから保育内容を捉えるものです。幼稚園を例に考えると，教育課程に係る活動が中心的に展開される「午前の保育」と，預かり保育などの子育て支援の機能と重なり，家庭的な雰囲気で過ごす「午後の保育」とに大まかに分けて考えることもできます。[*5] 保育所や認定こども園においても，同様に，クラスの子どもが全員揃って，担任保育者の指導・援助のもとで活動を展開する「午前の保育」と，個々の子どものペースでリラックスしたり休息したりする必要性が増す「午後の保育」とに分けて考えることもできるでしょう。2015年度以前は制度上の保育時間は原則8時間とされていましたが，2015年度から実施の「子ども・子育て支援新制度」[*6] においては，保護者の就労状況によって保育短時間の8時間と保育標準時間の最長11時間の2種類となりました。また，幼稚園の預かり保育も含めて夕方頃まで園で過ごす子どもが増えてきています。これらの現状を踏まえ，子どもの一日の園生活の連続性や家庭生活との連続性を見通したかたちで，各園・施設において保育内容が検討されることが重要です。

　また，「内容的構造」は，一日の園生活のなかで子どもが行う主な活動を捉

---

* 5　無藤隆「『午後の保育』と『午前の保育』」『幼児の教育』103(6)，2004年，pp. 4-7。
* 6　「子ども・子育て支援新制度」など，保育に関する制度等については本書第12章参照。

えるもので、主に「生活習慣に関わる活動」「遊びとしての活動」「一斉指導の活動」「行事に関わる活動」の4種類に分けられます。これらは厳密に区別されるものではなく互いに関連し合うものでもあります。たとえば、遊んでいる途中で汗をかいたら着替えたり、遊んだ後に積木を片づけたりといったように、遊びと生活習慣に関わる活動が重なり合うこともあります。一斉指導の活動として鬼ごっこを楽しんだり、遊びのなかで展開した海賊船ごっこが生活発表会の劇につながったりといったように、遊びと一斉活動や行事が密接に関連したりします。遊びは楽しさやおもしろさを追求することを通して多様で予測しづらい展開をする点に特徴がありますが、生活習慣や行事に関わる活動は、その活動の目的や手順がある程度決まっていることから、その行動が多様に広がるよりは洗練されていく特徴をもつと言えます。

　そして、「活動単位としての構造」は、活動が主に個人単位か、グループ単位か、クラスや学年等の集団単位かという活動する人数の単位から活動を捉えるものです。また、グループといっても、その規模にも幅があり、その集まり方も「気の合う友達同士」「生活グループ」「異年齢グループ」など、いくつかの種類があります。どこで誰と何をするかという活動の選択や実行において、遊びは個人や気の合うグループでの活動が多くなりますが、生活習慣や行事に関わる活動では、クラスなどの集団での活動が多くなると言えます。さらに、行事に関わる活動は午前中の時間帯に多いなど、園生活の流れ（時間的構造）と活動単位としての構造との関連もあります。

　保育の内容を捉える構造はさまざまあり、その具体的な内容も1つの決まった形（正解）があるわけではありません。それらは、子どもの実態や子どもを取り巻く社会の状況などさまざまな影響を受けながら変化していくものです。したがって、保育内容は時代の変化と互いに関連し合いながら変化するものと言えます。そこで、次節では、保育内容が時代とともにどのように変化してきたかを見ていくことにします。

2　保育内容の変遷

　1876（明治9）年に日本で最初の幼稚園である「東京女子師範学校附属幼稚園」が開園してからすでに140年以上が経ちます。150年近くに及ぶ長い歴史のなかで，保育内容はどのように変化してきたのでしょうか。次の図3-3は，日本の幼児教育における保育内容の変遷を，幼稚園教育要領を例にして示したものです。

　図3-3からわかるように，日本の保育内容は時代と共に変遷してきました。また，保育内容の変遷は，保育方法の変遷とも重なっています。特に，1989（平成元）年の幼稚園教育要領の改訂では，保育内容が6領域から5領域となっただけでなく，子どもが環境と関わって展開する主体的な活動を重視して，幼稚園教育は「環境を通しての教育」を行うものであることが明記されました。そのなかで，保育内容の5領域は，遊びを通して総合的に指導するものとなりました。

　その後1998年，2008年の改訂では，保育内容である5領域は変わらないまま，現代的な課題に対応しながら，5領域のねらい，内容，内容の取り扱い等に新たな記載が加えられるなどしてきました。

　そして，最新の改訂である2017年3月告示の幼稚園教育要領では，5領域は従来のままとしながらも，第1章「総則」において「育みたい資質・能力」と「幼児期の終わりまでに育ってほしい姿」が明記されました。これを踏まえ，新しい幼稚園教育要領では，5領域のねらいを幼稚園教育において「育みたい資質・能力」を幼児の生活する姿から捉えたものであるとし，内容は，ねらいを達成するために指導する事項としています。

　以下では，幼稚園教育要領，保育所保育指針，幼保連携型認定こども園教育・保育要領における保育内容について，その構成や主な改訂点について述べます。

第3章　保育の内容

年月・法令	項目	備考
1899（明治32）年6月 幼稚園保育及設備規程 （省令）	1. 遊嬉　3. 談話 2. 唱歌　4. 手技	●保育4項目として示す。
1926（大正15）年4月 幼稚園令（勅令）	1. 遊戯　4. 談話 2. 唱歌　5. 手技 3. 観察　　等	●保育5項目として示し「観察」および「等」が新たに加わる。
1948（昭和23）年3月 保育要領（刊行）	1. 見学　　8. 製作 2. リズム　9. 自然観察 3. 休息　 10. ごっこ遊び 4. 自由遊び　　劇遊び 5. 音楽　　　　人形芝居 6. お話　 11. 健康保育 7. 絵画　 12. 年中行事	●幼稚園、保育所、家庭における幼児教育の手引きとして刊行し、楽しい幼児の経験12項目を示す。
1956（昭和31）年2月 幼稚園教育要領（刊行）	1. 健康　4. 言語 2. 社会　5. 絵画製作 3. 自然　6. 音楽リズム	●「望ましい経験」を6領域に分類し、各領域に即して示した。小学校教育との一貫性をもたせるようにした。目標を具体化し、指導計画の作成のうえに役立つようにした。
1964（昭和39）年3月 幼稚園教育要領（告示）	1. 健康　4. 言語 2. 社会　5. 絵画製作 3. 自然　6. 音楽リズム	●幼稚園修了までに幼児に指導することが「望ましいねらい」を各領域ごとに事項として示した。 ●以上の事項を組織し、望ましい経験や活動を選択配列して教育課程を編成する。 ●幼児の具体的・総合的な「経験や活動」を通して達成されるものである。
1989（平成元）年3月 幼稚園教育要領（告示）	心身の健康に関する領域「健康」 人とのかかわりに関する領域「人間関係」 身近な環境とのかかわりに関する領域「環境」 言葉の獲得に関する領域「言葉」 感性や表現に関する領域「表現」	●「ねらい」は幼稚園修了までに育つことが期待される心情・意欲・態度などであり、「内容」は「ねらい」を達成するために指導する事項である。これらを幼児の発達の側面からまとめた。
1998（平成10）年3月 幼稚園教育要領（告示）		●5領域は変わらず。 ●新たな教育的課題等を踏まえて記載に変更が加えられた。（例：「人間関係」で道徳性の芽生え） ●預かり保育について明示された。

2008（平成20）年3月 幼稚園教育要領（告示）	● 5領域は変わらず。 ● 新たな教育的課題等を踏まえて記載に変更が加えられた。（例：「健康」で食育）
2017（平成29）年3月 幼稚園教育要領（告示）	心身の健康に関する領域「健康」 人とのかかわりに関する領域「人間関係」 身近な環境とのかかわりに関する領域「環境」 言葉の獲得に関する領域「言葉」 感性や表現に関する領域「表現」 ● 5領域は変わらず。 ● 5領域のねらいは、幼稚園教育において育みたい3つの資質・能力（「知識及び技能の基礎」「思考力，判断力，表現力等の基礎」「学びに向かう力，人間性等」）を幼児の生活する姿から捉えたものである。 ● 「幼児期の終わりまでに育ってほしい姿」は、5領域のねらい及び内容に基づく活動全体を通して資質・能力が育まれている幼児期の幼稚園修了時の具体的な姿である。

図3-3　日本の保育内容の変遷

出所：高杉自子「幼稚園教育要領の構造と内容」河野重男（編）『新しい幼稚園教育要領とその展開』チャイルド本社，1989年，p. 40を一部改変して筆者作成。

3　幼稚園教育要領等における保育内容

1　「育みたい資質・能力」と「幼児期の終わりまでに育ってほしい姿」

①育みたい資質・能力

　2017年3月告示の幼稚園教育要領，保育所保育指針，幼保連携型認定こども園教育・保育要領では，それぞれの第1章「総則」において，生きる力の基礎を育むための，3つの資質・能力を一体的に育むことが明記されました。その3つの資質・能力とは以下の3つです。

> ・豊かな体験を通じて，感じたり，気付いたり，分かったり，できるようになったりする「知識及び技能の基礎」
> ・気付いたことや，できるようになったことなどを使い，考えたり，試したり，工夫したり，表現したりする「思考力，判断力，表現力等の基礎」
> ・心情，意欲，態度が育つ中で，よりよい生活を営もうとする「学びに向かう力，人間性等」

　これら3つの資質・能力は，5領域のねらいと内容に基づく活動全体を通して育まれるものです。また，これら3つの資質・能力は，図3-4に示すように，小学校以上の学校教育において育まれる3つの資質・能力（「知識及び技能」「思考力，判断力，表現力等」「学びに向かう力，人間性等」）の基礎となるものです。したがって，2017年3月の告示において，この3つの資質・能力が明記されたことは，幼稚園，保育所，幼保連携型認定こども園が共に，小学校以上の学校教育の基礎を育むものであることが，国の定める法令において明確になったことであると言えます。また，図3-4で3つの資質・能力が相互に関連していることや，3つの資質・能力の中央に「遊びを通しての総合的な指導」が示されているように，資質・能力は個別に取り出されて指導するものではありません。これらの資質・能力は，従来通り5領域に関わる保育内容を遊びを通して総合的に指導するなかで育まれるものです。

②幼児期の終わりまでに育ってほしい姿

　さらに，幼稚園教育要領，保育所保育指針，幼保連携型認定こども園教育・保育要領それぞれの第1章「総則」において，「幼児期の終わりまでに育ってほしい姿」として，「健康な心と体」「自立心」「協同性」「道徳性・規範意識の芽生え」「社会生活との関わり」「思考力の芽生え」「自然との関わり・生命尊重」「数量や図形，標識や文字などへの関心・感覚」「言葉による伝え合い」「豊かな感性と表現」の10項目が示されました。この10の姿は，5領域のねらいと内容に基づく活動全体を通して3つの資質・能力が育まれている子どもの，幼稚園（幼保連携型認定こども園）修了時（保育所では小学校就学時）の具体的な姿であり，保育者が指導を行う際に考慮するものです。具体的には，「幼

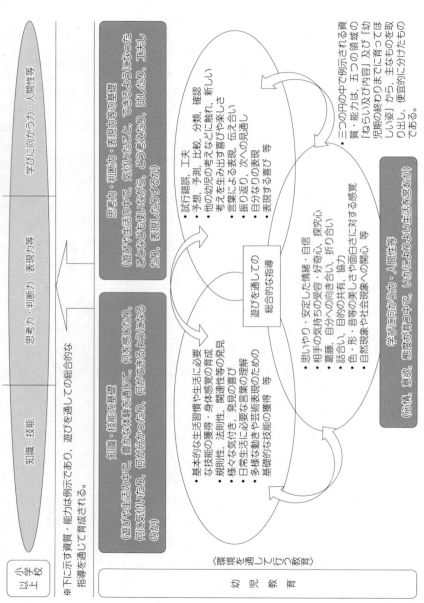

図3-4 幼児期において育みたい資質・能力の整理イメージ

出所：文部科学省「幼児教育部会における審議の取りまとめ」2016年より一部修正。

児期の終わりまでに育ってほしい姿」を意識しながら，特に5歳児後半の時期の指導計画の作成や，指導の振り返り（反省・評価）に生かすことが求められます。

　つまり，「幼児期の終わりまでに育ってほしい姿」は，到達目標ではなく，また個別に取り出して指導するものでもありません。子どもにそのような姿に「育ってほしい」と保育者が願って保育をするための観点です。

　以上から，2017年告示の幼稚園教育要領，保育所保育指針，幼保連携型認定こども園教育・保育要領では，保育内容である5領域の存在その指導方法は従来通り変わりませんが，3つの「育みたい資質・能力」と「幼児期の終わりまでに育ってほしい姿」が新たに明記されたことにより，保育者が考慮すべき観点がよりきめ細かくなったと言えます。

2　養護に関わる内容

　保育所や幼保連携型認定こども園では，保護者の就労と子育ての両立支援等の理由から，乳児期から，長時間（保護者のフルタイム就労を想定した保育標準時間は最長で11時間）の保育を必要とする子どもたちの保育を行っています。そのため，保育所保育指針では保育所保育は「養護と教育を一体的に行うこと」を特性とし，幼保連携型認定こども園教育・保育要領では，幼保連携型認定こども園における教育及び保育は「養護の行き届いた環境の下」で展開することとされています。

　ここでいう「養護」とは，「生命の保持」と「情緒の安定」を指します。保育所保育指針では，そのねらいと内容を表3-2のように定めています。

　表3-2にあるように，保育所保育指針における養護の「生命の保持」と「情緒の安定」すべてのねらいには，「一人一人の子どもが（の）」と記されています。このことが示すように，保育における養護は，個々の子どものニーズに応じたきめ細やかな保育士等の対応によって行われるものであると言えます。

　2017年3月告示以前の保育所保育指針では，「養護に関わるねらい及び内容」

表3-2　保育所保育指針　第1章「総則」の2「養護に関する基本的事項」（一部抜粋）

2　養護に関する基本的事項
　(1)　養護の理念
　　　保育における養護とは，子どもの生命の保持及び情緒の安定を図るために保育士等が行う援助や関わりであり，保育所における保育は，養護及び教育を一体的に行うことをその特性とするものである。保育所における保育全体を通じて，養護に関するねらい及び内容を踏まえた保育が展開されなければならない。
　(2)　養護に関わるねらい及び内容
　　ア　生命の保持
　　　(ア)　ねらい
　　　　①　一人一人の子どもが，快適に生活できるようにする。
　　　　②　一人一人の子どもが，健康で安全に過ごせるようにする。
　　　　③　一人一人の子どもの生理的欲求が，十分に満たされるようにする。
　　　　④　一人一人の子どもの健康増進が，積極的に図られるようにする。
　　　(イ)　内　容
　　　　①　一人一人の子どもの平常の健康状態や発育及び発達状態を的確に把握し，異常を感じる場合は，速やかに適切に対応する。
　　　　②　家庭との連携を密にし，嘱託医等との連携を図りながら，子どもの疾病や事故防止に関する認識を深め，保健的で安全な保育環境の維持及び向上に努める。
　　　　③　清潔で安全な環境を整え，適切な援助や応答的な関わりを通して子どもの生理的欲求を満たしていく。また，家庭と協力しながら，子どもの発達過程等に応じた適切な生活のリズムがつくられていくようにする。
　　　　④　子どもの発達過程等に応じて，適度な運動と休息を取ることができるようにする。また，食事，排泄，衣類の着脱，身の回りを清潔にすることなどについて，子どもが意欲的に生活できるよう適切に援助する。
　　イ　情緒の安定
　　　(ア)　ねらい
　　　　①　一人一人の子どもが，安定感をもって過ごせるようにする。
　　　　②　一人一人の子どもが，自分の気持ちを安心して表すことができるようにする。
　　　　③　一人一人の子どもが，周囲から主体として受け止められ，主体として育ち，自分を肯定する気持ちが育まれていくようにする。
　　　　④　一人一人の子どもがくつろいで共に過ごし，心身の疲れが癒されるようにする。
　　　(イ)　内　容
　　　　①　一人一人の子どもの置かれている状態や発達過程などを的確に把握し，子どもの欲求を適切に満たしながら，応答的な触れ合いや言葉がけを行う。
　　　　②　一人一人の子どもの気持ちを受容し，共感しながら，子どもとの継続的な信頼関係を築いていく。
　　　　③　保育士等との信頼関係を基盤に，一人一人の子どもが主体的に活動し，自発性や探索意欲などを高めるとともに，自分への自信をもつことができるよう成長の過程を見守り，適切に働きかける。
　　　　④　一人一人の子どもの生活のリズム，発達過程，保育時間などに応じて，活動内容のバランスや調和を図りながら，適切な食事や休息が取れるようにする。

は，第3章「保育の内容」のなかに5領域のねらい及び内容とともに記載されていました。2017年3月告示の保育所保育指針では，「養護に関わるねらい及び内容」が第1章「総則」に記載されました。そして，第1章「総則」の2「養護に関する基本的事項」の(1)「養護の理念」において，「保育における養護とは，子どもの生命の保持及び情緒の安定を図るために保育士等が行う援助や関わりであり，保育所における保育は，養護及び教育を一体的に行うことをその特性とするものである。保育所における保育全体を通じて，養護に関するねらい及び内容を踏まえた保育が展開されなければならない」と記されました。このことにより，養護は保育全般に関わる原則であることが明らかになったと言えます。

また，第2章「保育の内容」の冒頭で，「保育における『養護』とは，子どもの生命の保持及び情緒の安定を図るために保育士等が行う援助や関わりであり，『教育』とは，子どもが健やかに成長し，その活動がより豊かに展開されるための発達の援助である」とあります。以下に述べる，「乳児保育に関わるねらい及び内容」「1歳以上3歳未満児の保育に関わるねらい及び内容」「3歳以上児の保育に関するねらい及び内容」は，保育所保育指針では「主に教育に関わる側面からの視点」としつつも，実際の保育においては，養護と一体となって展開するものであることへの留意を促しています。

3 保育所保育指針等の各年齢段階の保育内容

以下に述べる，幼稚園教育要領，保育所保育指針，幼保連携型認定こども園教育・保育要領の各年齢段階の保育内容における「ねらい」は，前述の3つの「育みたい資質・能力」を子どもの生活する姿から捉えたものです。また，「内容」は，幼稚園教育要領と幼保連携型認定こども園教育・保育要領においては「ねらいを達成するために指導する事項」であり，保育所保育指針においては，「保育士が適切に行う事項と，保育士等が援助して子どもが環境に関わって経験する事項」とされています。

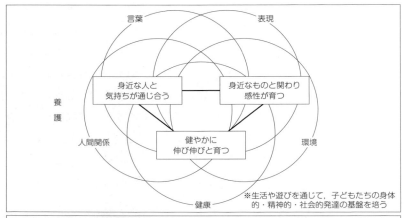

図3-5　0歳児の保育内容の記載のイメージ

出所：厚生労働省「保育所保育指針の改定に関する議論のとりまとめ」2016年より一部修正。

①乳児の保育内容

　保育所等の3歳未満児の利用率は，2018年4月の時点で36.6％となり，日本の3歳未満児の3割強が保育所等で保育を受けています。近年，3歳未満児保育（特に1・2歳児）の利用率が急増していることを踏まえ，2017年3月告示の保育所保育指針と幼保連携型認定こども園教育・保育要領では，「乳児保育に関わるねらい及び内容」が新たに記載されました。図3-5は，乳児保育の保育内容の記載イメージを示したものです。

　図3-5にあるように，発達の諸側面を示す5領域を踏まえつつ，乳児期は

＊7　厚生労働省「保育所等関連状況取りまとめ（平成30年4月1日）」2018年　https://www.mhlw.go.jp/stf/houdou/0000176137_00002.html（2018年10月1日閲覧）。

第3章　保育の内容

より一層発達の諸側面の重なりが大きく関連も密接であることから、乳児保育の内容は、身体的発育に関する視点「健やかに伸び伸びと育つ」、社会的発達に関する視点「身近な人と気持ちが通じ合う」、精神的発達に関する視点「身近なものと関わり感性が育つ」の3つの視点に分け、それぞれのねらい及び内容、内容の取扱いが定められています。

表3－3は、保育所保育指針の「乳児保育に関わるねらい及び内容」の一部を抜粋したものです。

表3－3の「ア　健やかに伸び伸びと育つ」のねらいは、「身体感覚が育ち、快適な環境に心地よさを感じる」などすべて乳児を主語、すなわち乳児が行為の主体である表現となっています。一方、内容は、たとえば「③　個人差に応じて授乳を行い、離乳を進めていく中で、様々な食品に少しずつ慣れ、食べることを楽しむ」「⑤　おむつ交換や衣服の着脱などを通じて、清潔になることの心地よさを感じる」などのように、保育士等が主語となる行為と乳児が主語となる姿とが一体となっています。乳児保育においては、保育士等が適切に乳児に関わり、働きかけることが必要不可欠です。しかし、単に保育士が行う行為をもって保育内容が行われているとするのではなく、それと合わせて「食べることを楽しむ」「清潔になることの心地よさを感じる」などの乳児の姿が見られることをもって、保育内容が行われていると言えます。

なお、保育所保育指針、幼保連携型認定こども園教育・保育要領では、「乳児保育に関わるねらい及び内容」の全般に関わる「基本的事項」のなかで、乳児期の発達的特徴を踏まえ、「乳児保育は、愛情豊かに、応答的に行われることが特に必要である」としています。乳児期に形成される身近な大人に対する愛着や基本的信頼感などの情緒的な絆の在り方が子どもの発達に大きく影響することから、「愛情豊かに」「応答的に」といった保育士等と乳児とのコミュニケーションの質を保ち向上させることが、乳児保育の保育内容全体に関わる前提となると言えます。

②1歳以上3歳未満児の保育内容

3歳未満児の保育所および幼保連携型認定こども園の利用率の増加のなかでも特に、1・2歳児の利用率の増加は著しく、1・2歳児の保育所等（認定こ

表3-3 保育所保育指針 第2章「保育の内容」の1「乳児保育に関わるねらい及び内容」(一部抜粋)

1 乳児保育に関わるねらい及び内容
  (1) 基本的事項
    ア 乳児期の発達については、視覚、聴覚などの感覚や、座る、はう、歩くなどの運動機能が著しく発達し、特定の大人との応答的な関わりを通じて、情緒的な絆が形成されるといった特徴がある。これらの発達の特徴を踏まえて、乳児保育は、愛情豊かに、応答的に行われることが特に必要である。
    イ 本項においては、この時期の発達の特徴を踏まえ、乳児保育の「ねらい」及び「内容」については、身体的発達に関する視点「健やかに伸び伸びと育つ」、社会的発達に関する視点「身近な人と気持ちが通じ合う」及び精神的発達に関する視点「身近なものと関わり感性が育つ」としてまとめ、示している。
    ウ 本項の各視点において示す保育の内容は、第1章の2に示された養護における「生命の保持」及び「情緒の安定」に関する保育の内容と、一体となって展開されるものであることに留意が必要である。
  (2) ねらい及び内容
    ア 健やかに伸び伸びと育つ
      健康な心と体を育て、自ら健康で安全な生活をつくり出す力の基盤を培う。
      (ア) ねらい
        ① 身体感覚が育ち、快適な環境に心地よさを感じる。
        ② 伸び伸びと体を動かし、はう、歩くなどの運動をしようとする。
        ③ 食事、睡眠等の生活のリズムの感覚が芽生える。
      (イ) 内　容
        ① 保育士等の愛情豊かな受容の下で、生理的・心理的欲求を満たし、心地よく生活をする。
        ② 一人一人の発育に応じて、はう、立つ、歩くなど、十分に体を動かす。
        ③ 個人差に応じて授乳を行い、離乳を進めていく中で、様々な食品に少しずつ慣れ、食べることを楽しむ。
        ④ 一人一人の生活のリズムに応じて、安全な環境の下で十分に午睡をする。
        ⑤ おむつ交換や衣服の着脱などを通じて、清潔になることの心地よさを感じる。
      (ウ) 内容の取扱い
        上記の取扱いに当たっては、次の事項に留意する必要がある。
        ① 心と体の健康は、相互に密接な関連があるものであることを踏まえ、温かい触れ合いの中で、心と体の発達を促すこと。特に、寝返り、お座り、はいはい、つかまり立ち、伝い歩きなど、発育に応じて、遊びの中で体を動かす機会を十分に確保し、自ら体を動かそうとする意欲が育つようにすること。
        ② 健康な心と体を育てるためには望ましい食習慣の形成が重要であることを踏まえ、離乳食が完了期へと徐々に移行する中で、様々な食品に慣れるようにするとともに、和やかな雰囲気の中で食べる喜びや楽しさを味わい、進んで食べようとする気持ちが育つようにすること。なお、食物アレルギーのある子どもへの対応については、嘱託医等の指示や協力の下に適切に対応すること。

ども園，小規模保育施設含む）の利用率は2010年では29.5％だったのが，2018年の調査では，47.0％*8となっています。また，都市部を中心に深刻な社会問題となっている，認可保育所に入りたくても入れない待機児童（全国で1万9,895人：2018年）のうち，1・2歳児が1万4,758人で，全体の74.2％と7割以上を占めています。このように，1・2歳児の保育のニーズが高まり，量的にも拡大してきている現状があります。そのような背景を踏まえ，かつ1・2歳の発達に即した保育の質を確保するため，2017年3月告示の保育所保育指針と幼保連携型認定こども園教育・保育要領では，「1歳以上3歳未満児の保育に関わるねらい及び内容」が新たに記載されました。

「1歳以上3歳未満児の保育に関わるねらい及び内容」は，3歳以上児と同様に，5領域に分けて記されています。表3-4は，保育所保育指針の「1歳以上3歳未満児の保育に関わるねらい及び内容」を一部抜粋したものです。

表3-4の「健康」の内容では，日常生活のなかで自分でできることが増えてくる1・2歳児の発達を踏まえ，前述の乳児保育に比べると，保育士等が主語となる行為の記述は少なくなっています。しかし，「① 保育士等の愛情豊かな受容の下で，安定感をもって生活をする」や「⑥ 保育士等の助けを借りながら，衣類の着脱を自分でしようとする」のように，保育士等の適切な関わりも含めて保育内容として記載しています。

また，保育所保育指針，幼保連携型認定こども園教育・保育要領では，「1歳以上3歳未満児の保育に関わるねらい及び内容」の全般に関わる「基本的事項」のなかで，自分でできることが増えてくるこの時期の発達的特徴を踏まえて，「保育士（保育教諭）等は，子どもの生活の安定を図りながら，自分でしようとする気持ちを尊重し，温かく見守るとともに，愛情豊かに，応答的に関わることが必要である」としています。1・2歳児の時期は，自分の思いを強く主張したり，感情のコントロールがうまくできず泣いたり怒ったりする姿もよく見られるようになり，「イヤイヤ期」「魔の2歳児」などと呼ばれることもあります。そのような時期だからこそ，温かく見守り，愛情豊かに応答的に関

---

*8　厚生労働省「保育所等関連状況取りまとめ（平成30年4月1日）」2018年　https://www.mhlw.go.jp/stf/houdou/0000176137_00002.html（2018年10月1日閲覧）。

表3-4　保育所保育指針　第2章「保育の内容」の2「1歳以上3歳未満児の保育に関わるねらい及び内容」（一部抜粋）

2　1歳以上3歳未満児の保育に関わるねらい及び内容
　(1)　基本的事項
　　ア　この時期においては，歩き始めから，歩く，走る，跳ぶなどへと，基本的な運動機能が次第に発達し，排泄の自立のための身体的機能も整うようになる。つまむ，めくるなどの指先の機能も発達し，食事，衣類の着脱なども，保育士等の援助の下で自分で行うようになる。発声も明瞭になり，語彙も増加し，自分の意思や欲求を言葉で表出できるようになる。このように自分でできることが増えてくる時期であることから，保育士等は，子どもの生活の安定を図りながら，自分でしようとする気持ちを尊重し，温かく見守るとともに，愛情豊かに，応答的に関わることが必要である。
　　イ　本項においては，この時期の発達の特徴を踏まえ，保育の「ねらい」及び「内容」について，心身の健康に関する領域「健康」，人との関わりに関する領域「人間関係」，身近な環境との関わりに関する領域「環境」，言葉の獲得に関する領域「言葉」及び感性と表現に関する領域「表現」としてまとめ，示している。
　　ウ　本項の各領域において示す保育の内容は，第1章の2に示された養護における「生命の保持」及び「情緒の安定」に関わる保育の内容と，一体となって展開されるものであることに留意が必要である。
　(2)　ねらい及び内容
　　ア　健　康
　　　健康な心と体を育て，自ら健康で安全な生活をつくり出す力を養う。
　　　(ｱ)　ねらい
　　　　①　明るく伸び伸びと生活し，自分から体を動かすことを楽しむ。
　　　　②　自分の体を十分に動かし，様々な動きをしようとする。
　　　　③　健康，安全な生活に必要な習慣に気付き，自分でしてみようとする気持ちが育つ。
　　　(ｲ)　内　容
　　　　①　保育士等の愛情豊かな受容の下で，安定感をもって生活をする。
　　　　②　食事や午睡，早期の目覚めの遊びなど，保育所における生活のリズムが形成される。
　　　　③　走る，跳ぶ，登る，押す，引っ張るなど全身を使う遊びを楽しむ。
　　　　④　様々な食品や調理形態に慣れ，ゆったりとした雰囲気の中で食事や間食を楽しむ。
　　　　⑤　身の回りを清潔に保つ心地よさを感じ，その習慣が少しずつ身に付く。
　　　　⑥　保育士等の助けを借りながら，衣類の着脱を自分でしようとする。
　　　　⑦　便器での排泄に慣れ，自分で排泄ができるようになる。
　　　(ｳ)　内容の取扱い
　　　　上記の取扱いに当たっては，次の事項に留意する必要がある。
　　　　①　心と体の健康は，相互に密接な関連があるものであることを踏まえ，子どもの気持ちに配慮した温かい触れ合いの中で，心と体の発達を促すこと。特に，一人一人の発育に応じて，体を動かす機会を十分に確保し，自ら体を動かそうとする意欲が育つようにすること。
　　　　②　健康な心と体を育てるためには望ましい食習慣の形成が重要であることを踏まえ，ゆったりとした雰囲気の中で食べる喜びや楽しさを味わい，進んで食べようとする気持ちが育つようにすること。なお，食物アレルギーのある子どもへの対応については，嘱託医等の指示や協力の下に適切に対応すること。
　　　　③　排泄の習慣については，一人一人の排尿間隔等を踏まえ，おむつが汚れていないときに便器に座らせるなどにより，少しずつ慣れさせるようにすること。
　　　　④　食事，排泄，睡眠，衣類の着脱，身の回りを清潔にすることなど，生活に必要な基本的な習慣については，一人一人の状態に応じ，落ち着いた雰囲気の中で行うようにし，子どもが自分でしようとする気持ちを尊重すること。また，基本的な生活習慣の形成に当たっては，家庭での生活経験に配慮し，家庭との適切な連携の下で行うようにすること。

わる保育者の存在が必要不可欠となります。

　なお，この時期に特徴的な，子どもが泣いたり怒ったりぐずったりかんしゃくを起こしたりする場合への対応については，領域「人間関係」の内容の取扱いにおいて，「② 思い通りにいかない場合等の子どもの不安定な感情の表出については，保育士（保育教諭）等が受容的に受け止めるとともに，そうした気持ちから立ち直る経験や感情をコントロールすることへの気付き等につなげていけるように援助すること」とあります。

　③3歳以上児の保育内容

　3歳以上児の保育内容は，幼稚園教育要領，保育所保育指針，幼保連携型認定こども園教育・保育要領では，5領域のねらい，内容，内容の取扱いが，細かい文言の違いはあっても共通しています。このことにより，どの施設に通っても，原則として共通の保育内容をもつ幼児教育を受けていることが，より明確に示されたと言えます。

　表3-5は，「保育所保育指針」の「3歳以上児の保育に関するねらい及び内容」を一部抜粋したものです。

　表3-5を，前述の表3-3「乳児保育に関わるねらい及び内容」の「ア　健やかに伸び伸びと育つ」や，表3-4「1歳以上3歳未満児の保育に関わるねらい及び内容」の「ア　健康」と比較することによって，乳児期から小学校入学までの乳幼児期の発達の過程と，各発達段階において必要とされる援助や配慮すべき事柄が見えてきます。

　たとえば，表3-3・表3-4と比較すると，表3-5の「3歳以上児の保育に関するねらい及び内容」の「ア　健康」では，内容において，保育士が主語となる行為の記述はなく，すべて子どもが主語となる行為として記されています。実際には，保育者のさまざまな援助に支えられながら園生活を展開するとしても，3歳以上児では保育者の援助についての記述がなくとも子どもが主体的に生活する姿が思い描ける点に，3歳以上児の発達が見えてくると言えます。したがって，発達段階ごとの保育内容を理解するとともに，各発達段階を通した保育内容の理解も重要になります。

　2017年3月告示の幼稚園教育要領，保育所保育指針，幼保連携型認定こども

表3-5　保育所保育指針　第2章「保育の内容」の3「3歳以上児の保育に関するねらい及び内容」（一部抜粋）

3　3歳以上児の保育に関するねらい及び内容
(1) 基本的事項
　ア　この時期においては，運動機能の発達により，基本的な動作が一通りできるようになるとともに，基本的な生活習慣もほぼ自立できるようになる。理解する語彙数が急激に増加し，知的興味や関心も高まってくる。仲間と遊び，仲間の中の一人という自覚が生じ，集団的な遊びや協同的な活動も見られるようになる。これらの発達の特徴を踏まえて，この時期の保育においては，個の成長と集団としての活動の充実が図られるようにしなければならない。
　イ　本項においては，この時期の発達の特徴を踏まえ，保育の「ねらい」及び「内容」について，心身の健康に関する領域「健康」，人との関わりに関する領域「人間関係」，身近な環境との関わりに関する領域「環境」，言葉の獲得に関する領域「言葉」及び感性と表現に関する領域「表現」としてまとめ，示している。
　ウ　本項の各領域において示す保育の内容は，第1章の2に示された養護における「生命の保持」及び「情緒の安定」に関わる保育の内容と，一体となって展開されるものであることに留意が必要である。
(2) ねらい及び内容
　ア　健　康
　　健康な心と体を育て，自ら健康で安全な生活をつくり出す力を養う。
　　(ア) ねらい
　　　① 明るく伸び伸びと行動し，充実感を味わう。
　　　② 自分の体を十分に動かし，進んで運動しようとする。
　　　③ 健康，安全な生活に必要な習慣や態度を身に付け，見通しをもって行動する。
　　(イ) 内　容
　　　① 保育士等や友達と触れ合い，安定感をもって行動する。
　　　② いろいろな遊びの中で十分に体を動かす。
　　　③ 進んで戸外で遊ぶ。
　　　④ 様々な活動に親しみ，楽しんで取り組む。
　　　⑤ 保育士等や友達と食べることを楽しみ，食べ物への興味や関心をもつ。
　　　⑥ 健康な生活のリズムを身に付ける。
　　　⑦ 身の回りを清潔にし，衣服の着脱，食事，排泄などの生活に必要な活動を自分でする。
　　　⑧ 保育所における生活の仕方を知り，自分たちで生活の場を整えながら見通しをもって行動する。
　　　⑨ 自分の健康に関心をもち，病気の予防などに必要な活動を進んで行う。
　　　⑩ 危険な場所，危険な遊び方，災害時などの行動の仕方が分かり，安全に気を付けて行動する。
　　(ウ) 内容の取扱い
　　　上記の取扱いに当たっては，次の事項に留意する必要がある。
　　　① 心と体の健康は，相互に密接な関連があるものであることを踏まえ，子どもが保育士等や他の子どもとの温かい触れ合いの中で自己の存在感や充実感を味わうことなどを基盤として，しなやかな心と体の発達を促すこと。特に，十分に体を動かす気持ちよさを体験し，自ら体を動かそうとする意欲が育つようにすること。
　　　② 様々な遊びの中で，子どもが興味や関心，能力に応じて全身を使って活動することにより，体を動かす楽しさを味わい，自分の体を大切にしようとする気持ちが育つようにすること。その際，多様な動きを経験する中で，体の動きを調整するようにすること。

第3章　保育の内容

> ③　自然の中で伸び伸びと体を動かして遊ぶことにより，体の諸機能の発達が促されることに留意し，子どもの興味や関心が戸外にも向くようにすること。その際，子どもの動線に配慮した園庭や遊具の配置などを工夫すること。
> ④　健康な心と体を育てるためには食育を通じた望ましい食習慣の形成が大切であることを踏まえ，子どもの食生活の実情に配慮し，和やかな雰囲気の中で保育士等や他の子どもと食べる喜びや楽しさを味わったり，様々な食べ物への興味や関心をもったりするなどし，食の大切さに気付き，進んで食べようとする気持ちが育つようにすること。
> ⑤　基本的な生活習慣の形成に当たっては，家庭での生活経験に配慮し，子どもの自立心を育て，子どもが他の子どもと関わりながら主体的な活動を展開する中で，生活に必要な習慣を身に付け，次第に見通しをもって行動できるようにすること。
> ⑥　安全に関する指導に当たっては，情緒の安定を図り，遊びを通して安全についての構えを身に付け，危険な場所や事物などが分かり，安全についての理解を深めるようにすること。また，交通安全の習慣を身に付けるようにするとともに，避難訓練などを通して，災害などの緊急時に適切な行動がとれるようにすること。

園教育・保育要領では，3歳以上児の5領域の記載では，幼児教育の現代的な課題に即していくつかの変更が見られました。そのなかには，近年，乳幼児期に育むことで生涯にわたって肯定的な影響を及ぼすとされる，いわゆる「非認知的能力（「社会情動的スキル」）の重要性を踏まえたものもあります。具体的には，領域「人間関係」の内容の取扱いの①において「諦めずにやり遂げることの達成感や，前向きな見通しをもって」という文言が新たに加えられています。これは，社会情動的スキルのなかの忍耐力や楽観性などの重要性を踏まえたものと言えます。この他の領域における変更点についても，なぜその記載が新たに加わったのかを，その背景とともに理解することが重要です。

なお，幼稚園教育要領，保育所保育指針，幼保連携型認定こども園教育・保育要領では，3歳以上児の保育内容は年齢別に区分していません。しかし，実際には，各園において，子ども・家庭・地域の実態や園の理念・教育目標等を踏まえて作成した教育課程等を含む全体的な計画，およびそれに基づく指導計画において，学年（年齢）ごとの保育のねらいや内容が考慮され，実践されています。

幼稚園教育要領，保育所保育指針，幼保連携型認定こども園教育・保育要領の保育内容をその背景とともに理解し，かつ実際の具体的な保育場面において実践することが保育の質の維持・向上において必要不可欠となります。

まとめ

　この章では，保育内容の大まかな定義と捉え方，その変遷を踏まえ，幼稚園教育要領，保育所保育指針，幼保連携型認定こども園教育・保育要領における保育内容について述べてきました。

　2017年3月告示の幼稚園教育要領，保育所保育指針，幼保連携型認定こども園教育・保育要領では，新たに「育みたい資質・能力」と「幼児期の終わりまでに育ってほしい姿」の観点が記載されました。また，同告示の保育所保育指針，幼保連携型認定こども園教育・保育要領では，「乳児保育に関わるねらい及び内容」「1歳以上3歳未満児の保育に関わるねらい及び内容」「3歳以上児の保育に関するねらい及び内容」と発達段階に応じて保育内容が記載されるようになりました。これらをその背景とともに理解し，実践することが保育の質の維持・向上において必要不可欠となります。

 さらに学びたい人のために

○無藤隆・汐見稔幸・砂上史子『ここがポイント！　3法令ガイドブック――新しい「幼稚園教育要領」「保育所保育指針」「幼保連携型認定こども園教育・保育要領」の理解のために』フレーベル館，2017年。

　2017年3月告示の幼稚園教育要領，保育所保育指針，幼保連携型認定こども園教育・保育要領それぞれについて，改訂（定）の論点を整理して解説しています。新旧の条文比較もできるようになっています。

○OECD，池迫浩子・宮本晃司・ベネッセ教育総合教育研究所（訳）『家庭，学校，地域社会における社会情動的スキルの育成――国際的エビデンスのまとめと日本の教育実践・研究に対する示唆』ベネッセ教育総合研究所，2015年 (http://berd.benesse.jp/feature/focus/11-OECD/pdf/FSaES_20150827.pdf)。

　生涯にわたって重要なスキルである社会情動的スキルに関して，その重要性，政策および学習環境等について，実証的なエビデンスをもとに解説しています。上記URLから無料でダウンロードできます。

第 **4** 章

保育の方法

・・・　学びのポイント　・・・

- 「保育者が中心となる保育」と「子どもが中心となる保育」の関係について学ぶ。
- 望ましい保育の方法とは何かを学ぶ。
- 子どもを中心に据え，保育者がそれをつないで発展するような保育の方法について学ぶ。

WORK　望ましい保育方法とは？

① 以下の(A)〜(C)のカードは、「不適切」な保育の方法、「最低限」の保育の方法、「とてもよい」保育の方法のいずれかを表したものです。どのカードがどの保育の方法に該当すると思いますか。まずは個人で回答し、その理由を考えて書き出しましょう。

② ①について、個人の回答や書き出した理由をグループ（3〜5人）で共有し、意見を交換しましょう。

③ グループの意見を整理し、「不適切」「最低限」「とてもよい」と思われる保育の方法についての回答と理由を提示し、クラス全体で共有（発表）しましょう。

(A)
・子どもたちが活動のなかで用いることのできる素材・教材などが多様に用意されている。保育者は、子どもたちが取り組みたくなるような活動を理解したうえで、素材・教材を選んで用意している。
・1つの活動のなかで最低1回は保育者が子どもたちを援助している。

(B)
・保育室の環境が常に同じように配置され、同じ素材・教材・活動で構成されている。
・保育者は常に子どもたちだけで遊ばせており、見ているだけである。

(C)
・保育者は子どもたちと共に、彼（女）らの知識や経験を広げるような興味深い場所を訪れる。
・保育者は、子どもたちが探索することができるように、想定外のモノを保育室のなかに隠したり、宝箱を使ったりして彼（女）らの好奇心を支えている。

※ 以上は、下記文献（p. 42)「【サブスケール4】学びと批判的思考を支える／◎項目9：好奇心と問題解決の支援」から引用したものです。ただし、文章の一部を筆者が平易な表現に加筆・修正したり削除したりしていることをご了承下さい。上記回答は、同文献のpp. 42-43を参照ください。
　イラム・シラージほか、秋田喜代美・淀川裕美（訳）『「保育プロセスの質」評価スケール——乳幼児期の「ともに考え、深めつづけること」と「情緒的な安定・安心」を捉えるために』明石書店、2016年。

第 4 章　保育の方法

● 導　入 ● ● ● ● ● ●

　将来，保育者を目指しているあなたにお尋ねします。子どもが中心となって好きなことを楽しむような保育の方法と，保育者が中心となって教え導くような保育の方法では，どちらが望ましい保育の方法だと思いますか。幼児期に望ましい保育の方法を受けて育った子どもと，そうでない子どもでは，大人になったときに何か違いが現れると思いますか。もし現れるとしたら，どのような違いなのでしょう。望ましい保育の方法（保育者の言葉かけや子どもとの関わり（援助）など）とは，具体的にどのようなものだと思いますか。
　この章では，以上の問いに応える内容で構成されています。なんだか知的好奇心がくすぐられませんか？

● ● ● ● ● ● ●

1 保育の方法とは何か

1　万能な保育の方法など存在しない

　保育の営みのなかには，保育者が子どもに育ってほしいと願って企図するねらい（目的）があります。そのねらい（目的）を達成するために，つまり，子どもの育ちを促すために保育者は，保育の内容を計画し構成します。そして，計画し構成した保育の内容において，自分がどう関わる（援助する）のかを考えます。この，どう関わる（援助する）のかの部分が保育の方法に該当するわけです。とはいえ，保育の営みとは難しいもので，保育者が子どもに育ってほしいと願って企図するねらい（目的）が強すぎてしまっては，子どもの興味・関心や主体性が損なわれかねません。保育者が保育の内容を計画し構成するうえでも，また，自分が関わる（援助する）うえでも，企図するねらい（目的）を前面に出すばかりでなく，子ども理解に基づき，一人一人の思いに寄り添うことが大切です。
　つまり，保育の方法とは，子どもの内面を推察し，その場の状況に応じて関わる（援助する）ことであり，逆に言えば，「こんなときは，このように援助す

ればよい……」というような，どんな子どもにも，どんな状況にも当てはまるマニュアルのような，万能な保育の方法など存在しないのです。なぜなら，保育の営みとは，子どもの年齢や月齢，性格や発達課題，子ども同士の関係性や保育者との関係，保育の時期など，さまざまな状況が複雑に絡み合って展開しているのであり，たとえ同じ時間に同じ場所で砂遊びをしている同じ年齢のAちゃんとBちゃんであっても，その子の内面やその子を取り巻く状況は，決して同じではないのですから。

2 「保育者が中心となる保育」と「子どもが中心となる保育」

　保育の方法については，「保育者が中心となる保育」と「子どもが中心となる保育」という2つのタイプが考えられます。前者は，保育者が率先して子どもをリードし，関わる（援助する）ような保育のことであり，たとえば，話を聞く，歌を歌う，絵を描く，運動するなど，同一の時間に同一の活動をクラス全体で行うような場面が該当します。保育者のねらい（目的）が子どもの活動に反映されやすく，保育者が特定の活動を計画し遂行するというイメージで捉えることができます。後者は，子どもの興味・関心に即して活動が展開され，必要に応じて保育者が関わるような保育のことであり，たとえば，子どもが好きな遊びを選んでそれに没頭するなど，活動の主体を子どもに置くような場面が該当します。保育者のねらいは存在するものの，それが大きく反映されるというより，子どもの興味・関心に寄り添いながら保育者が関わるというイメージで捉えることができます。ただし，活動の主体を子どもに置くといっても，保育者が自分の関わりを放棄するという意味ではありません。

　「保育者が中心となる保育」と「子どもが中心となる保育」は，確かに対照的な保育の方法ではありますが，対立的あるいは二者択一的に捉えるものではありません。たとえ「子どもが中心となる保育」が展開されたとしても，子どもの自由に任せて何ら保育の方法がないようであれば，彼（女）らの活動が発展することは難しいでしょう。逆に，たとえ「保育者が中心となる保育」が展開されたとしても，子どもの興味・関心に即して計画し構成された保育の内容

であれば，彼（女）らの活動は発展するでしょう。

　保育の方法を考えるうえで大切なことは，「保育者が中心となる保育」vs.「子どもが中心となる保育」という図式で善し悪しを問うのではなく，眼前の子どもは今，何に興味・関心をもち，どのような経験を必要としているのかを吟味することです。保育者には，これら保育の方法のバランスを考慮し，柔軟に取り入れることで，子どもが必要な経験を得られるように保育の内容を計画したり，環境を構成したりすることが求められるのです。

3　保育の方法が子どもの発達やその後の人生に影響を与える?!

　みなさんは，保育経験が「10年以上の保育者に育てられた子ども」と「10年未満の保育者に育てられた子ども」とで，その後の人生に違いが生じると思いますか？　アメリカのある研究では[*1]，前者の子どものほうが後者の子どもよりも，27歳になったときに約1,104米ドル（約12万5,000円）ほど年収が高いという結果を報告しました。どちらの保育者に育てられた子どもも，読解力や数学の成績などといった，いわゆる「認知的能力」の発達に差は見られなかったのですが（中学校2年生時点），「10年以上の保育者に育てられた子ども」のほうが，他者とうまくやっていく能力，肯定的態度，しつけられていることなどといった，いわゆる「非認知的能力」が培われており，その差が社会人になってからの職場での働きぶりに影響を与え，年収の差となって現れるというのです。

　この結果を踏まえると，保育者の経験年数に裏打ちされた保育の方法は，協調性，意欲，自信，忍耐力，注意深さなど，子どもの社会性や情動調整の発達に影響を与えることが考えられます。こうした力は，非認知的能力や社会・情動的スキルなどと呼ばれ，乳幼児期に顕著な発達を示すと言われています。つまり，望ましい保育の方法は，長期にわたって子どもの発達に影響を与え，その後の人生において好循環を生み出すのです。

---

*1　Cherry, R., Friedman, J., Hilger, N., Saez, E., Schanzenbach, D. & Yagan, D. (2011). How does your kindergarten classroom affect your earnings? : Evidence from PROJECT STAR. *The Quarterly Journal of Economics*. **126**. pp. 1593-1660.

2 望ましい保育の方法を考える

1 保育者が教え導くだけでも，子どもを放任するだけでもない

　それでは一体，保育者の経験年数に裏打ちされたような，望ましい保育の方法とはどのようなものでしょうか。このことを考えるために，秋田（2009）[*2]が紹介するイギリスの研究を手がかりにしてみましょう。

　Siraj-Blatchford & Sylva（2004）[*3]は，イギリス国内の保育施設を対象に，保育環境評価スケール（Harms et al., 1998；Sylva et al., 2003）[*4]を用いて，「良い園」「最優秀園」を抽出するとともに，それらの園を対象に誰が中心となって始める活動かの比率を調べました（図4-1）。その結果，「良い園」では，「保育者が中心となって始める活動」が約55％，「子どもが中心となって始める活動」が約45％であったのに対して，「最優秀園」では，「保育者が中心となって始める活動」が約45％，「子どもが中心となって始める活動」が約55％でした。この結果から，イギリス国内で「良い園」「最優秀園」という評価を受ける園は，総じて両者のバランスがとれていることがわかります。

　「保育者が中心となる保育」と「子どもが中心となる保育」は，対立的あるいは二者択一的に捉えるのではなく，両者のバランスを考慮し，柔軟に取り入れることの重要性は先に述べた通りですが，この研究は，それを証明したと言えるでしょう。つまり，望ましい保育の方法とは，保育者が子どもを放任し，好き勝手に遊ばせるような保育ばかりを行うことでもなければ，保育者が多く

[*2] 秋田喜代美「国際的に高まる『保育の質』への関心——長期的な縦断研究の成果を背景に」『BERD』16，2009年，pp. 13-17。
[*3] Siraj-Blatchford, I. & Sylva, K. (2004). Researching Pedagogy in English Pre-schools. *British Educational Research Journal*. 30(5). pp. 713-730.
[*4] Harms, T., Clifford, R. M. & Cryer, D. (1998). *Early Childhood Environment Rating Scale Revised Edition*. Teachers College Press.
Sylva, K., Siraj-Blatchford, I. & Taggart, B. (2003). *The Four Curricular Subscales Extension to the Early Childhood Environment Rating Scale (ECERS-R) 4th edition with Planning Notes*. Teachers College Press.

第4章 保育の方法

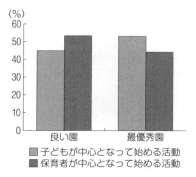

図4-1 誰が中心となって始める活動かの比率
出所：Siraj-Blatchford & Sylva（2004）のp. 722をもとに筆者作成。

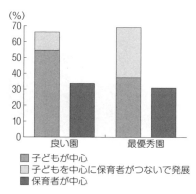

図4-2 挑戦的課題に関する保育者と子どものやりとりの質の相違
出所：Siraj-Blatchford & Sylva（2004）のp. 723をもとに筆者作成。

を主導し，教え導くような保育ばかりを行うことでもないのです。

2 子どもを中心に保育者がつないで発展する

また，Siraj-Blatchford & Sylva（2004）は，抽出されたイギリス国内の「良い園」「最優秀園」を対象に，保育中の挑戦的課題に関する保育者と子どものやりとりについても調べました（図4-2）。その結果，「良い園」では，「子どもが中心」となるようなやりとりが約55％，「保育者が中心」となるようなやりとりが約35％，「子どもを中心に保育者がつないで発展」するようなやりとりが約10％でした。一方，「最優秀園」では，「子どもが中心」となるようなやりとりが約35％，「保育者が中心」となるようなやりとりが約30％，「子どもを中心に保育者がつないで発展」するようなやりとりが約35％でした。

この結果を踏まえて秋田（2009）は，望ましい保育の方法について，子どもが挑みたくなるような活動が組織されていること，そのなかで彼（女）らが自分の能力をフルに発揮し，自由に創意工夫したり，自己表現したりできるように保育者が関わる（援助する）ことが示唆されると述べています。そしてその際には，「子どもが中心」となったり「保育者が中心」となったりするだけで

71

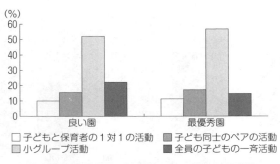

図4-3 活動単位（人数）ごとに使われる時間
出所：Siraj-Blatchford et al.（2002）より筆者作成。

なく，「子どもを中心に保育者がつないで発展」するようなやりとりが鍵になると考えられます。これについては，次節で述べます。

3 小グループ活動を組織する

Siraj-Blatchford et al.（2002）[*5]は，抽出されたイギリス国内の「良い園」「最優秀園」を対象に，活動単位（人数）ごとに使われる時間について調べました（図4-3）。

その結果，「良い園」では，「小グループ活動」が約50％ともっとも多く，次いで「全員の子どもの一斉活動」が約25％，「子ども同士のペアの活動」が約15％，「子どもと保育者の1対1の活動」が約10％でした。「最優秀園」では，「小グループ活動」が約55％ともっとも多く，次いで「子ども同士のペアの活動」が約20％，「全員の子どもの一斉活動」が約15％，「子どもと保育者の1対1の活動」が約10％でした。

以上を踏まえると，望ましい保育の方法を考えるヒントとして，「小グループ活動」をあげることができます。友達に認められたり，同じ目標に向かって力を合わせたり，周りの子どもを見て自分も頑張ろうと思ったり，興味・関心を共有したり，コミュニケーションが促されたり，動機が高まったりなど，

---

* 5　Siraj-Blatchford, I., Sylva, K., Muttock, S., Gilden, R. & Bell, D.（2002）. *Researching Effective Pedagogy in the Early Years（REPEY）: DfES Research Report 356*. DfES.

「小グループ活動」には，子どもの認知的能力や非認知的能力の発達を促す要素が数多く含まれているのです。

3 「子どもを中心に保育者がつないで発展」する保育の方法

1 鍵となる「子どもを中心に保育者がつないで発展」

　望ましい保育の方法とは，(1)保育者が子どもを放任し，好き勝手に遊ぶような保育ばかりを行うことでもなければ，保育者が多くを主導し，教え導くような保育ばかりを行うことでもないこと，(2)子どもが自分の能力をフルに発揮できるような挑戦的課題が含まれており，そのなかで「子どもを中心に保育者がつないで発展」するようなやりとりがあること，(3)「小グループ活動」が組織されていることなどがわかりました。以下では，(2)について考えます。

　「子どもを中心に保育者がつないで発展」する保育の方法について，これは読者のみなさんにわかりやすいように簡易な言葉で表したものですが，イギリスでは，Sustained Shared Thinking (SST) と呼ばれており，日本では「ともに考え，深めつづけること」という翻訳があてられています。その定義は，2名もしくは2名以上の子どもが1人では達成できないようなことに一緒になって挑み，問題解決を目指して試行錯誤するなかで，相互に自分の思いや考えを表現したり，自分たちの活動を捉え直したり，学びや思考を広げたりできるように，保育者も彼（女）らの活動に積極的に関わる（援助する）ことです。つまり，子どもを中心に据えつつ，そこに保育者も参与し，保育者と子ども，あるいは子ども同士がつながって，より発展するように「ともに考え，深めつづけること」で，それぞれの関係性を促すのです。

　この「子どもを中心に保育者がつないで発展」する保育の方法は，言い換え

＊6　Siraj, I., Kingston, D. & Melhuish, E. (2015). *Assessing Quality in Early Childhood Education and care : Sustained Shared Thinking and Emotional Well-being (SSTEW) Scale for 2-5 Year-olds Provision.* Trentham Books Ltd.（秋田喜代美・淀川裕美（訳）『「保育プロセスの質」評価スケール――乳幼児期の「ともに考え，深めつづけること」と「情緒的な安定・安心」を捉えるために』明石書店，2016年）。

表4-1 「ともに考え，深めつづけること」を導く保育者の関わり（援助）の例

- なり込む（言おうとしていることを注意深く聴き，身体表現や子どもがしていることを観る）
- 真に関心を示す（すべての注意を注ぎ，目線をあわせ，肯定し，うなずき，微笑む）
- 子ども自身の決定と選択を尊重し，子どもが考えを深められるように誘う
- 言い換える（「つまりあなたは…て考えてるってこと？」）
- 自分の経験を示す
- 考えをはっきりと言葉にする（「そうだね，○○ちゃん，この石を水の中で沸騰させたらとけるって思っているんだよね」）
- 示唆する（「こんなふうにそれをやってみたらいいね」）
- 思い出させる
- さらに深く考えるように励ます
- 別の視点を与える
- 推測する（「君はお話の中の3匹のクマは，その後○○ちゃんと友だちとして一緒に行動するようになったと思う？」）
- 行きつ戻りつする
- 開かれた質問[*]をする
- 考え方のモデルを示す

[*]：開かれた質問とは，「はい」「いいえ」で答えられるような質問ではなく，自由にいろいろな答えが返ってくるような質問のこと。開かれた質問をすることで，保育者と子ども，あるいは子ども同士の話のキャッチボールが可能になる。

出所：イラム・シラージほか，秋田喜代美・淀川裕美（訳）『保育プロセスの質』評価スケール──乳幼児期の「ともに考え，深めつづけること」と「情緒的な安定・安心」を捉えるために』明石書店，2016年，pp. 111-112。

れば，ロシアの心理学者ヴィゴツキー（Vygotsky, L. S.）が提唱する，子どもの「最近接発達領域（Zone of Proximal Development: ZPD）」[*7]にアプローチするための保育者の関わり（援助）でもあります。それは単に，保育者が直接的に介入して支えるだけでなく，状況によっては一歩下がって，直接的には介入しないけれども子ども自身が探求し，友達と一緒に考えて問題解決できるように，保育者も子どもとその状況を共有することも含まれます。「子どもを中心に保育者がつないで発展」する保育の方法とは，仲間と共に課題に挑み，それを達成することで，子どもの発達や自律的な問題解決能力を促すための保育者の関わり（援助）であると言えます。保育者と子ども，あるいは子ども同士が「ともに考え，深めつづけること」を導く保育者の具体的な関わり（援助）について，シラージら（2016）は，表4-1に示した点を掲げています。

[*7] **最近接発達領域**：ある課題について，子どもが1人でできる発達の水準と，大人や自分より能力の高い人の助けがあればできる発達の水準の間の隔たり（領域）のこと。

第4章 保育の方法

2 事例から考える「子どもを中心に保育者がつないで発展」

以下では,「子どもを中心に保育者がつないで発展」する保育の方法について,イタリアレッジョ・エミリア市の保育実践(Reggio Emilia Approach)をもとに考えましょう。ただしこれは,Sustained Shared Thinking(SST)を提唱するイギリスの研究者が例示したものではありません。読者のみなさんにとって,保育者と子ども,あるいは子ども同士がつながって「ともに考え,深めつづけること」が現れた事例であると筆者が判断して紹介するものです。

> **エピソード　影と戯れる（3歳8か月〜4歳3か月）**
> 　4名の子どもたちが保育者と一緒に影と戯れている。彼（女）らにとって影は「そこにあるけど捕まえられない」「触っても,何も感じない」「石で叩いてもビクともしない」「私が動くと影も動くわ」……など,微妙で捉えがたい謎めいた影に,子どもたちは興味津々のようである。
> 　保育者：「ねえ,影を追い払うことってできるかしら？」
> 　この保育者の発言を機に子どもたちは,影を追い払おうとする。どうすれば影を追い払うことができるのか。
> 　子ども：「その子の影を追い払うには,その子がどこかにいなくなっちゃえばいい」
> 　子ども：「小石をたくさん,影にかぶせちゃえ」（実際に,影の上に小石をかぶせてみる）
> 　子ども：「ダメだ。影は追い払えない……」
> 　子ども：「シートでおおってみたらどう？」（今度は,影のうえにシートをおおう）
> 　子ども：「だめだ。僕の影はここにあるし,ヴェロニカのもあるよ」

この事例は,数名の子どもたちが微妙で捉えがたい謎めいた影に興味を示すところから始まります。そのことを察知した保育者は,子どもたちの内面を推

＊8　Reggio Children (1999). *Everything has a shadow except ants*. Reggio Children Publications.

察したうえで、さらに彼（女）らの学びや思考が広がるように、「ねえ、影を追い払うことはできるかしら？」という魅力的な問いを投げかけます。つまり保育者は、影を探求するための具体的な視点を子どもたちに提供するのです。これによって子どもたちは「小グループ活動」のなかで、影を追い払うためのアイディアを推理して提示したり（仮説を立てたり）、実際に行動して試したり（仮説を確かめたり）など試行錯誤するなかで、相互に自分の思いや考えを表現していることがわかります。また、仲間と共に驚いたり、疑ったり、不思議に感じたりすることで、刺激的な探求の輪が広がっています。もはや保育者と子どもたちの心は、神秘的な影の謎や正体を解明することで互いに通じ合っているのです。

　上記の事例に見られる保育の方法は、保育者が子どもを放任し、好き勝手に遊ばせるわけでもなければ、保育者が多くを主導し、教え導くわけでもないことは明らかでしょう。影の謎を解き明かすという子どもの問題状況に対して、保育者も積極的に関与していることがそれを裏づけています。また、「小グループ活動」のなかで、子どもが自分の能力をフルに発揮していることもわかります。保育者が投げかけた魅力的な問いは、子どもの「最近節発達領域（ZPD）」にアプローチしたものであり、子どもを中心に据えつつ、そこに保育者も参与することで子ども同士のつながりがより発展することを企図した「子どもを中心に保育者がつないで発展」する保育の方法であると言えるでしょう。

　保育の営みにおいて保育者の言動は、子どもに大きな影響を与えます。保育者が企図するねらい（目的）が強すぎても弱すぎても、子どもの興味・関心や主体性は十分に発揮できません。望ましい保育の方法とは、子ども理解に基づき、彼（女）らが友達と一緒になって取り組めるような挑戦的内容を組織し、そこで保育者が彼（女）らの学びや思考が広がるように積極的に関わる（援助する）ことです。協働性やコミュニケーションなど、保育者と子ども、子ども同士の関係性を促す保育の方法が子どもの発達や自律的な問題解決を育むのです。

第 4 章　保育の方法

 まとめ

　保育の方法は,「保育者が中心となる保育」と「子どもが中心となる保育」に大別できますが,これらは対立的に捉えるのではなく,両者を柔軟に取り入れることで子どもにとって必要な経験が得られるようにすることが大切です。望ましい保育の方法とは,子どもが自分の能力をフルに発揮できるような挑戦的課題が組織されており,そのなかで「子どもを中心に保育者がつないで発展」するようなやりとりがあることです。これは,2名もしくは2名以上の子どもが1人では達成できないようなことに共に挑み,問題解決を目指して試行錯誤するなかで,相互に自分の思いや考えを表現したり,自分たちの活動を捉え直したり,学びや思考を広げたりできるように,保育者が積極的に関わる(援助する)保育の方法です。

 さらに学びたい人のために

○イラム・シラージほか,秋田喜代美・淀川裕美(訳)『「保育プロセスの質」評価スケール——乳幼児期の「ともに考え,深めつづけること」と「情緒的な安定・安心」を捉えるために』明石書店,2016年。
　本章で取り上げる「子どもを中心に保育者がつないで発展」する保育の方法を省みるためのツールです。子どもたちが協働して他者と関わり,問題解決し,自分たちの考えや思いを表現しているかどうか,保育者が自身の保育を振り返ることができます。

○中坪史典(編著)『テーマでみる保育実践の中にある保育者の専門性へのアプローチ』ミネルヴァ書房,2018年。
　本書は,保育実践のなかに埋め込まれた保育者の専門性について,21のテーマから解説したものです。豊富なエピソードで構成されており,これらを通して各場面で繰り広げられる子どもに対する保育者の関わり(援助)のありようを保育の方法として読み解くことができます。

第5章
保育の計画と評価

●●● 学びのポイント ●●●

- 保育の計画と評価についてその意義を理解する。
- 保育の計画と評価の具体的な方法を学ぶ。
- 保育の計画と評価を保育実践においてそれぞれの実情に合わせながら実践することの役割や機能を学ぶ。

WORK　計画と評価の意義を考える

　以下の問いについて，「誰のために？」「なぜ必要？」「どう役立つ？」など，考えてみましょう。
　　Q1：保育の計画は，なぜ必要でしょうか？
　　Q2：保育の評価は，なぜ必要でしょうか？

1．個人ワーク（10分）
〈準備：付箋一人12～20枚〉
　Q1，Q2について，自分の考えをそれぞれ付箋に書いてみましょう。
　※付箋1枚に1つの考えを書くようにしましょう。

2．グループワーク（各自が自分の意見を出せるように十分な時間をとる）
〈準備：司会者，記録者，発表者を決める〉
　① Q1，Q2について，各自が書いた付箋の内容それぞれについて，グループに分かれて紹介し合ってみましょう。
　② 同じ内容，似た内容などグループ分けをしてみましょう。
　③ 必要性について，わかりやすい説明を一緒に考えてみましょう。
　④ 必要性について，特にどこが，どう大切なのか，優先順位などを話し合ってみましょう。
　⑤ グループ発表の準備をしましょう。
　※1グループ4～6人，8～12グループを想定

3．グループ発表（各グループ5分）
〈準備：他のグループの発表を聞いた感想を記録する用紙〉
　① グループで話し合った内容を，各グループで発表しましょう。
　② 他のグループの発表を聞いた感想を書いてみましょう。

第5章　保育の計画と評価

● 導 入 ● ● ● ● ● ● ●

　本章では，第1節で，まず保育実践における計画と評価にはどういったものがあるのかを紹介します。次に保育における記録の役割を概観します。さらには，保育における計画と評価にはどのような特徴があるかを説明します。これらを前提とし，第2節では保育の計画について，第3節では保育の評価について，第4節では保育の質の維持と向上について，より具体的に見ていきます。

● ● ● ● ● ● ● ●

1 保育における計画と評価とは何か

1　保育における計画と評価にはどのようなものがあるのか

　保育者は次世代育成の専門職です。その仕事は，教育基本法や学校教育法，児童福祉法等によって明確に位置づけられています。特に，子どもの育ちや学びを育むうえでの「保育」について，何のために（ねらい），どのような内容をどのように行うか，といったことが法的に，幼稚園教育要領，保育所保育指針，幼保連携型認定こども園教育・保育要領（以下，「幼稚園教育要領等」）において位置づけられています。

　一般に，専門職には「記録」が存在します。なぜなら，その仕事においてどのような事実やデータが基になって，どのような判断や行為がなされたのか，その結果どうなったのか，といった記録を残すことが，専門職としての責任の一つでもあるからです。特に，保育はライブで展開する実践です。ビデオや写真をとったり，実践の後に振り返って記録をとったりしないと，残りません。記憶も，時間とともにあやふやになったり，消えていってしまったりします。また保育者は保育の実践を進めるにあたり，つまり保育の計画や評価にあたり，独自に判断しなければならない部分が多々あります。そのためにも，保育者には，子どもの姿を捉え，その興味・関心や，発達的な特徴，生活課題などを理解して，どういったねらいを設定し，保育の実践を計画し，どのように実施し

たのかを丁寧に記録することが求められます。

　保育の記録には，大きく分けて計画に関わる記録と評価に関わる記録があります。計画に関わる記録には，入園から卒園までの保育のねらいや内容を捉えた「教育課程」「全体的な計画」，「期案」「年次計画（年次案）」「月案」「週案」「日案」「部分指導案（部分援助案），細案」等があります。さらに個々の子どもに焦点を当てた「個別指導案（援助案）」等もあります。

　実践後の評価に関わる記録には，「実践記録」「個人（個別）記録」「評価票」「ドキュメンテーション」「ポートフォリオ」など，園によってさまざまです。法的には，個々の子どもについての「要録」^{*1}を卒園するにあたり，小学校に提出することになっています。「幼稚園幼児指導要録」には，「学籍に関する記録」と「指導に関する記録」があり，最終学年については「幼児期の終わりまでに育ってほしい姿」を活用して幼児に育まれている資質・能力を捉え，指導の過程と育ちつつある姿をわかりやすく記入するように留意することが求められており，その参考様式が示されています（図5-1^{*2}）。

　なお，「要録」は学校種が変わる際に，提出することになっている書類であり，たとえば，小学校卒業にあたり中学校に提出することにもなっています。

2　保育における記録の役割
　　――保育専門職による実践づくりの道具としての記録

　保育者は子どもの事実を根拠とし，その事実を基軸としながら，「幼稚園教育要領等」と照らし合わせつつ保育の計画を立て，実践し，どのような子どもの育ちや学びが見られたのかの記録を残します。そして，この記録が次の計画を立てる際の大事な材料にもなるのです。さらに，保育の評価は，計画と実際になされた実践とを照らし合わせながらなされます。ここでも記録が重要な役

---

*1　幼稚園では「幼稚園幼児指導要録」，保育所では「保育所児童保育要録」，幼保連携型認定こども園では，「幼保連携型認定こども園園児指導要録」の作成が義務づけられている。

*2　幼稚園幼児指導要録の「学籍に関する記録」と「最終学年の指導に関する記録」の様式については，図5-1の出所としてあげた通知を参照のこと。

第5章 保育の計画と評価

(様式の参考例)

ふりがな		指導の重点等	平成　年度	平成　年度	平成　年度
氏名	平成　年　月　日生		(学年の重点)	(学年の重点)	(学年の重点)
性別			(個人の重点)	(個人の重点)	(個人の重点)
ねらい (発達を捉える視点)					
健康	明るく伸び伸びと行動し、充実感を味わう。	指導上参考となる事項			
	自分の体を十分に動かし、進んで運動しようとする。				
	健康、安全な生活に必要な習慣や態度を身に付け、見通しをもって行動する。				
人間関係	幼稚園生活を楽しみ、自分の力で行動することの充実感を味わう。				
	身近な人と親しみ、関わりを深め、工夫したり、協力したりして一緒に活動する楽しさを味わい、愛情や信頼感をもつ。				
	社会生活における望ましい習慣や態度を身に付ける。				
環境	身近な環境に親しみ、自然と触れあう中で様々な事象に興味や関心をもつ。				
	身近な環境に自分から関わり、発見を楽しんだり、考えたりし、それを生活に取り入れようとする。				
	身近な事象を見たり、考えたり、扱ったりする中で、物の性質や数量、文字などに対する感覚を豊かにする。				
言葉	自分の気持ちを言葉で表現する楽しさを味わう。				
	人の言葉や話などをよく聞き、自分の経験したことや考えたことを話し、伝え合う喜びを味わう。				
	日常生活に必要な言葉が分かるようになるとともに、絵本や物語などに親しみ、言葉に対する感覚を豊かにし、先生や友達と心を通わせる。				
表現	いろいろなものの美しさなどに対する豊かな感性をもつ。				
	感じたことや考えたことを自分なりに表現して楽しむ。				
	生活の中でイメージを豊かにし、様々な表現を楽しむ。				
出欠状況		年度	年度	年度	備考
	教育日数				
	出席日数				

学年の重点：年度当初に、教育課程に基づき長期の見通しとして設定したものを記入
個人の重点：1年間を振り返って、当該幼児の指導について特に重視してきた点を記入
指導上参考となる事項：
(1) 次の事項について記入すること。
　①1年間の指導の過程と児童の発達の姿について以下の事項を踏まえ記入すること。
　　・幼稚園教育要領第2章「ねらい及び内容」に示された各領域のねらいを視点として、当該幼児の発達の実情から向上が著しいと思われるもの。
　　　その際、他の幼児との比較や一定の基準に対する達成度についての評定によって捉えるものではないことに留意すること。
　　・幼稚園生活を通して全体的、総合的に捉えた幼児の発達の姿。
　②次の年度の指導に必要と考えられる配慮事項等について記入すること。
(2) 幼児の健康の状況等指導上特に留意する必要がある場合等について記入すること。
備考：教育課程に係る教育時間の終了後等に行う教育活動を行っている場合には、必要に応じて当該教育活動を通した幼児の発達の姿を記入すること。

図5-1　幼稚園幼児指導要録（指導に関する記録）

出所：文部科学省初等中等教育局長通知「幼稚園及び特別支援学校幼稚部における指導要録の改善について（通知）」（平成30年3月30日付　29文科初第1814号）。

割を果たすのです。

　つまり，保育の計画を立てるうえでは，子どもの姿の記録が大切な材料になります。また，保育の「ねらい」や「育ってほしい子どもの姿」とそれにつながる保育の計画の記録は，実践事後の記録と比較するうえで，実践の良さに気づいたり，課題を抽出したりするうえでの材料になります。このように，記録は保育実践づくりの道具なのです。

3　保育の計画と評価の特徴
　　　──実践のフレキシビリティ（臨機応変さ）を大切に

　先に説明したように，記録（子どもの姿）を基に計画が立てられ実践が行われるわけですが，必ずしも計画通りに事が運ばなくてもかまいません。むしろそのときそのときの子どもの姿と環境によって，臨機応変に対応することが保育者には望まれます。なぜならば，乳幼児期は産まれてからの期間が短く，個人差が大きいため，画一的に，一斉に，手順通りに同じペースで実践を進めることが困難な場合が多いからです。また乳幼児期は，自己中心性が強く，視野も狭い傾向があり，気持ちに行動が左右される場合も多いのです。ですから，保育の計画は，そのつど実践しながら保育者が子どもの状況を判断し，臨機応変に修正しながら展開していくことが多いのです。「幼稚園教育要領等」にも「主体的」「一人一人」「環境を通して行う」といったことが明示されており，これを踏まえる必要性があります。

　たとえば，クラスみんなでしっぽとりゲームを行うという保育を計画したとします。思い切り身体を動かし，チームで作戦を考えたり，役割分担を相談したり，創意工夫するなどし，みんなで協力し，遊びを楽しむことを「ねらい」としたとします。その折，まず，①一度対戦し（10分），②その後にそれを踏まえて，チームごとでの作戦会議の時間を設け（10分），③さらにもう一度対戦し（10分），④みんなで頑張ったこと，工夫したこと，次回の展望などを話し合う時間を設ける（5分）といった保育指導計画を立てたとします。しかし，実際には，話し合いが盛り上がり②の予定の10分では話し合いがまとまらず，

話し合いの時間が15分に延びました。さらには，一度目の対戦でAチームが勝ち，二度目の対戦でBチームが勝ち，子どもたちから，どうしても，もう一回対戦して，勝敗をつけたいという声があがり，先生に熱心に懇願する姿がありました。そこで，子どもたちと話し合い，三度目の対戦をすることになりました。

　この場合，予定が変更になり，話し合いの時間が15分に伸びてしまいました。また，子どもたちのこだわりや思いを受け止め，予定していなかったけれどもさらに三度目の対戦をしました。結局時間が15分ほど予定より延長してしまいました。

　この実践は予定通りの手順，時間配分ではありませんでした。しかし，保育実践においては，たとえば公開保育の後の実践検討会等では，指導案通り，つまり当初の予定通りに進まなかった場合のほうが，その実践が評価される場合が多いです。保育では「幼稚園教育要領等」にあるように子どもの主体性を尊重することが大切にされています。保育者は，話し合いをもっと深めたいという子どもの様子を踏まえ，そこでの創意工夫や豊かな発想の育ちを大切にしたいと願い，子どもたちの勝負にこだわる気持ちに応えています。保育者は，子どもたちとの相互作用のもと，計画を臨機応変に変えながら，ライブで判断しながら実践します。

　保育の計画（カリキュラム）は，創発的カリキュラム（エマージェント・カリキュラム）[*3]とも言われます。保育には教科書がありません。保育では，ある目的を達成するためにどの内容をどの手順でどんな教材を使いながら教える，といったことが決まっているわけではありません。子どもの気持ちを洞察し，子どもとの相互作用のなかで臨機応変に一緒に創り発展させていくのが保育のカリキュラムです。ここではフレキシビリティ（臨機応変さ）が大切にされているのです。

＊3　**エマージェント・カリキュラム**：創発的カリキュラムのこと。子どもの興味や関心を起点としたカリキュラムで，その展開過程においては，子どもの姿に応答し，子どもとの相互作用のもと，臨機応変にねらいや活動を形成していくカリキュラム。

2 保育の計画とは

　園では一人一人の子どもが大切にされ，それぞれの思いが十分に発揮されるように配慮がなされています。園では，子どもの主体性が尊重され，子どもの好奇心（「おもしろそう！」）や，探求心（「何でだろう？」），あこがれ（「あんなことやってみたい！」）といった気持ちが大切にされます。専門職による保育の実践においては，保育者はそれぞれの子どもの気持ちを洞察し，その気持ちに応えつつ，教育的にその育ちの意味をも考えます。つまり，子どもの育ちの特徴を捉えて，保育者は，この時期の子どものこれまでの育ちや発達の軌跡を踏まえて，その先にある育ちの見通しをもちながら，環境を構成したり，援助の工夫をほどこしたりします。

　保育者は子どもの姿を見取り，子どもの育ちや学びに対しての「ねがい」を描いています。保育者は，「思いっきり遊んで，その楽しさを味わってほしい」「没頭して遊んで，探求を深めてほしい」「お友達の優しい気持ちに気づいてほしい」「今度は自分からお友達に譲ってあげてほしい」「次回は最後まで片づけを頑張ってほしい」などといった育ちへの期待をもっています。この「ねがい」や「期待」は，保育者が個人的に一人よがりにもつものではありません。保育の内容等については，最低基準として「幼稚園教育要領等」が，法制度として整備されています。よってそこに示されている「ねらい」と「内容」に照らし合わせながら，保育の計画がなされます。

　保育の計画は，①「子どもの姿」（興味関心，発達の特徴，生活課題など）の理解が基軸となり，②子どもの姿を見取りそこから保育者が描いた「ねらい」「育ってほしい子どもの姿」といった教育的な意図があり，その妥当性を③「幼稚園教育要領等」において示されている指標，つまりは，一般的な育ちの姿と照らし合わせながら，検討され，立てられるものです。

　このように立てられる計画について，以下，具体的に見ていきます。

表5-1 「幼稚園教育要領等」における「全体的な計画」に関する規定箇所

- 『幼稚園教育要領』
    - 第1章　総則
        - 第3　教育課程の役割と編成等
            - 6　全体的な計画の作成
- 『保育所保育指針』
    - 第1章　総則
        - 3　保育の計画及び評価
            - (1)　全体的な計画の作成
    - 第2章　保育の内容
        - 3　3歳以上児の保育に関するねらい及び内容
            - (3)　保育の実施に関わる配慮事項
                - イ
- 『幼保連携型認定こども園教育・保育要領』
    - 第1章　総則
        - 第2　教育及び保育の内容並びに子育ての支援等に関する全体的な計画等
            - 1　教育及び保育の内容並びに子育て支援等に関する全体的な計画の作成等

1　全体的な計画

　園では，入園してから卒園するまでの保育をどのように展開していくのかを明らかにするために，計画を立てます。これを「全体的な計画」と言い，園生活全体を捉えて作成するものです。この計画には，個々の子どもの姿を基軸としつつ，「幼稚園教育要領等」に示された目標に準じて各園が掲げた目標に向かって，どのような過程をたどって保育を進めていくのかが，記されます。これは，子どもの育ちに関する長期的な見通しをもって作成されるものです。

　この「全体的な計画」はすべての保育所，幼稚園，幼保連携型認定こども園（以下，「認定こども園」）で作成することになっています（表5-1）。また，認定こども園と幼稚園では，「教育課程」の作成が必須となっています。「全体的な計画」の作成にあたっては，「教育課程」等の保育内容5領域に基づく子どもの発達や成長の援助をねらいとした活動の時間の計画に加えて，保護者に対する子育て支援の計画，教育課程に係る時間が終わった後の活動や一時預かり事業等として行う活動のための計画，（学校）保健計画，（学校）安全計画等と関連させることとなっています。

2 指導計画

「指導計画」とは「全体的な計画」をより詳細にまた具体的に計画したものです。「指導計画」は，地域や園によって，「保育計画」「援助計画」とも言われます。年，期，月の「指導計画」を「長期指導計画」と言い，週，日の「指導計画」を「短期指導計画」と言います。「年次案」「期案」「月案」，「週案」「日案」などと呼ぶ場合もあります。絵本の読み聞かせの時間の指導計画，話し合い場面の指導計画など，30分や1時間といったより短い時間の部分的な指導案を「部分指導案」「細案」と言います。[*4]

3 「育みたい資質・能力」と「幼児期の終わりまでに育ってほしい姿」

「育みたい資質・能力」と「幼児期の終わりまでに育ってほしい姿」については，他章でも取り上げられていますので，[*5] ここでは，保育の計画や評価と関連して，「育みたい資質・能力」や「幼児期の終わりまでに育ってほしい姿」をどう捉えるかについて，考えてみたいと思います。

まず，保育の計画と関連して前提として考慮したことは，そもそも学校の制度とは人工的に大人がつくったものであるということです。世界に目を向けると，義務教育が4歳から始まる国もあります。4月や9月，3月など学年が始まる時期も国や地域によってさまざまです。一斉に入学式を迎えるのではなく，誕生日を迎えたら順に小学校に入学していく国もあります。飛び級や落第の制度が小学校から取り入れられている国もあります。保育で計画される内容や方法も，その時点での学問の成果や実践の積み重ねなどから得られた知見を活かしつつ，その枠組みが，制度として規定されていますが，それには，普遍的な要素と可変的な要素があると考えていいでしょう。

---

*4 　全体的な計画や指導計画の詳細については，「教育課程」（教職課程科目）や「保育の計画と評価」（保育士養成課程科目）などで学ぶので，それらの科目で実際的に学びを深めてほしい。

*5 　「育みたい資質・能力」と「幼児期の終わりまでに育ってほしい姿」については，本書第3章および第13章も参照のこと。

保育の計画を立て実践する場合，これまでの知見から，乳幼児期の教育の方法には独自性があることを踏まえる必要があります。乳幼児期の発達の特徴を踏まえて，園では，何を覚え，どういった技術を習得したかといった教育の内容よりも心情・意欲・態度といった情意を育むことが学びに向かう，あるいは学びの芽生えとしてより重視されています。つまり何を学ぶかよりも，物事や人に興味をもち，気づき，関わり，親しむことや，試行錯誤したり，探求を深めたり，創意工夫したりといった，どのように学ぶのかが大切にされています。もちろん，その結果，知識や技術は習得されていきますが，乳幼児期の教育においては，何を覚えたかできるようになったかは，副次的に得られるものです。乳幼児期には認知的能力（テスト等で測定できる力）よりも非認知的能力を育成することが大切です。「幼稚園教育要領等」を見ると，「味わう」「楽しむ」「親しむ」といった経験により感じることをねらいとする言葉が多く見られます。一方，小学校以降には，「できるようにする」「身に付けるようにする」「力を養う」「態度を養う」というように，到達すべきことが目標として明示されています。小学校以降では，その内容も教科に精選されていき，より具体性が増していきます。園では子どもが遊びや生活のなかで経験的に育ち学びますが，小学校以降の教育では，教科ごとに教科書を使って机上で学ぶことが多くなります。

　このように，方法や内容が大きく違っても，子どもが産まれてから大人になるまでの発達は連続性のあるなだらかなものです。

　この連続性を考慮して，保育の計画においては，今，目の前にいる子どもについて，これまでの育ちや学びの軌跡を踏まえ，さらには，これからの育ちや学びの見通しをもつことが大切です[*6]。

　特に園から小学校への接続については，これまでは，その断絶や逆転現象が問題となっていました。子どもたちの育ちには自尊心を損なわないことが大切

[*6] 　教育基本法第11条において，幼児教育は，生涯にわたる人格形成の基礎を培うものであることが明示されている。
　　第11条　幼児期の教育は，生涯にわたる人格形成の基礎を培う重要なものであることにかんがみ，国及び地方公共団体は，幼児の健やかな成長に資する良好な環境の整備その他適当な方法によって，その振興に努めなければならない。

であり，過度ではない育ちへの期待が子どもの動機づけや意欲につながります。園では給食の時間に自分たちで配膳し片づけもしていた子どもたちが，小学校に入ると赤ちゃん扱いされて，6年生に配膳したり片づけてもらったりといったことがあります。園での運動会ではリレーをしていたのに，小学校1年生になったらその3分の1の距離をしかも直線で走るといった例も見られます。年長クラスのときに，3歳児の手をひき，そのお世話をしながら，注意深く安全を確認しつつ横断歩道をわたって出かけた同じ公園に，1年生になると両手を6年生につないでもらって，遠足に出かけるといった例もあります。小学校に進んだのちに，子どもたちの園での育ちや学びをしっかりと小学校に伝え，それを活かした教育が小学校でなされることが，今後ますます望まれます。

　なお，園での子どもの育ちや学びの姿を踏まえて，小学校教育を構想せねばならないことが「小学校学習指導要領」で明記されています。主に「学校段階等間の接続」[*7]の部分で記載されていますが，加えて，小学校の低学年のすべての教科と特別活動それぞれの「指導計画の作成の内容の取扱い」の部分で「幼児期の終わりまでに育ってほしい姿」との関連を考慮し，指導計画を作成することが明示されています。

　「幼稚園教育要領等」において「幼児期の終わりまでに育ってほしい姿」として10の姿が示されていますが，この10の姿は到達度評価ではなく，育ちにつながる豊かな経験が保障されているのかを振り返る視点であり，乳幼児期にふさわしい遊びや生活を積み重ねていくことにより，5歳児後半によく見られる姿の例です。10の姿は個別に取り出してその指導をするものではなく，子どもの自発的な活動としての遊びや生活のなかで見られる姿です。幼児の姿をよりわかりやすく小学校に伝えるために役立つ，説明言語なのです。

---

*7　「小学校学習指導要領」第1章「総則」第2「教育課程の編成」の4「学校段階等間の接続」。

3 保育の評価とは

1 評価の枠組み

　保育の評価とは，大きく①構造，②プロセス（実践），③子どもの育ちや学びの姿の3つに分類して捉えることができます。①は，園舎や園庭の広さ，遊具の設置状況といった設置基準，クラスサイズや，先生1人当たりの子どもの数，先生の資格要件，研修保障とその内容といったものの評価です。②は子どもが，安心し，主体性を発揮し，時に没頭して遊んでいるのか，保育者が子どもに応答的に対応できているのか等，実際の実践の方法やプロセスの質を評価するものです。③は①と②の質によって，その結果，実際の子どもの育ちや学びがどのようになっているのかといったアウトカムの評価を指します。

2 PDCAサイクル

　PDCAサイクルとは，質の維持と向上を図るシステムの一つです。そもそもは，産業界で製品の品質管理や，開発・改善を図るためのシステムとして使われていた言葉です。Plan（計画）→ Do（実行）→ Check（評価）→ Act（改善）のそれぞれの頭文字をとってPDCAサイクルと名づけられました。
　そもそも保育現場では産業界がPDCAサイクルという言葉を使うようになる前から，こういったシステムを活用してきました。つまり，子どもの姿を見取り，ねらいを設定し，ねらいを達成するために環境を構成したり，援助を工夫したりといった計画を立てます。実践し，その後に振り返り，良い点を抽出して次回の判断の材料とし，課題点を省察して自分に宿題を課したり，さらに必要なものを準備したりして，次の計画を立てるのです。このサイクルは，日々保育者が実施していることです。

3 カリキュラム・マネジメント

　カリキュラム・マネジメントは，カリキュラムの適切な管理運営を図ることを意味します。つまり「教育課程」等を計画し，実践し，そして評価して，改善するというように，カリキュラムを運営し展開することを指します。

　保育の質の維持と向上を目指しなされるカリキュラム・マネジメントには，PDCAサイクルを導入した実践改善，園内研修等による園のカリキュラムの見直しなどが含まれます。また，子ども理解の深化，育てたい子どもの姿についての共通認識の確認，環境構成の工夫，教材の開発，援助の工夫，保育の技術の向上等も含まれます。一人一人の保育者が，一つ一つのクラスで，さらには，それぞれの園・学校で，カリキュラム・マネジメントを進め，保育実践の適正化を図ることが推奨されています。

　保育実践の質の維持と向上を図るためには，保育者個々人そして，組織におけるカリキュラム・マネジメントが不可欠です。園では，個々の保育者が，自己評価を行います。たとえば保育所保育指針には，個々の「保育士等による自己評価」の実施が大切であることが示されており，個々の保育士の自己評価に基づき，施設長や主任保育士等との話し合いを通して行われる保育士等の評価に基づく「保育所の自己評価」が必要とされています。

4 保育の質の維持と向上を図るために

　保育の計画も，評価も，子ども理解が大切です。つまり保育の計画，実践，振り返り（省察），評価，改善といった，保育の過程は，子ども理解を基準とし，その理解を深めつつ，展開していくものであると言えます。子どもの興味や関心，子どもの発達の姿，子どもの生活とその課題などが保育の計画のスタートとなります。また，保育実践にあたり，一番の評価者は子どもであると考えます。子どもの安心，安全，居心地の良さ，情緒の安定が大切にされ，子どもが他者や事物に気づき，充実して生活しながら生活する力を蓄え，没頭して遊び，試行錯誤や創意工夫をしている姿，つまり子どもの育ちや学びの姿が保

育の評価の対象となると考えます。それにつながる保育者の援助や，環境の構成と再構成を，子どもと共に，日々工夫し，改善し，発展させていくことが，保育実践の質の鍵を握っていると言えるでしょう。

 まとめ

　本章では，保育の計画と評価が，保育実践の質の維持と向上に不可欠なものであり，PDCAサイクルを導入するなど，カリキュラム・マネジメントを進めることが大切であることを学びました。教科がなく，教科書を使わない保育実践において，その計画には，子ども理解とそれに基づくねらいの設定，環境構成や援助の工夫が大切です。保育実践の評価は，画一的なものではなく，できた・できないといった到達度を問うものでもなく，プロセスを大切にします。保育の計画と評価にあたっては，基礎的な「資質・能力」や，「幼児期の終わりまでに育ってほしい姿」を踏まえることにより，次世代育成の連携や小学校教育とのなだらかな接続を図ることができることを学びました。

 さらに学びたい人のために

○D. A. ショーン，柳沢昌一・三輪建二（監訳）『省察的実践とは何か——プロフェッショナルの行為と思考』鳳書房，2007年。
　　人と接する専門職は対象の一人一人が違うので個別性が強く，実践を伴うためライブ性があり不確定要素が大きく，偶発性が高いという特徴があります。その力量を向上させるうえで省察することの意義への理解が深まります。

○テルマ・ハームスほか，埋橋玲子（訳）『新・保育環境評価スケール①（3歳以上）』法律文化社，2016年。
　　世界でもっとも活用されている評価スケールの一つです。保育の評価の基準は一つだけではありません。保育者に注目したもの（イラム・シラージほか，秋田喜代美・淀川裕美（訳）『「保育プロセスの質」評価スケール』明石書店，2016年）や，そのほかにも，子どもの相互作用に注目した「CLASS」や，子どもの安心や遊び込みに注目した「CIS」や「SICS」等の評価もあります。

第6章

保育と子育て支援

●　●　●　学びのポイント　●　●　●

- 子育て支援とは何か，誰が，誰に対して何をすることかを学ぶ。
- 保育の場では，どのような子育て支援が行われているか，その内容について学ぶ。
- 子育て支援における保育者の専門性について学ぶ。

WORK　子育て支援って何だろう？

1．「子育て支援」って何をすることでしょうか？
   ①　付箋紙にそのイメージを書き出してみましょう。一人4，5枚使ってください。
   ②　グループ内で，付箋紙を出し合ってみましょう。そして，なぜそのように書いたかを互いに説明してみましょう。
   ③　その付箋紙を同じような内容ごとに，仲間分けをしてみましょう。いくつかの仲間ができたら，その仲間分けしたものの共通項は何か名前をつけてみましょう。
   ④　その結果をグループごとに発表してみましょう。

2．自分の家の身近にある「子育て支援」について調べてみましょう
   ①　自分の住んでいる市区町村（または実家の地域）では，どのような「子育て支援」がありますか？　調べて，書き出してみましょう。
   ②　グループ内で調べてきたことを紹介し合ってみましょう。特に，ユニークだったものがあれば，詳しく紹介して，感想を出し合ってみましょう。
   ③　共通して多かったものをいくつかと，特にユニークな取り組みを発表しましょう。

3．子育て支援は誰が，誰に，何のために行う支援でしょうか？
   ①　「子育て支援」は誰が，誰に，何のために行うのでしょうか？　まずは，自分の考えを書いてみましょう。
   ②　グループ内で自分の考えを発表してみましょう。どのような意見の違いがありましたか？

第 6 章　保育と子育て支援

● 導　入 ●

　ここでは，保育という営みにおける子育て支援機能について学びます。みなさんは，子育て支援とはどのようなことをイメージするでしょうか。乳幼児期の保育において，何が子育て支援なのでしょうか。現代の子育てがなぜ困難なのかについて学び，保育の場で求められる子育て支援について，事例を通して学んでいきます。

1　子育て支援とは何か

　私たちはテレビのニュースや新聞，インターネット等のメディアで，「子育て支援」という言葉をよく耳にします。でも，いざ「子育て支援とは何か？」と聞かれると，上手に答えられないものです。では，よく話題になっている子育て支援とは何でしょう。

1　子育てと仕事の両立支援

　第一には，子育てと仕事の両立支援ということがよく言われます。現在では，妊娠・出産した後も仕事を継続する女性が増え，共働き家庭が増える傾向にあります。国もその後押しをしています。そのため，保育所へのニーズが大きくなっているのです。乳児保育や低年齢児保育はすでに一般化しています（図6-1）。2018年のデータによると，3歳未満児（0～2歳児）の36.6％が保育所等を利用しています。なかでも，1・2歳児では47.0％と約半数が利用しているのが現状です[*1]。それと同時に，長時間の保育も一般化してきています。この背景には，子育て中の保護者の長時間労働の常態化という問題もあります。そのため，働き方改革[*2]が叫ばれ，ワーク・ライフ・バランス[*3]という言葉もよく聞かれるようになりました。

＊1　厚生労働省「保育所等関連状況取りまとめ（平成30年4月1日）」2018年　https://www.mhlw.go.jp/stf/houdou/0000176137_00002.html（2018年10月1日閲覧）。

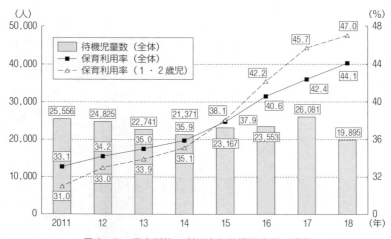

図 6-1 保育所等の利用率と待機児童数の推移
出所：厚生労働省「保育所等関連状況取りまとめ（平成30年4月1日）」2018年。

2 待機児童対策

　第二には，待機児童対策という側面です。図6-1を見ると，2018年の待機児童数は減少してはいますが，それでも約2万人の待機児童がいるのが現状です。このうち，0～2歳児が1万7,626人と88.6％を占めており，なかでも1・2歳が1万4,758人で待機児童全体の74.2％を占めています。また，共働き家庭が増える傾向とも重なりますが，都市部などでは，保育所に入れないケースがとても多くあります（表6-1）。そのため，保育を必要としている親子に必要な保育を提供できるようにすることが不可欠です。だから，それぞれの

---

* 2 **働き方改革**：2019年4月から，「働き方改革を推進するための関係法律の整備に関する法律（働き方改革関連法）」が順次施行。ポイントは，以下の通り。①時間外労働（いわゆる残業）の規制の導入，②年次有給休暇の確実な取得（年5日は時季を指定して有給休暇を与えなければならない），③正規雇用者と非正規雇用者の間の不合理な待遇差の禁止。
* 3 **ワーク・ライフ・バランス**：仕事と生活の調和と訳される。内閣府によると，「国民一人ひとりがやりがいや充実感を感じながら働き，仕事上の責任を果たすとともに，家庭や地域生活などにおいても，子育て期，中高年期といった人生の各段階に応じて多様な生き方が選択・実現できる社会」を目指すこととされている。内閣府「仕事と生活の調和（ワーク・ライフ・バランス）憲章」2007年（2010年改定）。

第6章　保育と子育て支援

表6-1　都市部とそれ以外の地域の待機児童数

	利用児童数	待機児童数
7都府県・指定都市・中核市	153万8,805人（58.9%）	1万3,930人（70.0%）
その他の道県	107万5,600人（41.1%）	5,965人（30.0%）
全国計	261万4,405人（100.0%）	1万9,895人（100.0%）

注：「7都府県・指定都市・中核市」とは，首都圏（埼玉・千葉・東京・神奈川），近畿圏（京都・大阪・兵庫）の7都府県（指定都市・中核市含む）とその他の指定都市・中核市。
出所：厚生労働省「保育所等関連状況取りまとめ（平成30年4月1日）」2018年。

自治体では，保育を必要とする親子に保育が提供できるように数を整備しなければなりません。現在は保育所のほか，認定こども園，小規模保育[*4]など，多様な保育の提供が行われています。

3　子育て負担軽減としての経済的支援

第三には，子育ての負担軽減のためのサービスです。児童手当[*5]などがそれにあたります。子どもの医療費を無料にしたり，保育料を無料にするなどの子育てにかかる費用負担軽減を行っている自治体もあります。子育ての不安要素として，多くの家庭が子育てにかかる経済的な負担の大きさをあげており[*6]，少子化対策として，さまざまな経済的な支援が行われているのです。

4　親子への支援

第四には，親子への居場所提供や相談支援などがあります。現在は核家族が一般化し，地域のつながりが希薄化するなど，親子が孤立し，子育てストレスや負担感が増大する傾向があるのです。そのため，各地域では，地域子育て支

---

*4　**小規模保育**：0〜2歳児を対象とした，定員が6人以上19人以下の少人数で行う保育。子ども・子育て支援新制度の地域型保育事業の一つ。
*5　**児童手当**：家庭等の生活の安定等を目的に，中学校卒業までの子どもを対象に支給される。3歳未満：一律1万5,000円，3歳〜小学校修了前：1万円（第3子以降は1万5,000円），中学生：一律1万円。
*6　内閣府「結婚・家族形成に関する意識調査（平成26年度）」2015年。

援拠点として，「ひろば」や「子育て支援センター」などをつくって，親子の居場所を提供し，そこで仲間をつくったり，子育て情報を得たり，相談を受けたりすることができるようにしています。また自治体では，保健センターなどでの相談体制や赤ちゃんのいる家庭を訪問する「乳児家庭全戸訪問事業（こんにちは赤ちゃん事業）」などの取り組みなどが積極的に行われています。

最近では，ネウボラというフィンランドの仕組みを参考に，産前産後からの医療的ケアも含めた手厚い支援が「子育て世代包括支援センター[*7]」において行われるようになってきています。

5　少子化対策としての子育て支援

上記の子育て支援は，ある意味では少子化対策としての子育て支援と言い換えることができます。出生数および合計特殊出生率の推移（図6-2）を見てもわかるように，わが国は深刻な少子化の傾向にあることは明らかです。他の先進国と比較すると，日本の子育て家庭に対する支援は，手厚くないことが指摘されています。社会保障費で比較しても，高齢者に対して，家族（子ども・子育て）に関しては，特に低いことがわかります（図6-3）。そのことが，深刻な少子化を脱することができない要因であるとも言われています。

少子化は，人口減少による国内総生産（GDP）の低下など経済規模の縮小や，将来の労働力不足，年金問題，過疎化によるコミュニティ問題，等々の問題を引き起こすことが懸念されています。だからこそ，子育て家庭への手厚い支援が求められているのです。

6　子どもが健やかに育つことを社会全体で支援する

しかし，子育て支援は単に少子化対策が目的なのでしょうか。それは，違います。単に子どもの数を増やそうとして社会的サービスを拡大したからと言っ

[*7] **子育て世代包括支援センター**：母子保健法の改正により，2017年4月からセンター（法律における名称は「母子健康包括支援センター」）を市区町村に設置することが努力義務とされた。

第6章　保育と子育て支援

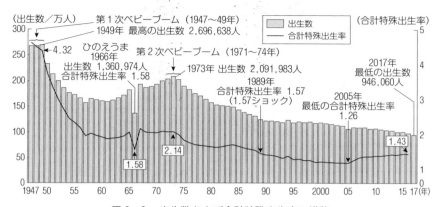

図6-2　出生数および合計特殊出生率の推移
出所：厚生労働省「人口動態統計」より作成。

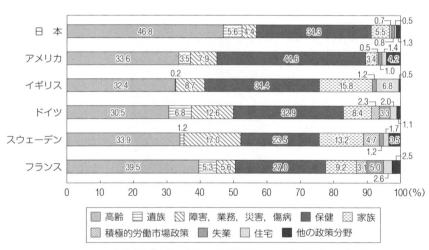

図6-3　政策分野別社会支出の構成割合の国際比較（2015年度）
注：「家族」は，子どもと家族（世帯）を支援するために提供される給付が対象であり，主なものとして児童手当や生活保護（出産扶助，教育扶助など），就学援助・就学前教育などがあたる。
出所：国立社会保障・人口問題研究所「社会保障費用統計（平成28年度）」2018年，p. 9。

ても，本質的な解決にはならないのです。現代の子育て家庭は，これまでの時代とは異なった難しさがあるのです。困難の所在を踏まえた支援が必要になります。また，子育て支援を単なる少子化対策として捉えてしまうと，「子どもの育ち」や「子どもの尊厳」という「子ども」という観点が抜け落ちるという大きな課題があるのです。そうした視点を踏まえた子育て支援が必要なのです。

そこで2012年に「子ども・子育て支援法」が制定されました[*8]。この法律の第1条に，以下のようにその目的が記されています。

> 第1条　この法律は，我が国における急速な少子化の進行並びに家庭及び地域を取り巻く環境の変化に鑑み，児童福祉法（昭和22年法律第164号）その他の子どもに関する法律による施策と相まって，子ども・子育て支援給付その他の子ども及び子どもを養育している者に必要な支援を行い，もって一人一人の子どもが健やかに成長することができる社会の実現に寄与することを目的とする。

この法律の目的に記されているように，子育て支援の目的は「一人一人の子どもが健やかに成長することができる社会の実現」なのです。つまり，子どもを産み育てることに喜びを感じる社会の形成が求められているのです。そして，支援の必要性の背景には，「急速な少子化の進行並びに家庭及び地域を取り巻く環境の変化」があることが明記されています。だから，「子どもを養育している者」つまり子育ての第一義的な責任を有する父母（保護者等）への支援が必要なのです。まさに，子育てを保護者のみの責任にするのではなく，国や自治体など社会全体が支援するべきことだと明確に示しているのです。

つまり，子育て支援とは，「子育てという営みあるいは養育機能に対して，私的・社会的・公的機能が支援的にかかわることにより，安心して子どもを産み育てる環境をつくるとともに，子どもの健やかな育ちを促すことを目的とする営み」[*9]なのです。

[*8] 子ども・子育て支援法など，保育に関わる法律や制度について，本書第12章参照。

[*9] 大豆生田啓友『支え合い，育ち合いの子育て支援――保育所・幼稚園・ひろば型支援施設における子育て支援実践論』関東学院大学出版会，2006年，pp. 43-44。

2 何が子育てを困難にしているのか？

1 エピソードから考える子育て困難

　では，何が子育て家庭に困難をもたらしているのでしょうか。ここでは，子育て支援施設で相談のあった母親からのエピソードを通して考えてみます。このエピソードから，何が原因かをクラスで話し合ってみましょう。

【Q1】エピソード1は，子育てにイライラして子どもに感情をぶつけてしまうという母親の相談です。その原因はどこにあるのでしょうか？

> **エピソード1　どうして，私を困らせるの？**
> 〈2歳1か月男児・6か月女児，32歳専業主婦，核家族〉
> 　子どものことは，かわいいと思っているのですが，このところイライラが止まらず，つい上の子に感情的になってしまうことがあります。たとえば，夕方に食事の支度をしていると，「抱っこ」とせがみ続け，それに応じないと，ずっと泣き続けるのです。こういうことが，一日のなかに何度もあります。下の子の世話で忙しいのに，「どうして，私を困らせるの？」とイライラし，ずっと無視し続けることもあります。
> 　夫が唯一の頼りなのですが，帰宅が毎日遅く，土日も仕事で留守にすることが多いです。仕事のことなので，仕方がないのですが，誰にも聞いてもらえないのが，ツライです。実家は遠いので，ほとんど頼りになりません。夫は優しいのですが，子育てや家事には積極的とは言えません。もともと自分が生まれ育った場所でもないので，近所に知り合いも少ないです。私が人見知りの性格のせいか，子育てひろばなどに行っても，なかなかママ友ができません。そのため，買い物程度で，あまり家から出ないで過ごすことも多いです。

【Q2】エピソード2は，一生懸命子育てをやってきたけれど，なかなかうまくいかないという母親からの相談です。何が問題なのでしょう？

エピソード2　私の育て方に何か問題が？

〈4歳女児，35歳会社員・母親，核家族・近所に夫の両親〉

　育児休暇明け1歳児から，子どもを保育所に預けています。夫も協力的だし，近所の夫の両親の協力も得られています。でも，子どもの将来を考えると不安になることが多く，インターネットなどから情報を取得し，なるべく早くからたくさんの経験をさせたいと考えてきました。小さい頃の育て方でその子の能力は決まってしまうと言われたので，できる限りの努力をしてきました。子育ての仕方では，「ほめて育てる」ことが大事だとあり，いっさい叱らず，ほめて育ててきました。また，0歳児からずっと，英語の教材を与えたり，体操教室に通わせたりなど，積極的に習い事もさせてきました。しかし，このところ，習い事に行くのがイヤだと言い始めました。泣きながら，「ママ，嫌い」と言うことがあります。とても，反抗的な言動が多くなってきた感じです。保育所でも，「昼間ぼんやりして，何もしないことがある」と保育士さんから言われています。私の育て方に何か問題があったのか，ずっと悩んでいます。

【Q3】エピソード3は，ひとり親家庭の子育ての相談です。困難さはどこにあるのでしょうか？

エピソード3　ひとり親家庭の子育て

〈3歳男児，28歳シングルマザー，近所に自分の両親〉

　昨年，離婚をし，母一人，子一人で生活をしています。このところ，朝，ぐずって保育所に行きたくないということがあるのです。生活がかかっていて，仕事を絶対に休めないので，毎日，感情的に怒ってしまいます。実家の親も仕事があるので，いつも助けてもらうわけにはいきません。保育所でも，ちょっとしたことで泣くことが多いと言われました。お迎えも遅くなってしまい，愛情不足なのかもしれません。

2　子育ての孤立状況

エピソード1の母親ですが，子育てにイライラするという相談のケースです。このように，子どもはかわいいけれど，イライラすることがあるという声は少なくありません。このエピソードの背景にあることは，夫の子育てへの関与がないことと，近所に知り合いがいないということがあげられます。

つまり，「子育ての孤立」です。現在の子育て家庭は，核家族が一般化し，地域のつながりの弱体化などもあり，地域のなかで孤立することが多くなるのです。しかも，夫が仕事などで子育てや家事に関われず，母親一人で子育てを行わなければなりません。最近では，こうした状況を「ワンオペ育児[*10]」などと言います。また，母親自身が生まれ育った地域とは異なる場所で子育てをすることを「アウェイ育児」などとも呼ばれ，そうした家庭が全体の7割程度と言われています[*11]。こうした状況のなかで，子育てが孤立し，密室育児が生まれているのです。

子育ては，昔から母親一人でやっていたのではないかと考える方もいるかもしれません。しかし，それは違います。たとえば，漫画「サザエさん」を見てください。サザエさんは昭和30〜40年代頃の生活を描いた漫画です。テレビ版では，現代風にアレンジされていますが，それでも母親のサザエさんが一人でタラちゃんを子育てしていないことがわかります。そこには祖父母の波平，フネ，夫のマスオ，叔父叔母にあたるカツオ・ワカメなどが関わっています。また，近隣はみんなが顔見知りの関係にあることもわかります。つまり，子育ては，大家族と地域で行われていたことがわかります。

また，人類学の研究でも，松沢（2011）[*12]はチンパンジーとの比較から，「人

[*10] **ワンオペ育児**：ワンオペとは，「ワンオペレーション（one operation）」という飲食店のシステムを指して使われていた和製英語。飲食店などの店舗を一人でまわしている状態と一人で育児・家事をやりくりする姿を重ね合わせて生まれた造語。つまり「ワンオペ育児」とは，パートナーが残業や単身赴任等によって家に不在で，実質的に家事と育児を一人で行っている状況を指している。

[*11] NPO法人子育てひろば全国連絡協議会「地域子育て支援拠点事業に関するアンケート調査2015」2016年　http://kosodatehiroba.com/new_files/pdf/away-ikuji.pdf（2018年10月20日閲覧）。

間の子育ての特徴は群れによる育児」であると述べています。それが失われたのが，現代の子育てを困難にしている大きな要因なのです。だからこそ，親子が安心して過ごすことができる地域子育て支援拠点などの場や，安心して預けられる一時預かり（一時保育）などの場，子育ての相談ができる場，職場での働き方改革などが必要となるのです。

3　情報時代の子育て

　エピソード2についてです。ここには，情報時代の子育ての難しさがあります。かつては，祖父母世代や近隣の親戚や知り合いから，手取り足取り子育てのやり方を教わってきたのです。そして，親世代も実際に子どもに関わりながら，体験的にそのやり方を学んできました。しかし，今はインターネットなどで，わかりやすく子育て情報を提供してくれるのです。そのため，親世代はその通りにやってみようとします。しかし，実際にはなかなかうまくいかないことも多いのです。

　たとえば，「ほめて育てる」にしても，実際の子育てはそうはいかないことが多くあります。泣いている子どもにいくらほめたって，効果がないのは当然です。何かしている最中にずっとほめられても，子どもにとっては別に共感された実感は得られないかもしれません。つまり，子育ては生身の人間とのやりとりなので，その時，その場の子どもの表情などから気持ちなどに応じながら対応しないと，あまり意味がないのです。

　また，インターネットには，早期からの英語教育や運動教育などの必要性を誘う情報が溢れています。親にとっては，早期から能力開発教育をしないと遅れてしまうのではないかという思いから，焦燥感を駆り立てられるのです。商業ベースの情報も多く，それを鵜呑みにしてしまうと，誤った情報に踊らされることも少なくありません。このエピソードのように，それがその子にとって過剰になると，子どもの姿に現れることもあります。

＊12　松沢哲郎『想像する力——チンパンジーが教えてくれた人間の心』岩波書店，2011年。

現代は，情報時代に加え，「失敗しない子育て」を志向し，「完璧な子育て」をしようとする傾向が生まれる社会です。子どもの反抗的な言動は，ある意味で現代社会に対する問題提起と言えるでしょう。

4 多様な家族

次はエピソード3のひとり親家庭の相談事例についてです。ひとり親家庭は増加しており，30年前に比べて，母子世帯は約1.5倍，父子世帯は約1.1倍になっています[*13]。その背景には，離婚の増加があります。母子世帯の平均の就労年収は200万円と低く[*14]，非正規雇用の割合が多いことも特徴的です。このように，特に母子家庭の問題は，収入の少なさにあります。貧困家庭で育つ子どもの割合は，7人に1人と言われ，なかでも母子家庭の割合が高いことが指摘されています。そのため，母親は生活のために働き続けなければならない状況があり，子育てと仕事の両立はきわめて困難が多いのです。このエピソードも，そうしたことが子育ての困難の背景にあるのです。

そのため，国ではひとり親家庭の自立を目指し，①子育て・生活支援（ヘルパー派遣など），②就業支援，③養育費確保支援，④経済的支援などの施策を行っています[*15]。しかし，それでも，多くの困難があることが現実です。

また，現代の家族は多様だと言われます。ひとり親家庭だけでなく，再婚家庭もあるでしょうし，パートナーと同棲しているひとり親家庭，数は少なくても同棲カップルの家庭もあります。さらに，外国籍の子育て家庭も増加しています。このような，多様な家庭のもつ子育ての困難さが，現代では大きな問題でもあるのです。

---

*13　1988年と2016年との比較。1988年の数値は，厚生労働省「ひとり親家庭等の現状について」2015年より。2016年の数値は，厚生労働省「ひとり親家庭等の支援について」2018年より。
*14　なお，2016年度の全体の平均給与所得は422万円（女性280万円，男性521万円）。国税庁「平成28年分民間給与実態統計調査」2017年。
*15　厚生労働省「ひとり親家庭等の支援について」2018年，p. 10。

3 保育の場で行われる子育て支援

　ここまで,「子育て支援とは何か」について,全体的な視点から学んできました。次に,「現代の子育て家庭になぜ支援が必要か」について学んできました。そこで,ここでは保育の場ではどのような支援が求められているか,その概要について学ぶこととしましょう。

1　子育て支援の基本

　ここでは,「保育所保育指針」を手掛かりに説明していきたいと思います。2018年度施行の保育所保育指針では,その第4章に「子育て支援」が記されています。その冒頭には,以下のようにあります。

> 　保育所における保護者に対する子育て支援は,全ての子どもの健やかな育ちを実現することができるよう,第1章及び第2章等の関連する事項を踏まえ,子どもの育ちを家庭と連携して支援していくとともに,保護者及び地域が有する子育てを自ら実践する力の向上に資するよう,次の事項に留意するものとする。

　つまり,保育所における子育て支援は,すべての子どもの健やかな成長の実現のため,家庭と連携して行っていくものだと言うことです。それは,単なる親にとっての一方的で,便利なサービスではないことを意味しています。
　また,「1　保育所における子育て支援に関する基本的事項」として,以下のように記されています。

> （1）保育所の特性を生かした子育て支援
> ア　保護者に対する子育て支援を行う際には,各地域や家庭の実態等を踏まえるとともに,保護者の気持ちを受け止め,相互の信頼関係を基本に,保護者の自己決定を尊重すること。
> イ　保育及び子育てに関する知識や技術など,保育士等の専門性や,子どもが常に存在する環境など,保育所の特性を生かし,保護者が子どもの成長に気付き

> 　子育ての喜びを感じられるように努めること。
> （２）子育て支援に関して留意する事項
> ア　保護者に対する子育て支援における地域の関係機関等との連携及び協働を図り，保育所全体の体制構築に努めること。
> イ　子どもの利益に反しない限りにおいて，保護者や子どものプライバシーを保護し，知り得た事柄の秘密を保持すること。

　ここでのポイントは，以下の点だと思います。このポイントについて，それぞれ具体的にはどのようなことかを話し合ってみましょう。

　①信頼関係を基盤に，自己決定を尊重

　保護者の支援を行うためには，保護者と信頼関係を形成することが不可欠です。しかし，信頼関係を形成することは簡単ではありません。苦情を言ってくる保護者とも，いつも忘れ物が多い保護者とも，子どもに感情をぶつける保護者とも，信頼関係を築く必要があるのです。さあ，みなさんならどうしますか？　ここが，とても重要なのです。

　しかも，保育者が，保護者を一方的に指導したり，納得させたりするのではないのです。保護者自身が「自己決定」するのです。つまり，「これから，こうやってみよう」と自分で自分の子育ての方向性を決めるのです。そのために，保育者はどのように関わったらよいでしょうか？　たとえば，子どもに感情的になりがちな保護者に対して，みなさんなら，どうしますか？

　②保護者が子育ての喜びを感じられる支援

　子育て支援は，保護者が「子どもはこうやって育っているんだ」とか，「子どもってすごい」などを知ることを通して，子育ての喜びを感じられるようにすることです。そのためには，園で子どもがどのように育っているかを具体的に発信していく必要があります。では，どのように発信していくことが，保護者の子育ての喜びにつながるでしょうか？

　③関係機関との連携・協働

　子育て支援は園だけで行うものではありません。地域のさまざまな関係機関と連携，協力しながら，行っていくものです。では，関係機関にはどのようなものがあるでしょうか？　そして，どのような場面で，どのような関係機関と

の連携が必要になるでしょうか？

④プライバシーの保護・秘密保持

現代においては，プライバシーの保護や，知り得た情報の秘密保持が重要なテーマとなります。保護者との関わりのなかで，特にプライバシーや秘密事項とはどのようなものがあるでしょうか？　またなぜそれが必要なのでしょうか？

2 「子育て支援の基本」のポイントの解説

①自己決定について

わが子に感情的になりがちな保護者に対して，保育者はどのように関わればよいでしょうか。保育者が，「感情的になるのはよくない」と正論を説いたところで，人はなかなか変われるものではありません。

まずは，感情的にならざるを得ない保護者の思いに寄り添うところから始めることが大切です。人は自分の気持ちを理解してもらえることで，ほっとするものです。それだけで，少し優しい気持ちを取り戻すこともあります。また，その保育者ならわかってくれると思えば，自分の気持ちを話してくれるかもしれません。保育者に自分の思いを話すなかで，自分がイライラする原因についても見えてくるかもしれません。夫婦関係のことがイライラの原因だったり，わが子がほかの子と比べて落ち着きがないことが心配であったりなど，です。そうした自分の思いを出すなかで，自分から「もっと，子どもの気持ちを大事にしたほうがいいですね」と気づいていくことがあるのです。これが，自己決定です。簡単ではありませんが，基本的にこうした姿勢が大切です。

②子育ての喜びにつながる発信

発信の方法はさまざまです。日々の送り迎え時の立ち話から，連絡帳，クラスだより，写真等の入った記録であるドキュメンテーション等々があります。また，保護者が保育に参観したり参加するなかで，情報を得ることもあります。これからは，このような方法を用いて，子どもの姿および育ちや学びのプロセスを伝えていくことが不可欠です。

それは，単なる「今日は砂場で遊びました」という表面的な姿だけではなく，「砂場遊びのなかで，友達と一緒にどうやったらもっと大きな山ができるか試行錯誤しながら，何度も何度も失敗しながらも，つくり上げる成功体験をした」など，子どもの育ちや学びの面も伝えていくことが大切です。そうするなかで，保護者はうちの子もそんな経験をしているのだと成長への喜びにつながっていくのです。

③関係機関にはどのようなものがあるか

地域の関係機関にはさまざまなものがあります。その一つが学校です。小学校・中学校・高校・大学等がありますが，特に小学校との関係が大きいでしょう。

また，子どもの発達に関する相談機関もあります。役所の相談窓口のほか，保健福祉センター，地域子育て支援拠点，児童相談所，等々があります。園と特につながりの深い相談機関との連携が重要です。

親子の居場所として，地域子育て支援拠点（子育て支援センター），児童館，放課後児童クラブなどがあります。

④プライバシーの保護・秘密保持

保育者という専門職において，秘密保持はとても重要です。相談等で知り得た家族の情報等はむやみに他者に話さないことが求められます。[*16] もちろん，園内では必要に応じて共有しますが，うっかりほかの保護者に話さないなどの配慮が必要です。また，子どもの記録などは，個人情報になります。記録などは，外に持ち出したりしないことが大切です。

3　園児の保護者に対する支援

保育の場で行う子育て支援の対象には，大きく分けて2つあります。一つは，

---

*16　保育士には，児童福祉法第18条の22において「秘密保持義務」が定められている。また幼稚園教諭の場合も公立であれば地方公務員法第34条第1項において同様に「秘密保持義務」が定められている。また職務上知り得た秘密は仕事を辞めた後でも漏らしてはならないと定められている。違反した場合は，1年以下の懲役または50万円以下の罰金刑がある。

園を利用している保護者に対する支援で,もう一つは,地域の保護者に対する支援です。まず,園児の保護者に対する支援について,学びましょう。そして,一つ一つの内容について,具体的にどう対応できるか,考えてみましょう。

①保護者との相互理解

園で行っている保育や,子どもの育ちについて,保護者と共に理解を深めていくこくとが求められます。まさに,保育の可視化（見える化）です。これは,園の説明責任でもあります。そうであるとすれば,保育者は何をどのように発信していくことが効果的でしょうか。

先に「子育て支援の基本」の②の解説でも触れたように,最近ではドキュメンテーションやポートフォリオなど,写真等を使って行う記録が対話のツールとして有効だと言われますが,どのようなものでしょう？　また,これからは,保護者の保育参観ではなくて,「保育参加」が重要だとも言われます。どのような参加が求められるでしょう？

②保護者の状況に配慮した個別の支援

保護者の就労と子育ての両立は決して楽ではありません。子どもの急な発熱のときは当然,仕事を休まざるを得なくなるなど,保護者を悩ませるものでもあります。もちろん,病気のときくらいは保護者がしっかりと見ることができればよいのですが,そうはいかないこともあるのです。子どもの最善の利益を考えながら,同時に保護者の状況にも対応していくためにはどうしたらよいでしょうか？　保育の場にはこうした工夫が求められます。

また,障害や発達上の課題がある子どもおよびその保護者への対応も重要なテーマです。さらに,外国籍家庭の子どもも増えており,そうした家庭に対する手厚い対応も重要になります。こうした,多様な子育て家庭に対して,どのように個別の支援ができるかが求められているのです。

③不適切な養育が疑われる家庭への支援

保育を行うなかで,子どもに大きな声で怒鳴ったり,叩いたり,明らかに不適切な関わりをしている保護者がいることがあります。虐待が疑われるケースもあります。そうした背後には,保護者の育児不安など困難な背景があることは,本章の「2　何が子育てを困難にしているのか？」で見てきました。その

ような場合，どのように保護者を支援することができるのでしょうか？　本章で取り上げた具体的なエピソードを使って話し合ってみてもよいでしょう。

関係機関との連携も重要になります。不適切な養育が疑われる場合に連携する関係機関とはどこでしょうか？　どことどのように連携することが必要なのか話し合ってみましょう。

4　地域の保護者に対する支援

最後に，地域で子育てをしている親子への支援について考えましょう。保育の場では，園児の保護者だけでなく，地域の在宅子育てをしている保護者への支援も求められています。一つ一つの内容について，具体的にどのように対応できるか，考えてみましょう。

①地域に開かれた子育て支援

保育所などの保育の場は，地域の親子にとっても子育てするうえでの重要な資源になり得ます。そのため，地域に開かれた園が求められています。園庭開放をしたり，親子の交流の場を提供したりすることは，同じ年代の子どもと出会ったり，保護者同士のつながりが生まれたり，保育者に相談することができるなど，とても有効です。また，一時預かりなどの事業は，保護者のリフレッシュ，子どもが保護者と少し離れて過ごす経験としても，良さがあります。

しかし，在園児の保育に加えて，こうした地域の親子への支援を行う際には，どのような内容を行うことが重要であるのか，日常の園児の保育との関連性をどのように工夫していくことが求められるのでしょうか？　考えてみましょう。

②地域の関係機関等との連携

子育て支援は，保育の場だけで行うわけではありません。園だけで抱えずに，地域の他の関係機関とも連携して行うことが大切です。では，地域の保護者に対する子育て支援を行うときには，どのような関係機関とどのような連携ができるでしょうか？

また，地域の人材を活用することも重要だと言われます。では，地域の人材とは誰のことでしょうか？　地域のどのような人材に園にきてもらうことが，

子育て支援を有効に行うことができるでしょうか？　調べて，意見を出し合ってみましょう。

まとめ
　現代の子育ては，家庭が地域のなかで孤立するという困難さがあるなど，社会的な支援が必要であることについて学んできました。そして，保育の場は，すべての子どもの健やかな成長の実現のため，家庭と園が連携して行っていく重要な社会の子育て支援の場なのです。そして，保育の場の子育て支援とは，園児の家庭に対する支援のみならず，地域の子育て家庭への支援を行っていく機能をも有しているのです。このように，保育の場の子育て支援機能は，非常に社会的に重要な役割を担っているのです。

　さらに学びたい人のために

○武田信子『保育者のための子育て支援ガイドブック』中央法規出版，2018年。
　　現代の親子はどのような状態にあるのか，今まさに必要な子育て支援について，保育者向けにわかりやすく書かれたガイドブックです。保育所保育指針を踏まえて書かれています。

○新澤誠治『「みずべ」にはじまった子育てひろば』トロル出版部，2014年。
　　本書は，東京都江東区の「みずべ」という子ども家庭支援センターの実践について書かれたものです。親子がほっとして集える心の居場所としての地域の子育て支援について，具体的に理解することができます。

第7章

健康・安全と保育

・・・ 学びのポイント ・・・

- 保育でもっとも大切なのは，子どもの命を守ることである。そのために保育者として知っていなければならない健康と安全の基礎的な知識を学ぶ。
- 子ども自身が，やがて自ら健康で安全な生活をつくり出していくことができるようになるために，保育者がどのように関わり，言葉かけをすればよいかについて学ぶ。
- 健康と安全について保育者が配慮すべき事柄は，子どもの年齢や場面によっても違う。子どもの年齢と発達を踏まえ，安全な保育環境を整えるために配慮しなければならないことを学ぶ。

WORK 保育の環境に潜む危険

　次の2つの場面を思い起こしてみてください（できれば，例として実際の保育中の写真を使うとよいでしょう）。保育のワンシーンです。それぞれどのような環境で，子どもたちはどんな行動をとるか，よく考えてみましょう。

> 　a：子どもたちが室内で遊んでいる様子
> 　　0歳・1歳・2歳・3歳・4歳・5歳，それぞれのクラスについて考えてみましょう。
> 　b：子どもたちが園庭で遊んでいる様子
> 　　0歳・1歳・2歳・3歳・4歳・5歳，それぞれ年齢ごとの遊びや異年齢同士の遊びについて考えてみましょう。

1．個々人で考える（3分）
　　a，bそれぞれの場面で，子どもたちはどのようなことをするでしょう。この場面で，保育者はどのような点に気をつける必要があるか考えてみましょう。
　　※どこに，どのような配慮が必要か，発表してもらい，確認（板書）する。

2．グループに分かれて話し合う（20分）
　　a，bそれぞれの場面で，子どもたちはどのような行動をするでしょう？　どういうことが起きる可能性がありますか？　あなたが保育者としてこの場面にいることを想像してみましょう。子どもたちの行動に対して，あなたはどのような態度を取り，どのような言葉かけをしますか？
　　※さまざまな可能性について検討する。
　　※危険な場面，気をつけたい点はもちろん，楽しい場面についても考えられるように問いかける。

3．グループで話し合ったことを全体で発表する（10分）
　　グループで話し合ったことを発表しましょう。
　　※話し合いのなかで，発表者をグループごとに決めておく。

第7章　健康・安全と保育

● 導　入 ●

　日々の保育のなかには思わぬ危険がたくさんあります。また，子どもの成長と発達によって，危険の種類も変わってきます。保育のなかにどのような危険があり，それらをどのように防ぎ，子どもたちの健康と安全とを確保していくか知っておくことは，保育者には欠かせない原理的な知識なのです。

　また，子ども自身が少しずつ自らの健康や安全について意識できるようになっていくことも，保育の大きな目標の一つです。そのためには，保育者が責任をもって子どもの健康と安全を守りつつ，子ども一人一人の発達や気質を理解し，丁寧な言葉かけや関わりをしていくことが必要です。

　保育は人間同士の関わり合いです。保育者同士，保育者と子ども，子ども同士，そして保護者とも関わり合いながら，子どもの命を守り，育んでいくのが，保育の原理に位置づく「健康と安全」であることを理解しましょう。

1　子どもの健康と安全についての理解

1　子どもの命を守ることは保育の大前提

　日々の保育のなかで，子どもの健康や安全の維持・向上を図り，子どもの命を守ることは大前提です。特に幼い0歳や1歳の子どもは病気にもかかりやすく，大人なら気にかける必要のない小さなことが命に関わる場合もあります。そういった幼い子どもたちがいる保育所や認定こども園においてはもちろん，幼稚園においても，子どもの命を守ること，そしてそのための保育の計画や職員体制をつくることは，保育者のもっとも重要な仕事の一つなのです。

　どんなによい保育，ユニークな保育を行っていたとしても，子どもたちが命を落としたりしては何にもなりません。子どもたちが日々安心・安全に過ごせる環境をつくり，子どもの心身の発達を促していくことは，保育者が決して怠ってはならない基本的な責任です。

　保育のなかで子どもの命を守り，子どもたちの日々の活動を支えていくため

に，保育者は大きくわけて「ハード」（子どもたちを取り囲む環境の整備）と「ソフト」（保育者のあり方や連携，子ども自身の気づきなど）の2つの面で気をつけなければなりません。

まずは「ハード」（保育の環境）についてです。冒頭のWORKで取り上げたように，日々の保育のなかには思わぬ危険が潜んでいます。小さな危険に気がつき，大きな事故につながる危険があるものは排除する必要があるでしょう。しかし，ただ単に危険箇所や危険なものをすべて排除すればよいわけではありません。たとえば，後述しますが，乳幼児は口に入れたものを喉に詰まらせてしまう場合があり危険です。小さなおもちゃなどはもちろん，「食べ物」も危険なものの一つです。実際，これまでにも保育所や認定こども園で「食べ物」を喉に詰まらせて窒息し，命を落とした子どもは何人もいます。

しかし，だからといって，子どもに何も食べさせないわけにはいきません。保育者は子どもの飲み込み（嚥下）や歯の発達に応じて食べ物の形状を変え，きちんと飲み込んでいるかどうかを確認しながら，子どもが安全に食べられるように支えていく必要があるのです。ほかにも，部屋のなかに子どもが口に入れたら危険なものが落ちていないか，壁に貼ったものや飾ったものが床に落ちる危険がないかなど，保育の環境には常に注意を払っていなければなりません。

そして，そういった「ハード」（保育の環境）の充実は，「ソフト」つまり保育者はもちろん，子どもや保護者といった「人」で支えていかなければなりません。安全な環境を整えるために，保育者同士で危険箇所を共有し，取り除き，一人一人の子どもの成長発達について話し合うほか，保護者との協力や情報共有も必要です。さらに，子ども自身が健康や安全について意識していけるように，幼いときから言葉かけなどをしていくことも大切です。

2005年8月10日に埼玉県上尾市の公立保育所で4歳男児が本棚の下に入り込んで熱中症で亡くなった事件では[*1]，保育所内で8人もの保育者が，子どもがその本棚の下に入り込んで遊んでいる姿を見ていたにもかかわらず，保育者同士の関係性が悪く，その問題点が共有されなかったことなどが要因となり，子ど

＊1　猪熊弘子『死を招いた保育』ひとなる書房，2011年において詳しく記されている。

もが命を落とす結果となってしまいました。保育の事故のほとんどが，誰か一人の保育者のミスだけではなく，保育者同士の連携不足や，その施設で行われていた保育の問題点が要因となって起きているのです。

　保育は機械が行うものではなく，人間同士のつながりのなかで育むものです。危険なことも人間同士のつながりでチェックし，事故を未然に防いでいかなければなりません。同時に，園のなかだけでなく，家庭で虐待などが起きていないか，子どもの様子や保護者の態度なども常に意識し，子どもの命が守られるようにしていかなければなりません。

2　「養護」についての考え方をもとに，子どもの健康と安全を捉える

　「保育所保育指針」（以下，保育指針）には，保育の目標として「十分に養護の行き届いた環境の下に，くつろいだ雰囲気の中で子どもの様々な欲求を満たし，生命の保持及び情緒の安定を図ること」「健康，安全など生活に必要な基本的な習慣や態度を養い，心身の健康の基礎を培うこと」という2つが最初に掲げられています[2]。また，「幼保連携型認定こども園教育・保育要領」（以下，教育・保育要領）には，「幼保連携型認定こども園として特に配慮すべき事項」として「園児の健康及び安全は，園児の生命の保持と健やかな生活の基本であり，幼保連携型認定こども園の生活全体を通して健康や安全に関する管理や指導，食育の推進等に十分留意すること」と書かれています[3]。「保育指針」と「教育・保育要領」には，それぞれ第3章「健康及び安全」が設けられ，「健康支援」「食育の推進」「環境及び衛生管理並びに安全管理」「災害への備え」について詳しく記述されています。「幼稚園教育要領」（以下，教育要領）では，教育課程の編成上の留意事項として，「幼稚園生活が幼児にとって安全なものとなるよう，教職員による協力体制の下，幼児の主体的な活動を大切にしつつ，

---

*2　「保育所保育指針」第1章「総則」の1「保育所保育に関する基本原則」の（2）「保育の目標」アの（ア）及び（イ）。

*3　「幼保連携型認定こども園教育・保育要領」第1章「総則」の第3「幼保連携型認定こども園として特に配慮すべき事項」の6。

園庭や園舎などの環境の配慮や指導の工夫を行うこと」と記されています[*4]。「教育要領」には「健康」や「安全」についてまとめて取り扱った章や項はありませんが，学校保健安全法に則って，子どもの安全を守らなければなりません。これは，保育所や認定こども園には0～2歳の，幼稚園にいる3～5歳よりも幼く弱い子どもたちが在籍していることや，保育時間が長いこと，また法律の扱いによる違いから異なっているだけのことで，幼稚園の3～5歳の子どもに対しても，保育所と同じように保育のなかでの安全を確保していく必要があることは言うまでもありません。

　近年，特に都市部では保育が長時間化しており，なかには1日13時間以上を保育施設内で過ごす子どもたちも少なくありません。幼稚園や認定こども園においても預かり保育が充実してその時間も延びており，なかには保育所のように夜までの預かり保育を行っているところもあります。幼稚園でも本来想定されていたよりもずっと長い時間を園で過ごす子どもが増えてきているのです。過ごす環境が子どもの心身の状態や発達について与える影響は少なくありませんから，子ども一人一人がそれぞれの生活リズムを保ちながら他の子どもと関われる環境や，子ども自身が健康や安全を守られていると感じ，安心して過ごすことのできる環境であるよう配慮して整えていくことが必要です。健康と安全について十分に配慮され，保育者や友達を信頼し，安心して遊べる環境のなかで過ごすことで，はじめて子どもたちは十分に個性を伸ばし，豊かな遊びを通して心身共に成長していくことができるのです。

　そのような理由から，健康と安全について学ぶうえでまず頭に入れたいのは，「保育指針」にある「養護」の概念です。これは保育所だけでなく，幼稚園や認定こども園においても同じように必要な考え方です。3～5歳の教育においても，0～2歳における「養護」の概念を踏まえたうえで行うことが大切なのです。「保育指針」に書かれている「養護」には「生命の保持」と「情緒の安定」の2つがあり，それぞれ4つのねらい・内容で構成されています。具体的にそのねらいと内容は表7-1のようになります。

＊4　「幼稚園教育要領」第1章「総則」第3「教育課程の役割と編成等」の4「教育課程の編成上の留意事項」の（3）。

表7-1 「生命の保持」と「情緒の安定」のねらい及び内容

	ねらい	内容
生命の保持	① 一人一人の子どもが，快適に生活できるようにする。 ② 一人一人の子どもが，健康で安全に過ごせるようにする。 ③ 一人一人の子どもの生理的欲求が，十分に満たされるようにする。 ④ 一人一人の子どもの健康増進が，積極的に図られるようにする。	① 一人一人の子どもの平常の健康状態や発育及び発達状態を的確に把握し，異常を感じる場合は，速やかに適切に対応する。 ② 家庭との連携を密にし，嘱託医等との連携を図りながら，子どもの疾病や事故防止に関する認識を深め，保健的で安全な保育環境の維持及び向上に努める。 ③ 清潔で安全な環境を整え，適切な援助や応答的な関わりを通して子どもの生理的欲求を満たしていく。また，家庭と協力しながら，子どもの発達過程等に応じた適切な生活のリズムがつくられていくようにする。 ④ 子どもの発達過程等に応じて，適度な運動と休息を取ることができるようにする。また，食事，排泄，衣類の着脱，身の回りを清潔にすることなどについて，子どもが意欲的に生活できるよう適切に援助する。
情緒の安定	① 一人一人の子どもが，安定感をもって過ごせるようにする。 ② 一人一人の子どもが，自分の気持ちを安心して表すことができるようにする。 ③ 一人一人の子どもが，周囲から主体として受け止められ，主体として育ち，自分を肯定する気持ちが育まれていくようにする。 ④ 一人一人の子どもがくつろいで共に過ごし，心身の疲れが癒されるようにする。	① 一人一人の子どもの置かれている状態や発達過程などを的確に把握し，子どもの欲求を適切に満たしながら，応答的な触れ合いや言葉がけを行う。 ② 一人一人の子どもの気持ちを受容し，共感しながら，子どもとの継続的な信頼関係を築いていく。 ③ 保育士等との信頼関係を基盤に，一人一人の子どもが主体的に活動し，自発性や探索意欲などを高めるとともに，自分への自信をもつことができるよう成長の過程を見守り，適切に働きかける。 ④ 一人一人の子どもの生活のリズム，発達過程，保育時間などに応じて，活動内容のバランスや調和を図りながら，適切な食事や休息が取れるようにする。

出所：「保育所保育指針」第1章「総則」2「養護に関する基本的事項」に基づき筆者作成。

さて，これらの「養護」についての考え方は，日々の保育のなかでは具体的にどのようなことにつながっていくと考えられるでしょうか。小さなことでもよいので想像して思いつくことを書き，みんなで話し合ってみましょう（表7－2）。

表7-2　「養護」についての考え方

生命の保持	情緒の安定
例）子どもの様子がいつもと違うことに気づき，体温を測ると発熱していたので，保護者に連絡する。	例）保育所の生活に慣れない子に気づき，声をかけていたわりながら，安心できるように接していく。

3　子ども一人一人への理解が，健康と安全の維持・向上につながる

　表7-1に示した「保育指針」の「養護」にある「生命の保持」「情緒の安定」の「ねらい」の項目は，すべて「一人一人の子ども」という言葉で始まっています。実は保育の健康・安全においてこの「一人一人の子ども」という視点がとても重要なのです。

　なぜかといえば，子どもは一人一人，その個性や発達の状況が違うからです。同じ年齢，月齢の子どもであったとしても，発達に大きな違いがあることはよくあります。同じ1歳の子どもでも，上手に歩ける子とまだよちよち歩きの子がいるでしょう。離乳食の進み具合は子どもの歯や口のなかの機能の発達の度合いによっても違いますし，スプーンやコップの使い方も，同じように子どもの手の発達の度合いによって違います。

　身体の発達だけではなく，感情の発達や性格も同じように子ども一人一人に違いがあります。離乳食やスプーン，コップは自ら意欲的に「持ってみたい」と思う子どもなら早く持てるようになるかもしれませんし，目新しいものに拒否反応が強い子どもなら，なかなか持とうとしないかもしれません。階段を下りるときにも，後ろ向きになって足先で次の段を確認しながらおそるおそる降りる子どももいれば，あまり考えずにサッと降りようとする子もいるでしょう。

　3～5歳になってくると子ども一人一人による違いは縮まるどころか，大きくなることもあります。身体を動かすのが好きな子，歌を歌うのが好きな子，部屋で静かに絵本を読むのが好きな子，というような好みの違いもありますし，危険な遊びにも果敢にチャレンジする積極的な子もいれば，危険に見える遊び

には近づかない慎重な子もいます。子どもは一人一人性格や個性が違い，発達の違いも決して教科書通りではありませんし，その子どもたちの「違い」を評価したり，優越をつけることはできません。

　特に外遊びなど身体を動かす場面で，子どもの発達や気持ちを無視して単純に年齢や月齢で区切り，「3歳児クラスはこれをみんなで一緒にやってみようね」と誘導して一斉に同じことをやらせれば，大きなケガをすることにつながりかねません。また「去年の3歳児クラスの子どもたちにはこの活動ができたから」という理由は，「今年の3歳児クラスの子どもたち」には当てはまらないこともあります。保育者は去年とは違う，実際に目の前にいる今年の3歳児の子どもたち一人一人の発達を知り，彼らの気持ちをくみ取ったうえで，活動を考えていかなければなりません。

　さらに，特に異年齢の子どもたちを一同に保育する場面では，大きなケガが起きがちです。[*5] 異年齢保育は，違う年齢の子ども同士に「きょうだい」のような関わりが生まれてよい影響があると言われる一方で，3歳の子どもと5歳の子どもとでは発達に大きな違いがあることを踏まえ，それぞれのクラスの子どもの発達や特性を知ったうえで行わなければ，大きな事故につながる可能性があると言えるでしょう。保育者は常に，子ども一人一人の発達を知り，子どもの気持ちに寄り添いながら日々の保育を行っていかなければなりません。

　子どもによって発達が違うことを保育者が肯定的に受け止めることも大切です。子どもが「できること」をポジティブに受け止め，できないことを無理矢理させるのではなく，「できない」「やりたくない」気持ちもきちんと受け止めることが必要です。子どもがぐずったり，嫌がったりしているときには「もしかすると体調が悪いのかもしれない」という想像をすることも必要です。目の前にいるのは，自分の気持ちや体調をまだ十分に言葉で伝えられない子どもたちなのです。保育者はそのことを理解し，子どもたちを常に観察しておくことが必要です。その観察があって初めて，「いつもと違う」「何かおかしい」とい

＊5　内閣府「教育・保育施設等における重大事故防止策を考える有識者会議 年次報告」2018年（Ⅲ「負傷等の詳細」6．「発生時の年齢構成別」p. 20）によれば，「異年齢構成による発生が最も多く，保育所では約半数を占める」とある。

うことがわかるようになるのです。

4 「主体性」が健康と安全をつくり出す

> **エピソード1　「やらせる保育」のなかにある危険**[*6]
> 満5歳女児（年中クラス），認可保育所。
> 子ども36名を10名で保育中。
> 9：30　　園庭にて，クラス全員で鉄棒・平均台・跳び箱・ハードルの練習。
> 10：00　　保育室にて，歌の練習。
> 10：30　　再度，クラス全員による，園庭での鉄棒・平均台・跳び箱・ハードルを使用した運動を実施した際に，本児がハードルに足をかけ両手をついて転倒し，左大腿部を骨折。
> 後　日　　2週間の入院。
> 2週間後　入院期間延長。

　これは，実際に認可保育所で起きた事故報告のなかにある事例です。子どもの数に比べて保育者の人数が多いので，運動会や発表会などにそなえて練習をしている場面だったのでしょうか。あるいは運動の講師などを招いて，普段からこういった保育をしていたのかもしれません。

　ケガをした4歳の女の子の気持ちを考えてみましょう。女の子はどんな気持ちでこの活動をしていたでしょうか。登園まもない朝9時半から，園庭に出て何度も「鉄棒・平均台・跳び箱・ハードル」を使った運動を練習させられていたのでしょう。特にハードルはケガが多いことから，最近では小学校でもほとんど使わなくなってきている器具です。何度も練習した後，10時には一度部屋

[*6]　内閣府「特定教育・保育施設等における事故情報データベース」より。2015年度からは，子ども・子育て支援新制度に入っている特定教育・保育施設で，子どもが治療に30日以上かかるケガをした場合には，内閣府に報告する義務がある。その報告書をまとめたデータベースが，ホームページ上で公開され，逐次更新されている。

に入って，今度は歌の練習をしました。女の子はホッとしたかもしれませんし，もしかすると歌を歌うことも辛かったかもしれません。10時半からはまた「鉄棒・平均台・跳び箱・ハードル」の練習をするために外に出ました。そこで女の子はハードルに足をひっかけて転倒し，大腿骨を骨折するという大ケガを負ってしまいました。どれほど痛くて，辛かったことでしょう。

「大腿骨骨折」とは，足の一番太い太ももの部分の骨を折るケガのことです。大腿骨のなかには静脈など太い血管が通っており，折れた場所によっては出血多量で死亡することもある非常に重大なケガです。入院治療と，その後のリハビリにも多くの時間を費やすことになります。この女の子の年中さんの1年間は，ほとんどこのケガの治療に費やすことになってしまったはずです。

女の子を含め，このクラスの子どもたちは本当に主体的にこの活動を行いたいと思っていたでしょうか。朝早くからの練習，練習で，疲れていたのではないでしょうか。疲れていると集中力を欠き，思わぬケガをすることがあります。また，やりたくないことを無理にやらされるときにも，同じように集中力を欠くことがあります。子どもの主体性や一人一人の発達の違いを無視して，みんなに一斉に「やらせる」活動が，不必要な大ケガを引き起こす事例だと言えるでしょう。

5 「自ら健康と安全をつくり出す」子どもを育てるために

「保育指針」「教育要領」「教育・保育要領」に共通する「幼児期の終わりまでに育ってほしい姿」の最初に掲げられているのが「健康な心と体」です。「保育所（幼稚園／幼保連携型認定こども園）の生活の中で，充実感をもって自分のやりたいことに向かって心と体を十分に働かせ，見通しをもって行動し，自ら健康で安全な生活をつくり出すようになる」と書かれています。子どもたちが成長し，やがて「自ら健康と安全をつくり出すようになる」ために，保育者は子どもたちに普段からどのようなことをしていけばよいのでしょうか。

たとえば，0歳のときからしていきたいのは「言葉かけ」です。子どもが眠そうにあくびをしていたら，「眠くなったね。ねんねしようね」，子どものおむ

つが濡れておむつ換えをしたときには「きれいなおむつになって気持ち良いね」というように，子どもの状態と気持ちを代弁して語りかけてあげましょう。赤ちゃんの時期にはまだ言葉の意味はわからなくても，保育者が自分に語りかけながら生理的欲求に応えてくれることは次第にわかっていきます。やがてそれらの言葉が子どもの気持ちへとつながっていくことで，「眠くなったらお昼寝をする」「お腹が空いたらご飯を食べる」「外で遊んだらお部屋に入る前に手や足を洗う」「お昼ご飯を食べたら歯を磨く」といった，子どもの健康と安全につながっていく基本的な生活習慣を身につけていくことができます。

　同時に，園外に散歩に行くときには交通ルールを守って安全に気をつけることや，友達を押したり，ぶつかったりしない，といった安全のルールも保育者が保育のなかで声をかけていくことで，子どもたちは自然に身につけていけるのです。3歳，4歳という年齢で入園してきた子どもについても同様です。もちろんそういったときには「禁止」語は使わず，子どもたち自身に考えさせるような言葉をかけるのがよいでしょう。

　幼児期の終わりの5歳になったらいきなり健康や安全に気をつけるようになれるわけではありません。幼い頃から少しずつ，日々の生活のなかで言葉かけから始めていくことが，やがて将来にわたる大きな力となっていくのです。

2　0〜2歳の子どもの健康・安全と保育

1　年齢が低い子どもほど命の危険が大きい

　保育のなかでの健康・安全について注意しなければならないことがたくさんありますが，それは子どもの年齢によってもずいぶん違ってきます。基本的に子どもの年齢が低いほど，子どもは弱く，命の危険も大きくなるので，0〜2歳の子どもがいる保育所，認定こども園では，特別な注意が必要です。

　特に0歳児，1歳児のはじめ頃の子どもでは，健康状態の変化が直接命の危険につながる場合があります。保育者は常に身体の状態や表情などを観察し，「普段と違う」と気づけるようにする必要があります。生後6か月頃からは母

親からもらった免疫が切れて感染症にもかかりやすくなり，一般的に0～2歳の子どもはよく熱を出すことがあります。急に熱が上がってひきつけ（熱性けいれん）を起こしたり，インフルエンザなどの感染症がクラスに蔓延することもあります。朝の受け入れのときに始まり，一日を通して子どもの健康状態の変化を観察し，必要であれば保護者への連絡や，お迎えを依頼することもあります。感染症が出たときにはプリントや張り紙などで保護者に伝え，感染が不用意に拡大しないようにみんなで手の消毒やうがいに努めます。子どもが嘔吐した場合には，自治体や園が定めたルールに従って消毒するなど，処理を的確に行って行きます。同時に，保護者に必要な予防接種を勧めることも必要です。[*7]

注意すべきなのは病気だけではありません。子どもたちの着替えをするときは，子どもの身体の様子をチェックできるよい機会でもあります。身体にあざや傷などがないか，身長や体重は増えているかといったチェックを行うことが，家庭での不適切な養育を発見することにもつながります。保育者はさまざまな角度から，子どもの命を守るよう努めなければなりません。

2 「くう・ねる・みずあそび」に注意

保育中の事故には，大きな特徴があります。表7-3を見てください。これは2004年から2017年までに日本国内の保育施設（私学助成で運営されている私立幼稚園を除く）で起きた子どもの死亡人数についての表です。これを見ると，0歳がもっとも多く，1歳，2歳と続くことがわかります。また，これらの死亡事故の8割以上が「睡眠中」（子どもが寝ている時間）に起きていることがわかっています。[*8] 次に多いのが子どもの食事中の窒息事故です。そして，3歳以上になるとプールや水遊び中に溺れる事故が多くなります。これらは「保育指

---

*7 手の消毒やうがいの方法や嘔吐時の処理など，感染症等への具体的な対応については，厚生労働省「保育所における感染症対策ガイドライン（2018年改訂版）」などを参照のこと。

*8 内閣府「教育・保育施設等における重大事故防止策を考える有識者会議 年次報告」2018年では，2015～17年に起きた35件の死亡事故について調査しているが，そこでも0歳児の死亡事故がもっとも多く，睡眠中の死亡事故が7割以上を占めていたことが報告されている。https://www8.cao.go.jp/shoushi/shinseido/meeting/kodomo_kosodate/k_36/pdf/s3.pdf（2018年12月1日閲覧）。

表7-3　保育施設での子どもの死亡人数

	0歳	1歳	2歳	3歳	4歳	5歳	6歳	合計
2004年	5	4	2	2			1	14
2005年	5	5	1	1	1		1	14
2006年	9	2	1	1	1	2		16
2007年	11	2	2					15
2008年	7	3			1			11
2009年	6	4	1			1		12
2010年	7	5				1		13
2011年	7	5	2					14
2012年	10	4	2	1			1	18
2013年	8	8	3					19
2014年	8	5			3	1		17
2015年	7	5	1	1				14
2016年	7	4					2	13
2017年	2	2	1		2		1	8
合計	99	58	16	6	8	5	6	198

出所：厚生労働省および内閣府の資料（新制度に入っていない私立幼稚園はのぞく）をもとに筆者改変。

表7-4　保育中もっとも危険な場面と年齢

- くう（食事中）：1～2歳（それ以上も）
- ねる（睡眠中）：0～1歳
- みずあそび（水遊び中）：3歳以上

出所：筆者作成。

針」と「教育・保育要領」のなかにも、「睡眠中、食事中、プール・水遊び中」に事故が多いことから、この時間に注意するように書かれています[*9]。これらの危険な時間を「くう・ねる・みずあそび[*10]」と名づけ、注意喚起しています（表7-4）。

---

*9　「保育所保育指針」第3章「健康及び安全」の3の（2）のイ。「幼保連携型認定こども園教育・保育要領」第3章「健康及び安全」の第3の2の（2）。
*10　小児科医の山中龍宏医師が提唱。

第7章　健康・安全と保育

3　0〜2歳の保育で注意したいこと

では，実際に0〜2歳の保育でどのようなことに注意すればよいでしょう。必ず守ってほしいのは，以下のことです。

①「ねる」（0〜1歳の睡眠中に気をつけること）

- 絶対に「うつぶせ寝」にしないように寝かせましょう。SIDS（乳幼児突然死症候群）やSUDI（原因不明の突然死）を防ぐためにも「うつぶせ寝」はしないことがルールです。[*11]
- 寝ているときに，ひきつけ（熱性けいれん）やチアノーゼを起こす子どももいるので，寝ているときにも子どもの顔の表情が見えるように，明るい部屋で昼寝をさせましょう。また，夜は暗いところでぐっすり眠り，昼は明るいところで仮眠するイメージで昼寝することで，子どもの生活リズムも整える意味もあります。
- タイマーを使い，呼吸チェックを確実に行いましょう。0歳なら5分おきに呼吸をチェックするのが一般的です。自治体によって決められた時間と方法があります。
- 顔の周辺をふさいだり，覆ったりして，二酸化炭素が溜まりやすくなると呼吸がしにくくなり，危険です。寝具にも注意しましょう。
- 実際には，預けはじめの時期に事故が起こりやすいことがわかっています。赤ちゃんとの愛着関係を早く築けるようしっかりと向き合い，泣いているときには抱っこしてあげて「泣かせっぱなし」にしないことが大切です。

②「くう」（1〜2歳の食事中に気をつけること）

- 「食べること＝危険！」という共通認識をもちましょう。食事中には窒息事故が起きています。特に表7-5にあげた食べ物等には注意しましょう。
- 子どもがどんなものを食べられるか，飲み込めるかの「嚥下発達」をきちんと把握し，保護者と情報を共有しましょう。
- 子どもが食べ物をきちんと飲み込んでいるかどうかをしっかり見ましょう。

＊11　かつては乳幼児が亡くなるとSIDSとされることが多かったが，実際には窒息死が含まれていることが多かった。うつぶせ寝を禁止したことでこれらの突然死の数は激減している。

表7-5 これまでに窒息事故があった，気をつけたい食べ物

・ナッツ類（気管に入ると水分で膨らみ，取り出しにくくなる）
・あめ，チーズ，ポップコーン，せんべい，ベビーカステラ，ブドウ，プチトマト，りんご，たくあん，生のニンジン，セロリ，もち，白玉団子，うずらの卵，ちくわ，ソーセージ，魚肉ソーセージ，こんにゃく，肉片
（＊食べ物ではないが，スーパーボール，ビー玉，マグネット，小さなおもちゃ類にも注意）

出所：筆者作成。

保育者は，子どもの口元や表情を確認できる位置に座ることが大切です。また食べながら眠ってしまうようなことがないようにし，もし眠ってしまった場合は起こしてお茶などを飲ませてから休ませるようにしましょう。子どもを焦らせたり，急いで食べさせたりすることがないようにしましょう。
・アレルギーの危険もあります。誤食のないよう，トレーやつくる人の服の色を変えるなど，目で見える工夫をして注意喚起しましょう。[12]

3　3〜5歳の子どもの健康・安全と保育

1　保育者の関わり方が事故を起こし，事故を防ぐ

　3〜5歳の子どもの死亡事故は，0〜2歳の子どもに比べて少ないのですが，だからといって注意しなくてよいわけではありません。3〜5歳の死亡事故の多くが，園外での活動で起きていることから，園外活動での安全をどのように守るかを考えましょう。そして園内での事故はほとんどがプールでの事故なので，特に水遊びやプールをどのように行うかを考えなければなりません。また，3〜5歳の子どもには治療に1か月以上かかるような大きなケガが多いことも特徴です。特に4，5歳児では骨折などの大ケガが多いので，子どもの発達や遊び方に気をつけつつ，子ども自身が注意するように言葉で促していくこと，子ども自身がやりたい活動，できる活動をしていくことが大切です。

---

[12] アレルギーについては，厚生労働省「保育所におけるアレルギー対応ガイドライン」2011年を参照のこと（新しいものが出た場合にはより新しい版を参照のこと）。

第7章　健康・安全と保育

> **エピソード2　子どもが自分のできないことをしたいとせがんだとき**
>
> 　年中クラスの男の子Aくんは，小柄ですが，とても活発な男の子です。園庭では，自分はまだ手が届かないけれど，年長さんたちがよくぶら下がっている高い鉄棒につかまりたくて仕方がありません。ある日，子どもたちと園庭で遊んでいるとき，担任のB先生のところに，Aくんが近づいてきました。Aくんは「先生，あそこにつかまらせて！」と，鉄棒を指さし，自分を抱き上げてつかまらせるよう頼んできました。年長さんのように鉄棒につかまりたくてたまらなかったAくんは，B先生に頼んで上にあげてもらうことを思いついたのです。
> 　B先生は少し考えました。いったいB先生はどのような態度をとるのがよいでしょうか。

　鉄棒につかまりたくてたまらなかったAくんは，まだ鉄棒に自分でつかまることができません。ここでB先生が抱っこしてAくんを鉄棒にぶら下げてしまうと，Aくんの実力以上のことをしてしまうことになります。子どもは自分の身体の成長に伴ってできることの範囲が自然に広がってきます。できないことを無理にすると，実力以上のことをすることになり，ケガをしてしまうことがあります。Aくんも，ぶら下がることはできても，降りるときに足がつかないことから着地がうまくできずに，ケガをしてしまうかもしれません。

　子どもができないことをやってあげるのは，子どもの発達によい影響を与えません。この場合，B先生はAくんに「自分でできるようになってから」という原則を伝え，あげてあげないほうがよいでしょう。もっと小さい頃から，「自分ができることをする」という遊び方をしていれば，先生に頼んで上にあげてもらおうと思う子どもは少ないはずです。保育者は，子どもの様子を最大限に見守りながら，子どもができないことを助けるのではなく，「いつかできるようになるよ」と伝えながらその成長・発達を見守っていくことが必要なのです。こういった遊びのなかでの保育者の関わり，そして言葉かけが，ケガを引き起こすことにも，防ぐことにもつながります。「ちょっと無理かな」とチ

ャレンジを躊躇している子どもに「がんばって！」と声をかければ，子どもは無理なことをしてケガをするかもしれません。保育者は常に自分の行動が子どもにどんな影響を与えるか，よく考えてから行動しなければなりません。

2　3歳以上のプールや園外活動での事故

　3歳以上の幼児では，特に園外活動やプール・水遊び中の事故に注意するようにしましょう。事故を防ぐために知っておきたいのは，次のようなことです。
・10cmの深さの水でも，子どもは溺れます。大人からすれば浅い水でも，子どもには危険がいっぱいです。浅いプールや水場に子どもを残したまま，そこから離れるようなことをしてはいけません。
・人が溺れるときには静かに溺れます。「助けて」と声を出すようなことはほとんどありません。意識を失って水のなかに沈んでしまう場合がほとんどだということを知っておきましょう。
・プール活動の際には必ず「監視」する人を置きましょう。監視者は，子どもとは遊ばず，見守りに徹します。不審な動きをしている子どもや沈んでいる子どもがいないかを，監視し続けましょう。
・子どもの体調や水の深さ，水温にも注意しましょう。水の深さは年齢にもよりますが，泳げるような深さは必要ありません。水温と気温を足して60度以上になる場合には，熱中症の危険があるので注意が必要です。
・お泊まり保育などで，園外保育の際に水遊びを行うときには責任をもって「下見」を行うことが必要です。自然のなかには危険がいっぱいです。そして日々，その状況は変わっていきます。「前回大丈夫だったから，今回も大丈夫」とは言えないのが自然です。そのことを理解したうえで，丁寧な下見を確実に行うことが必要です。また，もし天候が急に変わった場合には，行事をやめる決断をすることもあるでしょう。それも安全な保育を行うための大切な判断です。

4 子どもの発達を保障する健康・安全な保育のために

　先に触れた通り，2018年4月から施行されている「保育指針」「教育・保育要領」の第3章「健康及び安全」とそれらの「解説」には，子どもが健康で安全に過ごすために注意するべきことが細かく書かれています。これは，過去10年間にわたり，保育所や幼稚園，認定こども園においてさまざまな事故が起こり，多くの子どもの命が失われてきた反省に基づくものであることは明らかでしょう。子どもの生命を守ることが最優先されるべき保育所や幼稚園，認定こども園で子どもの命が失われることはあってはならないことなのです。

　日々の保育のなかで，安全を最優先することは言うまでもなく，不要なケガ（特に大きなケガ）は避けなければいけませんが，かといって，危険の可能性があるものをすべて取り除いてしまえば，逆に子どもの成長・発達に悪影響を及ぼすことになるかもしれません。つまづくことがないように園庭を真っ平らにし，転落や転倒することがないように遊具をなくせば，確かにそれらによるケガはなくなるかもしれませんが，子どもの身体の成長や遊ぶ力は伸びません。喉に詰まることがないようにと食べ物をすべて小さく切ってしまえば，確かに窒息の危険は減るでしょうが，子どもは季節によって違うたくさんの食べ物の風味や舌触りといったものを経験する機会を失ってしまいます。日々の保育のなかには，子どもにとって危険なものになりかねないたくさんのことがありますが，子どもたちはそれらを乗り越えて成長していくのです。

　そして，安全な環境を整えつつ，子どもを見守りながら，発達・成長を支えていくのが保育者の役割です。表7-6にある「リスク」と「ハザード」について考えながら，保育者がどこまで守り，子どもにどこまで体験させていくのか，そしてどのように保護者に伝えていくかを考えていくことが必要です。

　「子ども一人一人」の発達を知り，「くう・ねる・みずあそび」の原則をしっかり守ったうえで，ハザードを排除し，毎日の保育のなかで安全な環境を整えていくことは，実は良い実践をすることにつながります。安全と子どもの発達保障は，両立することができます。子どもの最善の利益を考え，子どもに寄り

表7-6　リスクとハザードの定義

(1) 遊びにおけるリスクとハザード
　子どもは、遊びを通して冒険や挑戦をし、心身の能力を高めていくものであり、それは遊びの価値のひとつであるが、冒険や挑戦には危険性も内在している。
　子どもの遊びにおける安全確保に当たっては、子どもの遊びに内在する危険性が遊びの価値のひとつでもあることから、事故の回避能力を育む危険性あるいは子どもが判断可能な危険性であるリスクと、事故につながる危険性あるいは子どもが判断不可能な危険性であるハザードとに区分するものとする。

(解　説)
1) リスクとハザードの意味
　①リスクは、遊びの楽しみの要素で冒険や挑戦の対象となり、子どもの発達にとって必要な危険性は遊びの価値のひとつである。子どもは小さなリスクへの対応を学ぶことで経験的に危険を予測し、事故を回避できるようになる。また、子どもが危険を予測し、どのように対処すれば良いか判断可能な危険性もリスクであり、子どもが危険を分かっていて行うことは、リスクへの挑戦である。
　②ハザードは、遊びが持っている冒険や挑戦といった遊びの価値とは関係のないところで事故を発生させるおそれのある危険性である。また、子どもが予測できず、どのように対処すれば良いか判断不可能な危険性もハザードであり、子どもが危険を分からずに行うことは、リスクへの挑戦とはならない。

出所：国土交通省「都市公園における遊具の安全確保に関する指針（改訂第2版）」2014年, p. 8。

添った保育を行うことが、実は何よりも安全を守ることにつながっていくのです。

まとめ

　保育者は、子どもの健康と安全を最大限に確保しつつ、子どもの挑戦したい気持ちを尊重して保育を行うことが重要です。特に「養護」について意識し、「一人一人」の子どもの気持ちに寄り添い、理解するなかで、保育を行っていくことです。幼い子どもの生理的欲求に応えるかたちでの保育者の声かけが、子どもたちがやがて自ら健康で安全な生活をつくり出していくことができるようになることにつながっていきます。何よりも子どもとの愛着関係をしっかり築くことです。健康と安全について保育者が配慮すべき事柄は、子どもの年齢や場面によっても違います。特に「くう・ねる・みずあそび」（食事中、睡眠中、プール・水遊び中）には死亡事故が多いことを踏まえて、安全な保育環境を整えるなど、その時間の安全に十分に配慮しましょう。子どもの命を守ることが保育の大前提ですが、そのなかでできる限りのチャレンジの機会が子どもに与えられ、子どもが自ら育っていけることも同時に大切なことです。

保育者は「リスク」と「ハザード」の意味を知り，安全な環境を整えたうえで子どもの発達を保障する保育を実践していくことが必要です。「子ども一人一人」の個性や発達を知り，大切にする保育ができていれば，自ずと子どもを守る保育になっていくものです。実践と安全の間には大きな関係があることを踏まえ，よりよい保育を目指していきましょう。

 さらに学びたい人のために

○田中浩二『写真で学ぶ！保育現場のリスクマネジメント』中央法規出版，2017年。
　写真を多く使って構成されているので，日々の保育のなかのどのような場面に危険が潜んでいるかを具体的に理解できます。写真を見ながら実際の保育の現場をイメージし，危険を察知する力を育てるのに役立ちます。保育実習にのぞむ前に読むとよいでしょう。

○猪熊弘子『死をまねいた保育』ひとなる書房，2011年。
　2005年8月10日に埼玉県上尾市の公立保育所で4歳男児が本棚の下の引き戸のなかに入り込み，熱中症で死亡した事件のルポルタージュ。子どもに寄り添わず，ずさんな保育をしていることが事故の要因となり，子どもの命が奪われてしまうことに気づくでしょう。保育そのものを大事にしたいと考えるきっかけになる本です。

○木村歩美・井上寿『子どもが自ら育つ園庭整備』ひとなる書房，2018年。
　保育環境の研究家と建築士の2人が整備した，安全を考えたうえで最大限チャレンジングな園庭を数多くの写真で紹介。子どもたちが自ら安全を身につけ，発達・成長していくためには無計画では「安全」はあり得ないことをうたいつつ，子どもたちがわくわくするような園庭整備の方法について示した本です。

第8章

保育者の専門性と資質向上

● ● ● 学びのポイント ● ● ●

- 保育士の専門性に関する法的な位置づけについて理解し,説明することができることを目指す。
- 保育者の専門性に関する諸理論を踏まえて,自分なりに考察することができることを目指す。
- 保育者の資質向上への方策について具体的に検討することができるようになることを目指す。

WORK　保育者による保育と親の子育てはどこが違う？

1．個々人で考えてみましょう（5分）

　各自で，以下のような表に，保育者による保育所・幼稚園・認定こども園等における保育と，親等の保護者による家庭での子育てとを，対比しながら書き出してみましょう。3つほど例示しますので，これ以外に5つあげてみましょう。

親等による子育て	保育者による保育
◇1人または少数の子どもを育てる。 ◇資格やそのための公式の訓練などはない。 ◇1人または2人で行うことが大多数。 　　　　　　　　　　　　　等	◆多くの子どもを保育する。 ◆専門資格があり，大学などの養成課程で学ぶ。 ◆多くの同僚とチームで行う。 　　　　　　　　　　　　　等

2．グループで考えてみましょう（15分）

　模造紙などに1．と同じ表を用意して，各自の意見を書き出していきます。同じような意見はなるべく近くに集めて書くと整理しやすいでしょう。

3．グループごとに意見をまとめましょう（10分）

　グループごとに，違いを3点にまとめましょう。このときに，なるべく他のグループから出ないと思われるポイントに注目すると，4．の報告の際に，多様な意見を交換することができます。

4．全体で意見を共有しましょう（15分）

　グループでまとめたポイントを，各グループ3分ずつで，全体に報告しましょう。

● 導　入 ● ● ● ● ●

　本章では，保育者の専門性と資質向上について考えます。第一に，保育士に関わる法令等を参照しながら，保育士が専門職であることが法的にどのように構成されているかについて見ていきます。第二に，保育実践という営みの特性について考え，それらの特性に適合的な「省察的実践者」という専門職モデルに依拠しながら，保育実践における省察の在り方や，保育者の子どもや保護者との関係性を踏まえた援助について検討していきます。第三に，保育所保育指針における保育者の資質向上について，専門性への視点，園長の役割，研修の在り方，保育者の専門性と資質向上に対する園としての取り組みについて考察します。

　なお，幼稚園教諭においては，法的な位置づけは異なりますが，就学前の子どもの発達を援助する点において，専門性については同様に考えるとよいでしょう。また資質向上においても，「保育所保育指針」の第5章「職員の資質向上」に記載されている考え方は，幼稚園，認定こども園も共有することが望まれます。

● ● ● ● ● ● ●

1 法令における保育者の専門性

1　保育士の専門性の法的な根拠

　専門性とは，平たく言えば，その仕事が素人と区別される性質のことです。「保育士」の仕事は，一定の専門性が伴う仕事として法的に素人と区別されています。まず，保育士とは，児童福祉法第18条の4によると「第18条の18第1項の登録を受け，保育士の名称を用いて，専門的知識及び技術をもって，児童の保育及び児童の保護者に対する保育に関する指導を行うことを業とする者」とされており，その業務の基盤として専門的知識と技術が想定されています。

　保育士の業務が，子どもを保育することと，子育て支援を行うことであることが規定されているわけですが，その前提として，厚生労働省が指定する保育士養成施設を所定の単位を修得して卒業するか保育士試験に合格するかのいずれかの方法によって保育士となる資格を得なければならず（児童福祉法第18条の6），そのうえで，都道府県に備えられた保育士登録簿に登録してはじめて保

育士として業務にあたることができます（児童福祉法第18条の18）。

　児童福祉法第18条の4に「保育士の名称を用いて」とありますが，同法第18条の23では，「保育士でない者は，保育士又はこれに紛らわしい名称を使用してはならない」と，「名称独占」が定められています。専門職とそうでない者を分ける指標として，「名称独占」と「業務独占（その資格・免許をもたない者がその業務を行うことができない）」がありますが，保育士は医師や看護師などのように業務独占には至っていません。

　また，保育士は子どもやその保護者に対する援助を行う専門職として法的に位置づけられており，そのように社会的に理解されているので，その信頼を確かなものとするために，児童福祉法第18条の21において，保育士は，「保育士の信用を傷つけるような行為をしてはならない」とされています（信用失墜行為の禁止）。また，第18条の22では，保育士は，「正当な理由がなく，その業務に関して知り得た人の秘密を漏らしてはならない。保育士でなくなった後においても，同様とする」とされており（秘密保持義務），これは実習生も同様です。こうした規定が，保育士の専門性の基盤として定められているのです。

　さらに，その職業上の責任や業務にかんがみて，欠格条項（資格を欠いている者についての規定）が児童福祉法第18条の5に規定されており，次のいずれかに該当する者は，保育士となることができません。

一　成年被後見人又は被保佐人[*1]
二　禁錮以上の刑に処せられ，その執行を終わり，又は執行を受けることがなくなった日から起算して2年を経過しない者
三　この法律の規定その他児童の福祉に関する法律の規定であつて政令で定めるものにより，罰金の刑に処せられ，その執行を終わり，又は執行を受けることがなくなった日から起算して2年を経過しない者
四　第18条の19第1項第2号又は第2項の規定により登録を取り消され，その取消しの日から起算して2年を経過しない者

＊1　**成年被後見人，被保佐人**：成年後見制度において，認知症，知的障害，精神障害などの理由で判断能力が不十分なため，財産管理や契約等に関する保護や支援を受けている人のこと。

五　国家戦略特別区域法（平成25年法律第107号）第12条の5第8項において準用する第18条の19第1項第2号又は第2項の規定により登録を取り消され，その取消しの日から起算して2年を経過しない者

2　保育所保育指針における保育者の専門性

　保育所保育指針の第1章「総則」1「保育所保育に関する基本原則」の(1)「保育所の役割」には，「イ　保育所は，その目的を達成するために，保育に関する専門性を有する職員が，家庭との緊密な連携の下に，子どもの状況や発達過程を踏まえ，保育所における環境を通して，養護及び教育を一体的に行うことを特性としている」(傍点筆者)として，保育所が保育者の専門性によって保育を行うことが明記されています。「その目的」とは，「ア　保育所は，児童福祉法（昭和22年法律第164号）第39条の規定に基づき，保育を必要とする子どもの保育を行い，その健全な心身の発達を図ることを目的とする児童福祉施設であり，入所する子どもの最善の利益を考慮し，その福祉を積極的に増進することに最もふさわしい生活の場でなければならない」とあるように，①保育を必要とする子どもの保育を行う，②子どもの健全な心身の発達を図ることです。保育所について，一般に子どもを「預かる」と言われたりしますが，子どもの心身の育ちを援助する，つまり子どもを「育てる」ことと合わせて，その専門性が発揮されます。

　そして，「エ　保育所における保育士は，児童福祉法第18条の4の規定を踏まえ，保育所の役割及び機能が適切に発揮されるように，倫理観に裏付けられた専門的知識，技術及び判断をもって，子どもを保育するとともに，子どもの保護者に対する保育に関する指導を行うものであり，その職責を遂行するための専門性の向上に絶えず努めなければならない」とあるように，保育士には，保育所の役割と機能を果たすためにその専門性を発揮することが期待されており，専門職倫理を職務の基盤として備え，職務遂行のために専門的な知識と技術を身につけ，それらの知識・技術をもって保育という実践において日々の判断を行うこととされています。保育士の専門性は，単に保育を経験すれば身に

つくようなものではなく，意図的・計画的な学びを必要としているのです。

さらに，「保育所保育指針解説」においては，「専門性を有する職員による保育」として，「保育所職員は，各々の職種における専門性を認識するとともに，保育における子どもや保護者等との関わりの中で，常に自己を省察し，次の保育に生かしていくことが重要である」として省察（振り返り，考えること）することと，「組織の一員として共通理解を図りながら，保育に取り組むことも必要とされる」としてチームワークを確保していくことが強調されています。保育という専門的営みが，個々に誤りのない正しい保育を行うというのではなく，試行錯誤しつつ振り返ったり考えたりし，またそれらをチームワークのもとに高め合うというものとして理解されているのです。

なお，保育所保育指針及びその解説においては，保育に携わるすべての保育所職員（施設長・保育士・看護師・調理員・栄養士等）を「保育士等」としており，すべての職員間の連携・協働が求められています。

3 保育士養成課程で育まれる専門性

指定保育士養成施設では，表8-1のような教科目を履修することとしており，これらが，保育士が備えるべき専門的知識および技術の構造であると言えます。保育士養成課程は大きく，教養科目，必修科目，選択必修科目に分けられ，必修科目は，①保育の本質・目的に関する科目，②保育の対象の理解に関する科目，③保育の内容・方法に関する科目，④保育実習，⑤総合演習から成っています。保育士養成課程のカリキュラムは，保育という営みの在り方を理論的に学び，保育の対象である子どもや保護者等を理論的・実践的に理解し，その実践のための内容・方法を理論的・実践的に習得し，それらをもとに実習を通して実践的に学び，最後に理論と実践の総まとめを行うという構成になっているのです。

なお，保育士試験では，保育士養成課程に対応するよう，表8-2のような試験科目を課すこととしています。

第 8 章 保育者の専門性と資質向上

表 8-1　指定保育士養成施設の修業教科目及び単位数並びに履修方法

系列		教科目	設置単位数	履修単位数
教養科目		外国語（演習）	2以上	（※1）
		体育（講義）	1	1
		体育（実技）	1	1
		その他	6以上	（※1）
		教養科目　計	10以上	8以上
必修科目	①保育の本質・目的に関する科目	保育原理（講義）	2	2
		教育原理（講義）	2	2
		子ども家庭福祉（講義）	2	2
		社会福祉（講義）	2	2
		子ども家庭支援論（講義）	2	2
		社会的養護Ⅰ（講義）	2	2
		保育者論（講義）	2	2
		系列①　計	計14	計14
	②保育の対象の理解に関する科目	保育の心理学（講義）	2	2
		子ども家庭支援の心理学（講義）	2	2
		子どもの理解と援助（演習）	1	1
		子どもの保健（講義）	2	2
		子どもの食と栄養（演習）	2	2
		系列②　計	計9	計9
	③保育の内容・方法に関する科目	保育の計画と評価（講義）	2	2
		保育内容総論（演習）	1	1
		保育内容演習（演習）	5	5
		保育内容の理解と方法（演習）	4	4
		乳児保育Ⅰ（講義）	2	2
		乳児保育Ⅱ（演習）	1	1
		子どもの健康と安全（演習）	1	1
		障害児保育（演習）	2	2
		社会的養護Ⅱ（演習）	1	1
		子育て支援（演習）	1	1
		系列③　計	計20	計20
	④保育実習	保育実習Ⅰ（実習）	4	4
		保育実習指導Ⅰ（演習）	2	2
	⑤総合演習	保育実践演習（演習）	2	2
		必修科目　計	51	51
選択必修科目		保育に関する科目 （上記①～④の系列に該当する科目）	（※2）	（※3）
		保育実習ⅡまたはⅢ（実習）	2以上	2以上
		保育実習指導ⅡまたはⅢ（演習）	1以上	1以上
		選択必修科目　計	18以上	9以上
合　計			79以上	68以上

注：※1 「外国語」および「その他」を合わせて6単位以上。
　　※2 「保育に関する科目」「保育実習ⅡまたはⅢ」および「保育実習指導ⅡまたはⅢ」を合わせて，18単位以上。
　　※3 「保育に関する科目」「保育実習ⅡまたはⅢ」および「保育実習指導ⅡまたはⅢ」を合わせて，9単位以上。
出所：児童福祉法施行規則第6条の2第1項第3号の指定保育士養成施設の修業教科目及び単位数並びに履修方法（平成13年厚生労働省告示198号：平成30年4月27日改正）をもとに筆者作成。

表 8-2 保育士試験科目

筆記試験	・保育原理　・教育原理及び社会的養護　・子ども家庭福祉 ・社会福祉　・保育の心理学　・子どもの保健　・子どもの食と栄養 ・保育実習理論
実技試験	・保育実習実技

注：上記科目での試験は，2020年から実施。実技試験は，筆記試験のすべてに合格した者について行う。

出所：厚生労働省雇用均等・児童家庭局長通知「保育士試験の実施について」（平成15年12月1日付　雇児発第1201002号：平成30年4月27日改正　子発0427第4号）をもとに筆者作成。

2 保育者の専門性の特質

1 保育の特質と「省察的実践者」

　保育者の専門性の特質を考えるために，まず，保育という営みの特性を考えてみましょう。日々の保育という実践には，次のような特性があります。第一に，「一回性」，つまり今，ここで起こっている現象は過ぎ去ってしまえば二度と繰り返されないことがあげられます。第二に，「不確実性」，こうすれば必ずこうなるという確実さが保証されないことがあげられます。それは第三の特質，「複雑性」，つまりある場面がさまざまな要因から導かれ，成り立っていることにも関わっています。原因や理由が単純には特定できないので，確実な正解など出しようがありません。第四に，「曖昧性」，つまりある現象に多様な意味があり得ることがあげられます。そのため，たとえば子どものある姿の意味を明確には特定できず，常に曖昧さが残ります。

　一般的な保育の理論や発達過程の理解などには，一定の学問的な成果があり，まずは正しいこととして理解し，実践に適用していかなければなりません。特に保健や安全など，保育そのもの以外の学問分野に基づいて実践における具体的で確実な知識が差し当たり正解として与えられている内容については，しっかり学んで実践できなければなりません。しかし，日々の子どもとの関わりなどの実践場面においては，上記の特性が支配的となります。

そのため，保育者は，保育という行為の一つ一つの瞬間ごとに，子どもの反応を受け止め，状況を見わたしながら，子どもの背景やこれまでの状況なども思い起こしつつ行為の選択をし，その行為から続く状況を受け止めて，瞬時に振り返りながら，さらに修正を行う，という一連の実践を繰り返していくことになります。こうした対人援助の実践の特性をアメリカの哲学者のショーン（Schön, D. A.）は「行為の中の省察（reflection in action）」，つまり行為しながら振り返り・考えている，そして「状況と対話」している様相として捉えています。彼は対人援助の専門家を，こうした「省察的実践者（reflective practitioner）」という専門職モデルとして提案し，正しい知識を技術的に適切に応用することができるという「技術的熟達者」という専門職モデルとは異なるものとして描いています[*2]。

保育者が一方的に計画したことを一斉に子どもに「させる」ような保育ではなく，子ども主体の遊びを通じ，環境を通した保育が子どもの育ちや学びに有効であることがますます認識されるようになってきました。そして，子どもの現実の姿を踏まえた保育の重要性がより理解されるようになってきたので，保育者の省察（振り返り，考えること）が重視されるようになってきました。そのため省察的実践者としての在り方をますます保育者に求めるようになってきているのです。

2 省察的実践者としての援助の在り方

ショーンによると，省察的実践者は，日々の実践を通じて，無意識に前提としている経験的に構成されたフレーム（枠組み，ものの見方・考え方，暗黙の理論）を自覚的に振り返り，状況と対話しながら修正する，つまりは学習し続ける存在です。そして専門家としてサービスの受け手（クライアント）に対して，ある知識を正しいこととして押しつけることなく，クライアントが自分で自分のフレームを自覚して修正していけるように援助します。

＊2　ドナルド・A. ショーン，柳沢昌一・三輪建二（監訳）『省察的実践とは何か――プロフェッショナルの行為と思考』鳳書房，2007年。

専門家である保育者と，クライアントである子どもや保護者とは，専門的な知識や判断力において，対等な関係ではあり得ません。しかしそれは，どちらが"えらい"かとか"正しい"かとかいう問題ではなく，事態の捉え方の違いなのです。たとえば，保育者がまずは一般的な理論をもとに子どもの姿を捉えようとするのに対し，子どもは，彼／彼女自身が置かれたある特定の状況について，経験的に学んできた知識や判断をもとに事態を捉えます。保育者にとっては不合理な行為に見えても，子どもでも保護者でも，自分の経験や状況から自分なりに考え，自分なりの道理をもって行っています。保育者は，「子どもがそうして（そう考えて）いるのは，私にはまだわからない何らかの，子どもにとっての合理的理由があるのだ」という認識の仕方で向き合い，子どもや保護者の思考や行動が，保育者のフレームを越える可能性をもつことを知っておかなければなりません。

　自ら考え，行動していく力をもった主体的な子どもを育てていくには，あるいは保護者が子育ての喜びに気づいたり，保護者としての子育て力を発揮したりするようになるには，専門家の一般論を押しつけるのではなく，保育者自らが自分のフレームを省察しながら，子どもや保護者がよりよい在り方を自ら見つけ出していけるように援助していくことが大切なのです。

3 保育者の資質向上

1 保育所保育指針における保育者の資質向上

　省察的実践者は，学問を通じて得られる「科学知」と，日々の実践経験から意識的あるいは無意識的に蓄積された「経験知」とを編み合わせて，「実践知」として駆使しながら，省察し続けることで実践知を洗練し，専門家として熟達していきます。保育者が，学んできた科学知をもとに保育実践を積み重ねつつ，省察を繰り返していくことが，専門家としての成長につながります。こうした専門職的成長のプロセスを促すのが研修です。保育所保育指針では，第5章「職員の資質向上」において保育者の資質向上が述べられています。この節で

は，ここを中心に見ていきましょう。

　まず，章の冒頭に「保育所は，質の高い保育を展開するため，絶えず，一人一人の職員についての資質向上及び職員全体の専門性の向上を図るよう努めなければならない」とあります。一人一人の保育者の資質向上と，保育者全体の専門性の向上が，園が行うべきこととして規定されています。

　そして，1「職員の資質向上に関する基本的事項」の(1)「保育所職員に求められる専門性」では，「子どもの最善の利益を考慮し，人権に配慮した保育」を行うために，職員一人一人の「倫理観，人間性並びに保育所職員としての職務及び責任の理解と自覚」が基盤となるとして，まずは保育者一人一人に自覚を求めています。そのうえで，(2)「保育の質の向上に向けた組織的な取組」として，「保育所においては，保育の内容等に関する自己評価等を通じて把握した，保育の質の向上に向けた課題に組織的に対応するため，保育内容の改善や保育士等の役割分担の見直し等に取り組むとともに，それぞれの職位や職務内容等に応じて，各職員が必要な知識及び技能を身につけられるよう努めなければならない」と述べています。保育の質を向上することや，そのために保育者一人一人に応じた職務を与えてその専門職的成長を促すことが，園の役割として規定されているのです。

2　施設長の役割

　2「施設長の責務」では，園長，所長などの施設長の責任と職務として(1)「施設長の責務と専門性の向上」および(2)「職員の研修機会の確保等」が示されています。保育者の専門性を向上させるために，まず園長自身が法令等を遵守し，社会情勢等を踏まえて園のリーダーとしての専門性の向上に努めることが求められており，また，保育の質や保育者の専門性向上のために，必要な環境を確保しなければなりません。

　そのため，園長には，保育所の全体的な計画や，それぞれの保育者にどのような研修が必要であるか等を踏まえて，体系的で計画的な研修機会を確保することや，保育者の勤務体制を工夫するなどして，保育者が計画的に研修等に参

加して，その専門性の向上が図られるよう努めることが求められています。

保育者の専門性の向上は，保育者個々の自覚が前提ではありますが，主として園長の責務として考えられているのです。

3 保育者の研修

では保育所保育指針では，実際にどのような研修を行って保育者の専門性を向上させようと考えているのでしょうか。3「職員の研修等」では，(1)「職場における研修」および(2)「外部研修の活用」という2つの観点から考えられています。

前者は，いわゆる「園内研修」のことです。保育者が「日々の実践を通じて」専門的知識・技術を修得し，維持し，向上させていくことはもちろんのこと，「保育の課題等への共通理解や協働性を高め，保育所全体としての保育の質の向上を図っていくために」，「日常的に職員同士が主体的に学び合う姿勢と環境が重要」であるとして，「職場内での研修」つまり園内研修の充実が図られなければならないとしています。園内研修が，園長などのリーダーから講義を通じて与えられた"正しい"知識を各保育者が身につけるといった学習モデルではなく，保育者同士が日常的に，また主体的に学び合うような組織の在り方が重要だと考えられています。こうした，学び合い，高め合うような組織の在り方を「同僚性」と呼び，近年，保育・教育の組織で重視されるようになってきました。

一方で，園が，自分たちが"正しい"と考える保育に凝り固まってしまわないようにしながら，保育の質を向上させるためには，園内で学び合うだけでなく，新たな知識や技術を外部から学んで園に導入していくことも必要です。そこで外部に出かけての研修が大切になります。各園が抱える保育課題に的確に対応し，保育者の専門性の向上を図るためには，園内研修に加えて，自治体や保育団体等が行う研修を活用することが有効です。そのため，園は，「必要に応じて，こうした外部研修への参加機会が確保されるよう努めなければならない」のです。

4 研修への組織的な取り組み

さらに，4「研修の実施体制等」として(1)「体系的な研修計画の作成」，(2)「組織内での研修成果の活用」，(3)「研修の実施に関する留意事項」が示されています。

まず，園では，園の保育課題だけでなく，一人一人の保育者の「キャリアパス（専門家としての発達の道筋や段階）」を見据えて，初任者から主任や園長まで，発達段階ごとの職務内容等や，リーダー的な職責等を踏まえて，体系的な研修計画を作成することが求められます。個々の保育者の成長と園全体の在り方を踏まえて計画的に進めることが求められているのです。

次に，外部研修の活用の仕方について述べられています。外部研修に参加する場合，その保育者は，まずは自らの専門性の向上を図り，自分が勤める園の保育の課題を理解し，それを解決できる実践力を身につけることが重要です。しかしそれだけでなく，研修で得た知識や技能を，職員会議や園内での研修などを通じて他の保育者と共有することによって，園全体としての保育実践の質や専門性の向上につなげていくことが求められます。

最後に留意事項として次のことが示されています。園全体としての保育実践の質および専門性の向上のために，研修の受講が特定の保育者に偏らないよう園長などが配慮しなければなりません。また，研修を修了した保育者については，学んだ内容や成果が，その保育者の職務内容の在り方などに反映されることが望ましいこととされています。

保育者が学ぶことが大切であることは，誰でもわかります。しかし，それを実現し，園として生かしていくためには，個々の保育者の自覚に任せるだけでは，あるいは園長等が個別に助言などをするだけでは十分ではないと考えられるようになってきたのです。むしろ，保育者同士が学び合い，高め合い，支え合うことを促し，そのことで各保育者の成長を促し，園全体の保育の質の向上につなげていくという考え方が広がってきています。そのために，一人一人の保育者の特長や課題を踏まえて，それぞれの保育者の成長のプロセスをデザインし，あわせて園の保育の在り方や課題から，どの保育者にどのような学びを

提供し，どのような力を発揮してもらうかを園としてデザインすることが求められています。

 まとめ

本章では，保育者の専門性と資質向上について考えました。第一に，児童福祉法における保育士に関する規定を中心に，保育と子育て支援を行う専門職としての保育士の責務について考えました。第二に，保育実践の特性を踏まえて，ショーンの「省察的実践者」という専門職モデルによって保育者を捉え，子どもや保護者の在り方を尊重した援助について検討しました。第三に，保育者の専門性と資質向上について，「保育所保育指針」から，保育者の自己研鑽(けんさん)を前提としながらも，園長自身が学び，保育者が学ぶ環境を整備することの重要性を確認し，園内研修や外部研修の効果的な展開の在り方，園として組織的・計画的に研修に取り組んで，保育者の学びの成果を生かした園づくりを行っていくことの重要性について考えました。

 さらに学びたい人のために

○日本保育学会（編）『保育者を生きる――専門性と養成（保育学講座4）』東京大学出版会，2016年。
　日本保育学会が編んだ『保育学講座』全5巻シリーズのうち保育者の専門性についてまとめられた巻です。保育者の専門性や倫理，保育者のライフコースや研修，また保育者養成について詳しく述べられており，本章の課題について学問的に概観できます。

○中坪史典（編著）『質的アプローチが拓く「協働型」園内研修をデザインする――保育者が育ち合うツールとしてのKJ法とTEM』ミネルヴァ書房，2018年。
　保育者が安心して語り合い，チームワークを高められるような「協働型」の園内研修を目指して，保育の振り返りと子ども理解を促すための質的なアプローチによる具体的な手法を提案しています。

○『発達』134号，ミネルヴァ書房，2013年。
　特集「これからの保育者の専門性」において，10名の研究者および実践者がさまざまな角度から，保育者の専門性について検討し，提案を行っています。保育者の専門性の総論および各論を掘り下げる際の優れたガイドです。

第 9 章

保育の歴史に学ぶ

● ● ● 学びのポイント ● ● ●

- 保育の思想の成立について学ぶ。
- 幼稚園，保育所，認定こども園の歴史を学ぶ。
- 保育と小学校教育の関係がどのように組織されてきたかを学ぶ。

WORK　日本の近代的な保育の始まりについて考えよう

　下の2枚の絵は，明治初期に日本の近代的な幼稚園が成立した当初の保育の様子を描いたものです。

(1)　二十遊嬉之図

(2)　幼稚鳩巣戯劇之圖

出所：(1)(2)共にお茶の水女子大学デジタルアーカイブスより。

① 「(1)　二十遊嬉之図」を見て気づいたことをメモしてください。

② 「(2)　幼稚鳩巣戯劇之圖」を見て気づいたことをメモしてください。

③ 気づいたことをグループで共有しましょう。

④ 共有した気づきから，日本の幼稚園教育のはじまりについて，どのような特徴を指摘できるか考えてみましょう。

第 9 章　保育の歴史に学ぶ

● 導　入 ● ● ● ● ● ● ●

　乳幼児の保育施設（幼稚園，保育所，認定こども園）とは，どのような場所なのでしょう。幼い子どもを保護者の代わりに守り育てる場所でしょうか。子どもたちが自由に遊び楽しむ場所でしょうか。小学校の入学に向けて準備を行う場所でしょうか。それとも市民としての子どもが大人に支えられてその権利を実現する場所でしょうか。本章では，乳幼児の保育施設の多様なイメージを，日本の保育の制度，思想，実践の歴史的な展開に即して理解することを目指します。そのことを通して，どのような乳幼児の保育施設が可能であるか，また望ましいかということを考えてみましょう。

● ● ● ● ● ● ●

1　保育の種類

1　保育への問い

　近年，保育[*1]は社会的に大きな注目を浴びています。それは日本だけの現象ではなく，保育の質の向上は先進国が共有する課題となっています。

　その1つの背景は学力向上の要請にあります。知識基盤社会[*2]への転換が唱えられ，多くの国が学力向上を目指して幼児教育の改革を推進しています。もう1つの背景は，幼児期への投資のリターンが高いという経済学の指摘にあります[*3]。恵まれない家庭に育つ子どもへの教育投資が，その経済状態や生活の質を高める，とりわけ質の高い幼児教育が有効であるとの指摘を受け，早期介入としての幼児教育が脚光を浴びています。

　このような状況は，私たちに，保育はどのようであるべきかという問いを提

＊1　本章では「保育」を，「幼児教育」を内包する概念として用いているが，引用元や文脈に従って，適宜「幼児教育」の語を用いている。
＊2　**知識基盤社会**（knowledge-based society）：「新しい知識・情報・技術が政治・経済・文化をはじめ社会のあらゆる領域での活動の基盤として飛躍的に重要性を増す」ということを示している。2005年の中央教育審議会答申「我が国の高等教育の将来像」で用いられた。
＊3　ジェームズ・J.ヘックマン，古草秀子（訳）『幼児教育の経済学』東洋経済新報社，2015年。

153

示します。そこには保育は学びであるべきか遊びであるべきか，保育と小学校教育の関係はどのようであるべきか，保育は誰のものであるべきかといった一連の問いが伴っています。これらの問いと並行して，保育はどのようであるか，どのようであったかということを問う必要があります。保育の思想，制度，理論，実践の歴史的な展開過程の理解なしには，保育の問題への対処は場当たり的な処方箋にすぎないものとなるでしょう。

2　保育の位置づけ

　具体的な検討に入る前に，保育の位置づけの歴史的な多様性を確認しましょう。保育は大きく4つに分けて捉えることができます。それぞれが異なる子ども観や学習観を前提とし，異なる社会的な位置づけをもっています。
　①伝統的な幼稚園の保育
　1つめは，遊びを通した発達を掲げる伝統的な幼稚園の保育です。その子ども観は，子どもの発達を自然な過程として捉えるところに特徴があります。そしてその保育は，自由遊び，創造性，自己肯定感，楽しみといった言葉で特徴づけられています。伝統的な幼稚園の語りは，保育の固有性を主張し，保育と小学校教育の違いを強調して，幼小連携や幼小接続が保育の学校化をもたらすことに警鐘を鳴らします。
　②伝統的な保育所の保育
　2つめは，伝統的な保育所の保育です。その子ども観は，子どもを保護されるべき存在として捉えるものです。保育所は，宗教的人道的な救済事業として出発し，後に子どもの保護される権利に基づく福祉事業となりました。すなわち子どもの学びや発達よりも，防貧や社会防衛，親の就労支援や育児支援の観点から組織されてきた点に特徴があります。
　③小学校の準備としての保育
　3つめは，小学校教育の準備としての保育です。その子ども観は，伝統的な小学校教育と共有されており，子どもを文化と知識を再生産する者として捉えます。それゆえ準備教育としての保育は，子どもに，定められた知識やスキル

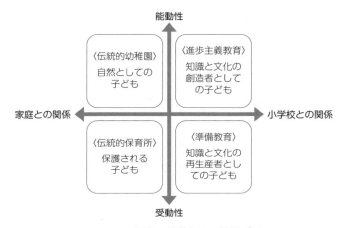

図9-1　保育の特徴とその位置づけ

出所：Dahlberg, G., Moss, P. & Pence, A. (2006). *Beyond Quality in Early Childhood Education and Care*. Routledge. および Moss, P. (2012). *Early Childhood and Compulsory Education*. Routledge. を参照して筆者作成。

を習得し，支配的な社会的文化的価値を身につけることを求めます。

④進歩主義教育の保育

4つめは，進歩主義教育の教育改革における保育です。保育と小学校教育の接続において，そのどちらとも異なる新たな保育・教育を生み出そうとしてきました。子どもは文化と知識の再生産者ではなく，創造者として捉えられます。また，子どもを弱い存在とみなすのではなく，子どもは生まれた瞬間から有能な学習者であるという見方が選択され，子どもたちが教師と共に対話的に知識や意味や価値を構成する過程が学習であるとされます[4]。

⑤4つの保育の位置づけ

以上の議論を整理したものが図9-1になります。縦軸は子どもを能動性において捉えるか受動性において捉えるかということを，横軸は保育を家庭との関係において捉えるか，学校教育の一貫した営みにおいて捉えるかということを表現しています。現在の実際の保育・教育施設では，これらの複数の保育の

---

*4　Moss, P. (2012). *Early Childhood and Compulsory Education*. Routledge.

意味が重なるかたちで実践が展開されていると捉えることができます。

　保育・教育施設の種類との関係でいうと，基本的には左上に幼稚園が，左下に保育所が位置づけられます。右の象限は就学前学校となり，そのなかで進歩主義教育の影響を受けた保育が右上に位置づくことになります。日本の保育の特徴は，就学前学校の系譜が弱い点に特徴があります[*5]。ただし，右の象限にあたる保育が存在しないわけではありません。日本では，幼稚園の名称のもとで，遊びによる保育だけでなく，小学校の準備教育も行われてきました。また師範学校の附属幼稚園[*6]や私立の実験学校[*7]の幼稚園は，就学前学校としての性格をもち，進歩主義教育の影響下で教育改革が試みられていました。

　それでは，保育の複数の位置づけを念頭に置いて，その歴史を紐解きましょう。

2　保育思想とその歴史的背景

　幼児の保育・教育施設は18世紀の産業革命の進展に伴って，世界の各地で創設されました。ここでは現在の保育に大きな影響を与えている4人の主要な人物に着目して，保育の思想とその歴史的な背景を見ていきます。

1　オウエン——幼児学校のはじまり

　ロバート・オウエン（Owen, R.；1771-1858）が社会改革事業の一環として創設した性格形成学院の幼児学校は，初期の幼児施設として著名です。オウエンは産業革命によって引き起こされた道徳的な荒廃を，教育によって解決しようとしました[*8]。

---

*5　佐藤学「幼小の学びの連続性から幼児教育の将来像を探る」全国幼児教育研究協会（編）『学びと発達の連続性——幼小接続の課題と展望』チャイルド本社，2006年，pp. 34-44。
*6　**師範学校**：戦前の教師教育機関。進歩主義教育の実験を行った著名な師範学校附属幼稚園に，東京女子高等師範学校附属幼稚園，明石女子師範学校附属幼稚園がある。
*7　大正期から昭和初期にかけて，成城小学校や，同校から分派するかたちで成立した明星学園，玉川学園，和光学園をはじめとして，進歩主義教育の実験学校が創設されている。その附属幼稚園は，小学校と同様に，実験的な性格をもっていた。

オウエンは1800年に、スコットランドのニュー・ラナークの紡績工場の総支配人となります。オウエンによれば、貧しい労働者たちの多くが怠惰で不誠実でした。彼はそのような道徳的荒廃の要因を、近代的な工場制度の特徴、すなわち分業、賃金労働、失業、児童労働に求めました。そして労働者による労働の自主管理、労働時間の短縮、児童労働の制限、衣食住の改善等の実験を行いました。性格形成学院の設立は、この一連の実験のなかに位置づいています。

性格形成学院を支えるオウエンの性格形成論は、ニュー・ラナーク工場の改革の成果を発表した『社会に関する新見解』（1813年）に示されています。オウエンは、個人が自分で自分の性格を形成できるというのは誤りであり、性格は環境によって決定されると考え、子どもに適切な環境を与えることが重要だと主張しました。すなわち適切な手段を用いることによって、どのような性格であっても子どもに与えることができるとしたのです。

1816年に創設された性格形成学院は、成人学校、初級学校、幼児学校（当初は「準備学校」）からなり、ニュー・ラナークの住民の幸福と利益から出発し、近隣の住民、イギリス、そして全世界の改革を見通すものとして構想されていました。そして幼児学校では、合理的に考え行動するという理想像が掲げられました。教師による体罰や脅しは禁じられ、子どもに親切に接することが求められました。戸外活動が重視され、ダンスや歌などの表現活動が行われました。書物による教えこみは否定され、実物を見たり触れたりする直感教授が行われました。

オウエンは子どもたちを悪い環境から隔離しようとしましたが、その幼児学校は単に子どもを保護するものではありません。オウエンは教育を通して、協同的な社会を形成し、人々の幸福を実現しようとしていました。

2 フレーベル──幼稚園のはじまり

現在の「保育」の始まりを考えるうえで忘れてはならないのが、ドイツの教

＊8　芝野庄太郎『ロバート・オーエンの教育思想』御茶の水書房、1961年。

育学者フレーベル（Fröbel, F. W. A.；1782-1852）です。貧児や孤児の教育に尽力したスイスの教育者ペスタロッチ（Pestalozzi, J. H.；1746-1827）に師事したフレーベルは，1837年に，「自己教授と自己教育に導く直観教授の施設」を創設しました。この施設は1840年以降に，キンダーガルテン（Kindergarten）と呼ばれるようになり，これが世界で最初の幼稚園とされています。キンダーガルテンは日本語で「子どもの庭」を意味するフレーベルの造語です。明治期に「幼稚園」という訳があてられました。

　幼稚園の父として著名なフレーベルですが，その教育思想は幼児教育に限定されるものではありません。主著『人間の教育』（1926年）は，6歳から18歳の子どもの教育をふまえて記されています。フレーベルは子どもの本質を神的なものとして捉え，その潜在的な神性の展開が発達であると考えました。それゆえ教育は，本質的に受動的なものでなければなりません。フレーベルは，教育は「必然的に受動的，追随的で（防御的，保護的ですら）なければならず，決して命令的，規定的，干渉的であってはならない」と述べています。そのなかで幼児期は，「活動衝動」に基づく「活動のための行動」の時期，すなわち遊びの時期として位置づけられました。

　幼稚園という名称が表現しているのは，園丁（庭師）が植物を育てるように，教育者が子どもの自然な成長を援助するという在り方です。その遊戯のために，フレーベルとその弟子によって，恩物（おんぶつ）と呼ばれる遊具・教具が開発され，フレーベルの幼稚園を特徴づけています。恩物はGabeの訳語で，神からの贈り物を意味し，自然の法則を抽象化した球，立方体，紐，板，棒などからなります。フレーベルは，子どもは恩物で遊ぶことによって神を知ることができると考えていました。遊びを通した発達という保育の基本は，フレーベルの幼稚園と共に世界に広がります。ただし恩物に代表される象徴主義は，後に批判的に検討されることとなります。

3　モンテッソーリ──障害児の教育からの発展

　モンテッソーリ（Montessori, M.；1870-1952）が考案したモンテッソーリ教育

法は，世界各国に幼児教育の方法として普及しています。

モンテッソーリは女子に対して中等・高等教育の門戸がようやく開かれようとしていた時代を生き，イタリアでもっとも早い時期に医師となった女性の一人です。彼女は精神科クリニックで，知的障害児に関わる機会を得ました。当時のイタリアでは，障害児を教育するという考えはほとんどなく，子どもたちは知的な関心を呼び起こすおもちゃもないまま放置されていました。モンテッソーリは，障害児の教育を試みたイタール[*9]やセガン[*10]に学び，その方法と教具を改良して教育法と教具の体型を構築します。その試みの結果は良好で，適切な教育によって公立小学校に入学できる障害児も現れました。モンテッソーリは，自らの方法を健常児に適用すれば，その精神と人格は，より発達するのではないかと考えるようになります。こうして1907年に，ローマのサン・ロレンツォのスラム街に「子どもの家（Casa dei Bambini）」が設立されました[*11]。

「子どもの家」では，親が最低の社会層に属しているために，適切な世話を受けることなく育った3歳から6歳の子どもたちが教育の対象となりました。モンテッソーリは子どもたちを注意深く観察し，その内的欲求に即して課題を与えました。栄養不良で無表情でおどおどしていた子どもたちは，驚くほどの知的好奇心や集中力を示すようになり，品位と規律をそなえた振る舞いを身につけ，文字の読み書きさえできるようになったと言います。モンテッソーリ自身によれば，この奇跡と言われた成功は，束縛を感じさせない快い環境，大人の落ち着いた謙虚な態度，子どもにとって魅力ある五感を発達させる教具によって可能になったと言います[*12]。モンテッソーリ教育の重要性が，方法や教具だけではなく，子どもへの適切なケアにあったことがわかります。

---

*9 **ジャン・イタール**（Itard, J. M. G.；1774-1838）：フランスの医師で，聴覚障害の「アヴェロンの野生児」（森で粗暴な状態で発見された少年）の教育を行った。

*10 **エドゥアール・セガン**（Seguin, É.；1812-1880）：イタールの指導のもとで，知的障害児の教育にあたり，感覚訓練の教具を開発した。

*11 早田由美子『モンテッソーリ教育思想の形成過程』勁草書房，2003年。

*12 モンテッソーリ『幼児の秘密』明治図書出版，1968年。

4　マラグッツィ──レッジョ・エミリアの幼児教育

　第二次世界大戦後，イタリアのレッジョ・エミリア市の公立幼児学校と乳児保育所で，知性的で創造的な幼児教育が推進されました。その思想と実践と制度は，市民としての子どもの概念を打ち立て，民主主義の保育のビジョンを示すものとして，世界中の保育にインスピレーションを与えています。

　レッジョ・エミリア市の幼児教育を主導したのは，教育主事を務めたマラグッツィ（Malaguzzi, L.；1920-1994）です。第二次世界大戦後，レッジョ・エミリア市近郊で，女性たちを中心としてお腹をすかせた子どもたちのために保育所がつくられます。そこに関わったことから，マラグッツィと幼児教育の関わりが始まります。マラグッツィはまとまった著書は残していませんが，「子どもたちの100の言葉」と題された詩（表9-1参照），講演の記録や展覧会の解説，そして何よりもレッジョ・エミリア市の幼児教育それ自体が，彼の保育思想を伝えています。

　レッジョ・エミリア市では，プロジェッタツィオーネ[*13]と呼ばれる共同的な探究と，ドキュメンタツィオーネ[*14]と呼ばれる記録によって幼児教育が推進されています。重要なのは，その幼児教育が，すべての子どもは力強く，豊かで，生まれたときから学ぶ意欲があり，想像力に満ちているという子ども観に支えられている事実です。その子ども観によれば，子どもは無知で未熟な存在ではなく，すでにそれぞれの世界の見方をもち，それを表現することができる存在です。そして他者との関わりのなかで，世界の主人公として知識を構成していま

＊13　**プロジェッタツィオーネ**：進歩主義教育の流れを受けた，あらかじめ定められたものではなく柔軟に生成発展するカリキュラムや活動を表すイタリア語。具体的には，子どもが共通の関心をもつ小グループで，あるテーマについて探求する活動を指す。英語のプロジェクトとほぼ同義だが，プロジェクト・アプローチにはさまざまな異なる考えに基づくものが存在するため，ここではレッジョ・エミリア市のものをプロジェッタツィオーネと呼ぶ。

＊14　**ドキュメンタツィオーネ（教育ドキュメンテーション）**：子どもの学びの過程の記録。子どもの言葉や表情や行動が，メモ，テープレコーダー，カメラ，ビデオカメラなどを用いて多元的に記録される。教師たちは，対話を通してそれらの意味を解釈しカリキュラムをデザインする。子どもたち自身も，ドキュメンテーションを通して自分の活動を振り返り，保護者や地域の人々との対話にも用いられる（Rinaldi, C.（2006）. *In Dialogue with Reggio Emilia*. Routledge）。

第 9 章　保育の歴史に学ぶ

表 9-1　子どもたちの100の言葉

冗談じゃない。百のものはここにある。	そして，子どもにこう教える。
	手を使わないで考えなさい。
子どもは	頭を使わないで行動しなさい。
百のもので作られている。	話さないで聴きなさい。
子どもは	楽しまないで理解しなさい。
百の言葉を	愛したり驚いたりするのは
百の手を	イースターとクリスマスのときだけにし
百の考えを	なさい。
遊んだり話したりする	学校の文化は子どもに教える。
百の考え方を	すでにあるものとして世界を発見しなさ
愛することの驚きを	い。
いつも百通りに聴き分ける百のものを	そうして百の世界のうち
歌ったり理解する	九十九を奪っている。
百の楽しみを	学校の文化は子どもに教える。
発見する	仕事と遊び
百の世界を	現実とファンタジー
夢見る	科学と想像
百の世界を持っている。	空と大地
子どもは	理性と夢は
百の言葉を持っている。	ともにあることが
(その百倍もその百倍もそのまた百倍も)	できないんだよと。
けれども，その九十九は奪われている。	
学校の文化は	こうして学校の文化は
頭と身体を分けている。	百のものはないと子どもに教える。
	子どもは言う。
	冗談じゃない。百のものはここにある。

出所：C. エドワーズ・L. ガンディーニ・G. フォアマン，佐藤学・森眞理・塚田美紀（訳）『子どもたちの100の言葉——レッジョ・エミリアの幼児教育』世織書房，2001年。

す。この子ども観は，「100の言葉」と呼ばれる多様な表現によって，現実のものとなっています。すなわち，話し言葉や書き言葉だけでなく，子どもの絵画，粘土，身振り，表情などを子どもの言葉として捉え，大人が聴くことによって，子どもたちの探求が支えられています。

　レッジョ・エミリア市の幼児教育は，市民としての大人と子どもが，共に文化と価値を創造するというこれからの保育のビジョンを示すものと言えるでしょう。

3 日本の幼稚園保育の展開

　日本の幼稚園と保育所は，異なる幼児施設として歴史的に成立しました。本節ではフレーベルの思想によって成立した幼稚園がどのように展開したか，学校教育との関係に着目して見ていきます。

1　遊びを中心とする保育の成立

①日本の近代的な保育のはじまり

　日本の幼稚園保育は，フレーベルの幼稚園の思想と実践を，小学校のイメージで導入することによって出発しました。

　日本の幼稚園が本格的に出発するのは1876年の東京女子師範学校附属幼稚園（現お茶の水女子大学附属幼稚園）の創設からです。その保育科目はフレーベルの恩物を中心に，計数，博物理解，唱歌，説話，体操，遊戯などの25細目からなっていました。これらの細目は小学校の時間割のようにモザイク状に配置され，机で課題を行う一斉授業のような保育が行われていました。

　幼稚園のイメージは遊びと準備教育の間で混乱します。子どもの保護者からは，一方では読み書きを教えてくれないという不満が，もう一方では遊びが十分でないという不満が寄せられたと言います。遊びと準備教育の綱引きは，保育科目の変遷にも現れています。1881年の幼稚園規則改正では「読み方」「書き方」が加えられます。しかし1891年になると，幼稚園にはふさわしくないとの理由で，創設当初からあった「数え方」（計数）とともに削除されました。

　幼稚園が増加していくと，これを制度化して明確に位置づけることを望む声

---

*15　湯川嘉津美『日本幼稚園成立史の研究』風間書房，2001年。
*16　本文にあげた以外に次のものがある。五彩球ノ遊ヒ，三形物ノ理解，貝ノ遊ヒ，鎖ノ連結，形体ノ積ミ方，形体ノ置キ方，木箸ノ置キ方，環ノ置キ方，剪紙，剪紙貼付，針画，縫画，石盤図画，織紙，畳紙，木箸細工，粘土細工，木片ノ組ミ方，紙片ノ組ミ方。詳しくは，清原みさ子『手技の歴史』新読書社，2014年を参照。
*17　太田素子「幼稚園論争の回顧と展望」太田素子・浅井幸子（編著）『保育と家庭教育の誕生』藤原書店，2012年。

も出てきました。そこで1899年に，日本で初めて幼稚園の保育の内容や方法，設備等の基準について規定した「幼稚園保育及設備規程」が制定されることになります。「幼稚園保育及設備規程」では，保育項目が「遊嬉」「唱歌」「談話」「手技」の4つになっています。「遊嬉」には，屋外などで自由に遊ぶ「随意遊嬉」と，唱歌にあわせて身体を動かす「共同遊嬉」が含まれます。「唱歌」では歌を，「談話」では教訓話を中心に，子どもの徳性を育てることが目指されました。従来の恩物は「手技」にまとめられて相対的に扱いが小さくなっています。その結果として重きが置かれるようになったのが，自由遊びでした。幼稚園保育は遊びを中心とする方向に展開したと言えます。[18]

②遊びによる保育の理論化

　理論面でも，次第に遊びの発達における価値や，保育の固有性が主張されるようになります。東京女子師範学校附属幼稚園の研究や実践に関わった3名のリーダーの保育論を見てみましょう。東基吉[19]は，子どもの自然な姿を礼賛するフレーベルの精神に基づきながらも，フレーベルの象徴主義と恩物による保育を批判し，身体と精神の発達における遊戯の価値を主張しました。和田実[20]は，保育項目が遊戯と談話，唱歌，手技を分けていることを批判し，幼児の場合は活動すべてが遊嬉的でなければならないとしました。[21]

　日本の幼稚園保育を特徴づけたのは倉橋惣三[22]です。倉橋もまた，フレーベルの象徴主義と恩物による教育を批判する半面で，フレーベルが幼児の自己活動を重視し，遊戯による教育を考案したことを評価しました。そして幼児の遊びの尊重を主張しました。『系統的保育案の実際』（1935年）には，「幼稚園は幼児の世界である。そこでは一切が幼児の生活に出発し，幼児の生活に帰着する」

---

*18　文部省（編）『学制百年史』帝国地方行政学会，1972年。
*19　東基吉（ひがし・もときち；1872-1958）：1900年に東京女子高等師範学校に着任し，幼稚園批評係となる。主著は『幼稚園保育法』（1904年）。
*20　和田実（わだ・みのる；1876-1954）：1905年に東京女子高等師範学校に着任する。主著は『幼児教育法』（中村五六との共著，1908年）。
*21　森上史朗『児童中心主義の保育』教育出版，1984年。
*22　倉橋惣三（くらはし・そうぞう；1882-1955）：1910年に東京女子高等師範学校講師，1917年に附属幼稚園主事となる。主著に『幼稚園保育法真諦』（1934年），『系統的保育案の実際』（東京女子師範学校附属幼稚園編，1935年），『幼稚園真諦』（1954年）など。

表9-2 「新入園児を迎えて」(1916年)

> あなたは如何なる感想を以て新入園児を迎えらるるや。今年も亦多勢の子供が来たと，一たばねにした新入園児というものを迎えることも出来る。……しかし，一人の幼児を新に幼稚園に迎えるということは，幼児にとっても，幼稚園にとっても，重大な事件である。……われわれの教育的敏感性を鈍らす原因は少くないが，その中でも主なることの一つは，児童を一群，一団として見ることに慣れて，其の一人を一人として注意し，洞察し，憂慮することの足りないことである。教育の理論や教育の行政上には，「生徒」，「児童」，「幼児」と言った様な概念的な対象体をつくる。しかも，教育の実際に於て，現実に我等の取扱うものは，個別的な一人一人である太郎である。花子である。決して「幼児なるもの」ではない。家庭に於て親は決して，子供というものや，子供の群を其の教育の対象としては居ない学校に於ても，幼稚園に於ても，真の教育は此の現実な個別的な一人一人が対象とせられなければならないのである。

出所：倉橋惣三『幼稚園雑草』内田老鶴圃，1926年（倉橋惣三文庫（上下巻），フレーベル館，2008年）。

と記されています。また『育ての心』(1936年) では，「自ら育つものを育たせようとする心，それが育ての心である」と述べています。ここには，子ども自身の生活を尊重し，自然な発達を重視するという幼稚園保育の特徴が，明確に現れています[*23]。

　倉橋の主張のなかで特に大切なのは，子どもが「個別的な一人一人」であるという主張です（表9-2）。彼は，子どもが「個別的な一人一人」であること，かけがえのない存在であることを表現する言葉として，「個性」とは区別される「個人性」という言葉を用いました。

　なお1926年には，「幼稚園令」とその施行規則が制定されています。幼稚園の目的は，心身を健全に発達させ，善良な性質を育て，家庭教育を補うこととされました[*24]。それに対して小学校教育の目的は，1890年の改正小学校令以降，道徳教育，国民教育，普通教育の3点に置かれています。この違いは，幼児教育と義務教育が，異なる性格のものとして位置づけられていたことを示しています。

---

*23　森上史朗『児童中心主義の保育』教育出版，1984年。
*24　「幼稚園令」第一条　幼稚園ハ幼児ヲ保育シテ其ノ心身ヲ健全ニ発達セシメ，善良ナル性情ヲ涵養シ，家庭教育ヲ補ウヲ以テ目的トス。

2　学校との関係の模索

　1930年代後半から幼稚園と保育所の一元化が課題となり，第二次世界大戦後の教育制度改革においても一元化が模索されます。しかし幼稚園は学校教育法（1947年），保育所は児童福祉法（1947年）によって規定されることとなりました。これによって幼稚園は，学校教育として位置づくこととなります。ただしその目的は，「幼児を保育し，適当な環境を与えて，その心身の発達を助長する」とされ，「教育」ではなく「保育」という言葉を用いて表現されました。このとき小学校の目的は，「心身の発達に応じて，義務教育として行われる普通教育のうち基礎的なものを施す」とされています。

　1948年には，保育のガイドラインとして保育要領が作成されました[25]。その特徴は，幼稚園のみならず，保育所，家庭における保育の手引きとなることを意図した点にあります。「幼児の保育内容」は，「見学，リズム，休息，自由遊び，音楽，お話，絵画，製作，自然観察，ごっこ遊び・劇遊び・人形芝居，健康保育，年中行事」の12項目の「楽しい幼児の経験」で示されました。

　1950年代の後半から，幼稚園保育は，大きな方向性としては学校化していくこととなります。その動向は２つの側面で捉えることができます。１つめは，小学校教育との一貫性を強調する「幼稚園教育要領」の成立です。1956年の「幼稚園教育要領」では，活動を表現する12項目にかわって，「健康」「社会」「自然」「言語」「音楽リズム」「絵画製作」の６領域が設定されました。「幼児の具体的な生活経験」は複数の領域にまたがると注記されたにもかかわらず，この６領域は小学校の教科のような領域ごとの指導が広がる契機となりました。そのような状況に対し，1964年の改訂[26]では，総合的な経験や活動の重要性が打ち出されます。しかし６領域が引き継がれたため，状況はあまり変わりませんでした。

＊25　「保育要領」は占領軍の民間情報教育局（CIE）の初等教育担当者ヘレン・ヘファナンを指導者とし，倉橋惣三や坂元彦太郎が委員となって作成された。「保育要領」は幼保共通であったが，1956年に幼稚園の教育課程として「幼稚園教育要領」が定められ，1965年には保育所独自のガイドラインとして「保育所保育指針」が出される。
＊26　1964年の改訂で幼稚園教育要領は告示となり法的拘束力をもつようになった。

2つめは，教育の科学化，現代化の主張にあります。1957年にソビエトの人工衛星スプートニクの打ち上げが成功し，アメリカをはじめとする当時の西側諸国は，宇宙開発で遅れをとったことへの危機感から，教育の高度化を推進しました。日本でも「教育の現代化」が図られ，理数系を中心に最新の研究成果の導入が進められ，教育方法や教育研究の科学化が追求されます。幼児についても，知育が模索され，知性の早期開発が目指されました。

　1960年代の雑誌『保育』（ひかりのくに刊）を見ると，「自然領域」「数概念」「文字」「社会事象」といった認識を焦点化する実践が積極的に推進されたことがわかります。具体的には，たとえば「数概念」について，「集合づくり」「一対一の対応」「集合の保存性」等の理解を目指す活動が試みられています。保育者は単に学校教育を早期化するのではなく，シーソーと重さの認識を結びつけるなど，遊びとの連続性における教育を模索しています[*27]。しかし知的な保育の適切な在り方を見出すことは難しく，数量や図形を抽出する学校的な指導と，生活における自然な習得を掲げた指導の間での揺らぎがうかがえます。

3　遊びを中心とする保育の展開

　1970年代後半になると，高度経済成長期の知識重視のカリキュラムは過密であるとして批判され，「ゆとり」をキーワードとする教育改革が推進されます。1989年の幼稚園教育要領の改訂は，自由遊びを中心とする環境による保育を打ち出し，戦後の保育の一つの画期となりました。

　第一に，その総則には，「幼稚園教育は，幼児期の特性を踏まえ環境を通して行うものであることを基本とする」と明記されました。第二に，「幼児の自発的な活動としての遊びは，心身の調和のとれた発達の基礎を培う重要な学習であることを考慮して，遊びを通しての指導を中心として……ねらいが総合的に達成されるようにすること」とされ，子どもの自発的な遊びを通した発達という保育の原則が確認されました。第三に，6領域にかわって「健康」「人間

＊27　浅井幸子「1960年代の保育実践記録を読む――保育における『学び』の模索」『現代と保育』90，2014年，pp. 72-85。

関係」「環境」「言葉」「表現」の5領域が採用され，保育の「領域」が教育内容を組織したものであり，小学校の教科とは異なることが確認されました。この幼稚園教育要領は，倉橋の保育思想を受け継ぐものとして特徴づけられています。[*28]

その後の幼稚園教育要領は，基本的に，この1989年の5領域を引き継ぎながらも，小学校とのつながりを強める方向で改訂されています。1998年の改訂では，自由遊びの強調によって教師による指導が抑制されたとの批判を受けて，教師が計画的に環境を構成すべきことが示されました。2007年には学校教育法が改正され，幼稚園教育の目的として「義務教育及びその後の教育の基礎を培う」ことが記されます。それを受けた2008年の改訂では，幼小接続の充実が図られます。とりわけ人間関係の領域に「協同して遊ぶ」という言葉が入ったことが，プロジェクトの導入において重要な意味をもちました。2017年の改訂[*29]では，保育と小学校教育を貫く柱が，「育みたい資質・能力」として，「知識及び技能の基礎」「思考力，判断力，表現力等の基礎」「学びに向かう力，人間性等」の3点で示されました。

現在，小学校以降の学びとのつながりが強められるなかで，保育が学校化することへの危惧の声も出ています。保育と小学校教育の接続において，新たな教育の在り方を創造しようとする試みについては，後ほど確認しましょう。[*30]

4 日本の保育所保育の展開

保育所は保護される子どもの発見によって成立しています。ここでは，その基盤が，宗教的な救済と社会防衛の思想から社会事業へ，さらに女性の就労支援へと展開する様相を確認します。

---

*28 浜口順子「平成期幼稚園教育要領と保育者の専門性」『教育学研究』81(4)，2014年，pp. 66-77.
*29 あわせて「保育所保育指針」「幼保連携型認定こども園教育・保育要領」も改定された。
*30 本章「5 プロジェクトの試み」参照。

1 保護される子ども

　1880年までに幼稚園はわずか30園しか設置されず、中上流層のなかでもごく一部の子どもが通う場となっていました。そのようななかで文部省は、「文部省示諭」[*31]（1882年）において、保育は貧困層にこそ必要だとし、簡易幼稚園の設置を推奨します。その構想は保育の公的な重要性を、小学校教育と同様に国民教育に求めるものでした。実際に簡易幼稚園のモデルとして設置された女子高等師範学校附属幼稚園の分室は、従来の「知識学校」としての幼稚園に対し、国民を育てる「道徳学校」としての特徴を帯びていたと言います[*32]。ただしその後の幼稚園は、簡易幼稚園ではなく普通幼稚園を標準として整備され、主に中上流層の子どもの施設として定着していきました。

　貧困層の子どもの施設として普及したのは保育所でした。日本で最初の保育所とされているのは、1871年、横浜にアメリカ人宣教師によって開設された亜米利加婦人教授所です。その目的は「混血児」[*33]の救済とキリスト教による女子教育に置かれていました。日本人によるもっとも初期の保育所としては、赤沢鍾美が「新潟静修学校」に付設した保育施設が知られています。学校に通えない貧しい子どもたちが、夜間学校に弟妹など幼い子どもを連れて通ってきたため、その幼児を預かったのがはじまりでした。その施設は後に「守孤扶独幼稚児保護会」と呼ばれました。こうした保育所としての機能をもつ幼児施設は、民間の宗教者や篤志家による救済事業として広まっていきます。

　早い時期の著名な保育園に、1900年に野口幽香と森島峰によって設立された東京市の二葉幼稚園（1916年に二葉保育園と改称）があります。華族女学校幼稚園（後の学習院幼稚園）の教師をしていた野口と森島は、「蝶よ花よと大切に育てられている子ども」がいる一方で、「道端に捨てられている子ども」がある

[*31] 各府県の施策の実施状況を確認し、文部省の方針を説明するために、各府県の学務課長、県立学校長らを集めて学事諮問会が開催された。その際に文部省の基本方針を示すために提示された文書が文部省示諭である。
[*32] 宍戸健夫『日本における保育園の誕生』新読書社、2014年。
[*33] 混血児：父母の人種が異なる子どもを表す言葉。「混血」が「純血」に対置される言葉であり、差別的であることから、現在は用いられなくなってきている。

ことを見過ごすことができず，貧困層の子どもの保護と親の就労支援を目的として二葉幼稚園を設置しました。その設立趣意書では，十分に保護されない子どもが「将来罪悪に陥り，社会の進歩と国家の秩序とを害する」ことが危惧されています。ここには救済の思想と社会防衛の思想がうかがわれます。

公立の保育所が成立するのは大正期です。米騒動（1918年）への危機感から，公的な貧困対策としての社会事業が展開され，大阪，京都，東京などの都市を中心に公立の保育所が設置されます。公的な保育事業が，やはり貧困の予防を通した治安維持政策としての側面を色濃くもっていたことがわかります。

なお，戦前の保育所は制度化されていません。「託児所令」「保育所令」の制定が模索されましたが，実現せず，1938年の社会事業法に「児童保護を為す事業」の一つとして「託児所」が位置づけられるにとどまっています。

2　保護者の就労支援

保育所が制度化され本格的に普及するのは第二次世界大戦後です。貧困層の子どもの保護よりも，保護者，とりわけ母親の就労支援としての性格が強くなりますが，家庭の養育の欠如を補うという側面は引き継がれました。

幼稚園が学校教育法（1947年）で規定されたのに対して，保育所は児童福祉法（1947年）によって規定されます。児童福祉の概念は，要保護児童だけではなくすべての子どもを対象とするものです。そのため保育所の目的も，1947年には「日々保護者の委託を受けて，その乳児又は幼児を保育する」と対象となる子どもを限定していませんでした。しかし1951年の児童福祉法改正で「保育に欠ける」子どもを対象とすることが明記され，1961年にはその基準の明確化が図られます。

保育所は，働く母親たちの保育所要求運動や，共同保育所[*34]づくりを通して増えていきました。1960年代後半には，約3割の5歳児が保育所を経て小学校に入学するようになります。とはいえ，保育所が慢性的に不足した状態にあった

---

*34　**共同保育所**：保護者と保育者が協力して設立・運営する保育所。

のも事実です。子どもの出生数は1973年をピークに減少に転じたため、幼稚園の需要は1980年代には減少していきますが、共働きの家庭が増加することによって保育所需要は増加し続けました。[*35] 保育所不足、幼稚園の経営難、子どもを分けて育てる保育の二元体制への批判など、さまざまな背景が交錯するなかで、2006年には幼稚園と保育所を一体として運営する認定こども園の制度がスタートします。

2015年の子ども・子育て支援新制度によって、保育所を利用する要件は「保育に欠ける」から「保育を必要とする」へと変更されました。また地域型保育として、小規模保育や家庭的保育に公費が投入され、都市部での待機児童問題の解消と、過疎地域における保育の持続的な提供が図られました。

保育所をめぐる政策については、その性格上、親の就労支援という観点からの主張が強くなりがちです。それに対して、子どもの教育と福祉の視点が絶えず確認される必要があると言えます。

3 社会のなかの子どもの発見

保育所保育についての重要な研究を行ったのは、1936年に城戸幡太郎[*36]を会長として結成された保育問題研究会（保問研）[*37]です。保問研では、保育者と研究者が、保育の現場における困難を共同で研究し、新しい保育の体系を構築しようとしました。その保育論の特徴は、子どもの社会性の発達を重視した点にあります。城戸は「社会協力」を理念とし、子どもの「利己的生活」を「共同的生活」へと指導する保育を、「生活訓練」として概念化しました。ここには従来の保育が子どもたちを「草花のように運命づけられた遺伝的な存在」として捉えていたこと、すなわち子どもの発達を、歴史的文化的に捉えるのではなく、自然なものとして捉えてきたことへの批判がありました。[*38]

---

*35 松島のり子『「保育」の戦後史』六花出版、2015年。
*36 **城戸幡太郎**（きど・まんたろう；1893-1985）：心理学者、教育学者。心理学や教育学の研究と教育実践を架橋し、教育科学の建設を目指した。
*37 保問研には幼稚園の保育者も参加しているが、東京帝国大学セツルメントや無産者託児所の系譜をひく研究会であり、保育所保育の問題を多く扱っている。

保問研は戦時下で弾圧を受けて活動を停止します。そして1953年に，城戸の弟子で心理学者の乾孝*39を会長として再建されました。戦後の保問研においても，研究者と保育者の共同研究が推進されました。集団保育の理論的実践的な探求は，1960年代に「伝えあい保育」として概念化されています。伝えあい保育では，対人関係を通して物事の認識を発展させることが目指されました。その認識と表現による対話的な探究を中核とする保育は，知性的で文化的な性格を有している点で，日本の保育の貴重な伝統の一つであると言えます。

5　プロジェクトの試み

　幼小接続の強化が打ち出されるなかで，現在，幼児教育へのプロジェクトの取り組みが進められています。背景にはレッジョ・エミリアの幼児教育への世界的な注目や，2008年の「幼稚園教育要領」改訂における「協同」の語の導入がありました。ここではプロジェクトの試みを歴史的に概観しましょう。

1　戦前戦後の新教育

　1910年代から20年代にかけて，新教育と呼ばれる教育改革の試みが興隆します。師範学校の附属小学校や私立の実験小学校では，進歩主義教育の影響を受けつつ，自主的な学習や個性の尊重を目指して多様な試みが行われました。

　幼稚園においても，師範学校附属幼稚園を中心にプロジェクト活動の導入が行われています。東京女子高等師範学校附属幼稚園では1920年代半ばから，プロジェクト・メソッドが紹介され，「八百屋遊び」「動物園」といった目的に向かう製作が取り組まれました。それらの実践は，ヒル（Hill, P. S.）らのコンダクト・カリキュラム*40を参照してまとめられた『系統的保育案の実際』（1935年）において，「誘導保育」*41として概念化されました。明石女子師範学校附属小学

＊38　宍戸健夫『日本における保育カリキュラム』新読書社，2016年。
＊39　**乾孝**（いぬい・たかし：1911-1994）：心理学者。保育や子育ての実践に関わりつつ，コミュニケーション理論を基盤として，対話的な発達理論である「伝えあいの心理学」を構築した。

校と幼稚園では，プロジェクトの導入において幼小接続の試みが推進されています。1920年代からコンダクト・カリキュラムが導入され，幼稚園と小学校低学年を貫く生活単位のカリキュラムにおいて，社会的態度や習慣の形成が目指されました。

　第二次世界大戦後は，アメリカの占領軍の指導のもとで，戦後新教育と呼ばれる教育の改革が推進されます。子どもの生活や興味に即して学習を展開する「生活単元学習」や「問題解決学習」が模索され，低学年の社会科や幼稚園では郵便ごっこや電車ごっこなどの「ごっこ学習」「ごっこ遊び」が広く行われました。しかし戦後新教育の試みは，「はいまわる経験主義」として批判され，また学力低下の要因になっていると指摘されて，比較的短命に終わっています。

2　新たな幼児教育に向けて

　以上のプロジェクトの試みは，先に紹介したレッジョ・エミリア市の幼児教育と，進歩主義教育という歴史的な起源を共有しています。しかしレッジョ・エミリア市の幼児教育が知性と創造性を特徴としているのに対して，日本のプロジェクトの試みは経験主義的な性格を帯びていました。それは日本の新教育が，進歩主義教育のなかでも，知性と民主主義の教育を志向する子ども中心主義よりも，興味や態度の育成を志向する社会適応主義の影響を強く受けてきたからです。その意味で，近年のプロジェクトにおける協同的な学びの試みは，学校化とは異なるかたちでの幼児教育の知性化の試みであると言えます。

＊40　**コンダクト・カリキュラム**：コロンビア大学ティーチャーズカレッジにおいて開発された幼小連携カリキュラム（遠座知恵『近代日本におけるプロジェクト・メソッドの受容』風間書房，2013年）。

＊41　倉橋は誘導保育を以下のように説明している。幼児の生活は「刹那的」「断片的」であり，「真の生活興味」を味わうことができるよう指導する必要がある。そこで「生活に系統をつける」こととしての「誘導」を行う必要がある。具体的には，主題の設定によって子どもの興味と生活を導くことを「誘導」としている。湯川嘉津美によれば，コンダクト・カリキュラムが「デモクラシーの理想と行動を学ばせる」という視座において構成されていたのに対して，誘導保育論は目的の希薄な活動重視の保育論であったとされる（湯川嘉津美「倉橋惣三の人間学的教育学——誘導保育論の成立と展開」皇紀夫・矢野智司（編）『日本の教育人間学』玉川大学出版部，1999年，pp. 60-80）。

日本において，そのような幼児教育の模索の萌芽は，1950年代の「幼年教育」の概念に見出すことができます。幼年教育は幼児教育と小学校低学年の教育をひとくくりのものとして表現する言葉です。教育研究者の周郷博は，この幼年教育の言葉のもとで，従来の幼児教育とも小学校教育とも異なる新たな教育の在り方を生み出そうとしました。彼は1953年の講演で，家庭で保育される子どもが教育的な配慮を受けていない状況と，幼稚園の子どもが小学校の準備教育を受けている状況の双方に対する批判を込めて，幼年教育は「幼児指導」とも「保育」とも「入学準備教育」とも異なる教育だと述べました。そして新たな7歳までの教育のイメージを，「感覚や感情，直感力，想像力，創造力など，それらはみな事物の世界の整頓された秩序と，周囲の人びとのモラル（道徳的な結びつき）によってしっかりとした伸びゆくものとして育てあげ」ると表現しています。周郷は幼年教育の概念において，感覚に依拠した創造的で協同的な世界の理解を描いていたと言えます。[*43]

　幼稚園と保育所の量的な拡大が課題となるなかで，周郷の提起はほとんど力をもちませんでした。しかしその構想には，私たちが受け止め，発展させるべき保育思想が含まれています。そしてそれは，周郷だけではありません。本章に登場した人々の保育の探求は，私たちが子どもたちを守り育て，子どもたちと共に幸福な社会をつくっていくための，重要な示唆を与えてくれます。それを受け取るために，保育の歴史を学ぶことが必要なのです。

まとめ

　本章では，保育の思想と歴史を概観してきました。その際に，異なる子ども観に基づく4つの種類の保育，すなわち「伝統的な幼稚園の保育」「伝統的な保育所の保育」「小学校の準備としての保育」「進歩主義教育の保育」がどのように現れているかを考察しました。日本の幼稚園は，小学校の準備を行う教育機関としての側面をもちながらも，基本的には，遊びを通した発達を中核としてきたと言えるでしょ

---

*42　**周郷博**（すごう・ひろし：1907-1980）：教育学者。お茶の水女子大学の教授で，附属幼稚園の園長も務めた。
*43　浅井幸子「1950年代から60年代における幼年教育の探究」『教育学研究』81(4)，2014年，pp. 423-435。

う。そのもっとも洗練された在り方は，倉橋惣三の保育論に見出すことができます。ただし，倉橋の誘導保育は，アメリカの進歩主義教育の影響を受け，子どもを学習者として捉えるまなざしを内包してもいました。また日本の保育所は，子どもを保護されるべき者として捉える子ども観に基づいて成立しながらも，女性の社会進出や労働力の確保といった側面から語られてきました。現在は，幼稚園でも保育所でも，4つの側面のすべてが重なり合うかたちで保育が行われています。そして，急激に変化する社会状況を受けて，進歩主義教育の系譜をひく保育，すなわち子どもを文化の創造者として育てる保育の重要性が強調されています。

さらに学びたい人のために

○宍戸健夫『日本における保育園の誕生』新読書社，2014年。
　　日本の保育史研究をリードしてきた著者による保育の歴史の記述です。保育園がどのように成立し展開してきたかを描いています。

○宍戸健夫『日本における保育カリキュラム』新読書社，2016年。
　　保育カリキュラムの歴史の記述です。プロジェクトを含む構造的な保育カリキュラムがどのように成立し展開してきたかを描いています。

○日本保育学会（編）『保育学とは――問いと成り立ち（保育学講座①）』東京大学出版会，2016年。
　　保育の歴史を個別のトピックに即して学ぶことができます。トピックとしては，保育概念，保育思想，保育学，保育実践と保育方法，保育カリキュラム，保育施設，保育者，障害児保育，保育制度，保育研究などが扱われています。

○汐見稔幸・松本園子・高田文子・矢治夕起・森川敬子『日本の保育の歴史――子ども観と保育の歴史150年』萌文書林，2017年。
　　保育・幼児教育の歴史の総合的なテキストです。思想，実践，制度について，最近までの動向が記述されています。

第 10 章

多様な子どもの理解と保育

●●● 学びのポイント ●●●

- 外国籍家庭の子どもの現状と多文化を受け入れながら保育を進めるために保育者が配慮すべきことを学ぶ。
- 貧困家庭の子どもと家庭の実情を理解し，保育者が配慮すべきことを学ぶ。
- 障害のある子どもを含む保育の考え方と保育者の子ども理解と声かけについて学ぶ。

WORK　保育の環境に見える多様な子ども

ある幼稚園の玄関です。何が飾ってあるか，よく見てみましょう。

1. 個々人で考える（3分）
   どこの国のものが置いてあるか，考えられる国をあげてみましょう。
   ※どのような国があがったか，発表してもらい，確認（板書）する。

2. グループに分かれて話し合う（20分）
   あなたが担当するクラスにその国の子どもがいることを想像しましょう。保育を行うなかで，どのようなことが起こると思いますか？
   ※複数のグループがある場合，グループごとに別の国を割り当てる（例　グループ1：ロシア，グループ2：中国など）。英語圏以外を必ず入れる。
   ※保育の難しさばかりが話し合われている場合は，良い面にも目が向けられるように投げかける。

3. グループで話し合ったことを全体で発表する（10分）
   グループで話し合ったことを発表しましょう。
   ※話し合いのなかで，発表してもらうグループを決めておく。

第 10 章　多様な子どもの理解と保育

● 導　入 ● ● ● ● ● ● ●

　本章では，特に外国籍家庭の子ども，貧困家庭の子ども，障害のある子どもをどのように理解し，保育を進めていくのかを学びます。外国籍家庭の子どもについては，多様な子どもを含めた保育の基本として，多文化共生の理念，外国籍家庭の子どもが生活や遊びのなかで経験すること，外国籍家庭の子どもだけでなく保護者も含めて受容するためのポイントを述べます。貧困家庭の子どもについては，国際的な視点から見る日本の貧困の現状，貧困家庭に対する保育の役割について事例を通して考えます。障害のある子どもについては，一人一人の子どもと向き合うときに大切にしてほしい表情の読み取りや声かけの考え方を学びます。これらを学ぶことで，多様な子どもを含めた保育が，保育の原理に位置づいていることを理解してください。

● ● ● ● ● ● ●

1　外国籍家庭の子どもの理解と保育

1　多文化共生を目指すために

　日本で育つ外国籍家庭の子どもが都市部を中心に増えています。2016年の人口動態統計で示された日本における子どもの出生数によると，少なくとも父母の一方が外国籍の子どもは1万7,039人となっています。これは，日本の総出生数の約1.74％にあたります[*1]。

　また，少し古いデータにはなりますが，外国籍家庭の子どもがいる保育所は，2008年度の段階で3,397か所とされています[*2]。子どもたちの国籍としては67か国と多様ですが，そのうちブラジルが約40％と一番多く，次いで中国・台湾・マカオ（約20％），ペルー（約10％），フィリピン（約8％）と，この4か国で約

[*1]　厚生労働省「平成28年（2016）人口動態統計（確定数）の概況」 https://www.mhlw.go.jp/toukei/saikin/hw/jinkou/kakutei16/dl/12_betsu.pdf（2018年7月19日閲覧）。
[*2]　日本保育協会「平成20年度　保育の国際化に関する調査研究報告書」 http://www.nippo.or.jp/research/pdfs/2008_02/2008_02.pdf（2018年7月19日閲覧）。

177

80％を占めています。しかし，この調査では外国籍家庭の子どもがもっとも多い東京都，さらに都市部では神奈川県，千葉県，京都府などから回答が得られていません。それから10年が経ち，現在ではさらに多くの保育所に多様な外国籍家庭の子どもがいることが想像できます。そして，幼稚園や認定こども園も含めれば，相当数の外国籍の子どもたちが保育を受けていることになります。

　こういった状況により，新しい幼稚園教育要領（2018年4月施行）の第1章「総則」第5「特別な配慮を必要とする幼児への指導」では，「2　海外から帰国した幼児や生活に必要な日本語の習得に困難のある幼児の幼稚園生活への適応」という項目が新設されました。また新しい保育所保育指針においても，第4章「子育て支援」2「保育所を利用している保護者に対する子育て支援」において，「(2)　保護者の状況に配慮した個別の支援」として，「ウ　外国籍家庭など，特別な配慮を必要とする家庭の場合には，状況等に応じて個別の支援を行うよう努めること」と記されました。つまり，これからの課題として一層，外国籍家庭の子どもを含めた保育の在り方が問われています。冒頭のWORKで示した写真は，多くの移民を受け入れ，多文化主義を標榜しているカナダの幼稚園の玄関です。この都市では，園に通う子どもの国籍に合わせて，それを象徴するようなものを園内やクラス内に必置することになっています。このように，すべての国籍の子どもや保護者に対して友好的な雰囲気をつくることで，「ここがみんなの居場所である」というメッセージを伝えているのです。

　カナダと日本の実情は異なりますが，外国籍家庭の子どもや保護者の文化を排除したり，カナダの文化に同化させたりするのではなく，すべての文化を含めたうえで共に価値観をつくりだそうとする姿勢は学ぶべきところでしょう。子どもたちが保育の経験を通じて，「国籍や民族などの異なる人々が，互いの文化的差異を認め合い，対等な関係を築こうとしながら，地域社会の構成員として共に生きていくこと[*3]」という多文化共生の意識をもてるようにしましょう。

＊3　総務省「地域における多文化共生推進プラン（平成18年3月）」http://www.soumu.go.jp/main_content/000400764.pdf（2018年7月19日閲覧）．

2 外国籍家庭の子どもはどのような経験をするのか

> **エピソード1　言葉，習慣，仲間関係における葛藤**
>
> 年中児Aちゃん（家族構成：父，母（共にアメリカ人），本児，弟）。
>
> 　Aちゃん（4歳，女児）は年中クラスに上がるときに入園してきた。年中クラスは保育者が2名で，子どもは31名（男児15名，女児16名）である。Aちゃん以外はみんな年少クラスからの持ち上がりであった。Aちゃんは日本語をほとんど話すことができない。Aちゃんには，少し英語のわかる保育者が寄り添い，園での生活や活動の内容を伝えていた。
>
> 　あるとき，自由遊びの時間に遊戯室で年中クラスの3名の女の子が「だるまさんがころんだ」をして遊んでいた。そこへAちゃんがやってきて，しばらく遊びの様子を眺めていた。3名の女の子はAちゃんを少し気にしながらも「だるまさんがころんだ」を繰り返し遊んでいた。Aちゃんもそれを見ながら遊びたいと思ったのか，少し離れたところで同じ動きをしていた。すると……。
>
> 　一人の女の子「Aちゃんもやりたいの？」
> 　Aちゃん「……」（恥ずかしそうな表情）
> 　女の子「入りたいときは，『入れて』って言わないとダメなの」
> 　Aちゃん「……」（こわばった表情）
> 　女の子「……」（黙って離れる）
>
> 　再び3人で遊びだす。

　このエピソードから，Aちゃんが一緒に遊べなかった要因を考えてみましょう。まず思い浮かぶのが言葉の違いだと思います。外国籍家庭の子どもには常に言葉の問題がついて回ります。日本語が話せないことにより生活上の不利が生じてしまうことが考えられます。次に習慣の違いがあります。Aちゃんには，友達と一緒に遊ぶときの「入れて」「いいよ」という習慣が理解できなかったと考えられます。外国籍家庭の子どもは社会文化的な背景による習慣の違いに

戸惑うことも多いのです。最後にもう1つ考えておきたいことがあります。仮に，Aちゃんが日本語を話せて，「入れて」という習慣を理解していたとしても，一緒に遊べなかったこともあり得ます。なにしろ，年少時から一緒の31名のなかに途中から1人クラスに加わったという状況です。言葉や習慣の問題ではなく，単純にどのように仲間に加わったらいいのかということで葛藤を抱えていたことも考えられるのです。

外国籍家庭の子どもは，「(言葉を含む) 社会文化的環境」「対人的環境」に適応する必要があります。[*4] しかし，外国籍家庭の子どもを日本の環境に適応させるようにすると捉えてはいけません。保育者も含めて子どもたちが双方向的に関わり合うなかで関係をつくり直していく過程を大切にしましょう。それを丁寧に進めることで，子どもたちは葛藤を乗り越え，互いに学び合える関係が築かれるのです。

実は先ほどのエピソードには続きがありました。エピソードのなかでは，遊びに入ることができなかったAちゃんですが，その後集団に入り，夢中になって一緒に遊ぶようになりました。きっかけは，横で見ていた男児がつぶやいた一言「別に『入れて』って言わんでもええやろ」です。つまり，子どもたちが自ら「『入れて』って言わなくてもいい」という習慣の変更を決めたのです。

ここで一緒に遊べたことはAちゃんが施設に居場所を感じた瞬間でもあったでしょう。外国籍家庭の子どもを受け入れたとき，ことさらに日本語を教えたり，日本の習慣を伝えたりするのではなく，すべての子どもが施設での生活や遊びを楽しいと思い，「クラスの友達や先生と一緒にいたい」と思えるような関係づくりを目指すことが大切です。

3 外国籍家庭を受け入れるポイント

保育を行う施設が外国籍家庭を受け入れるポイントとして，次のようなこと

[*4] 柴山真琴「中国人5歳児の仲間関係への適応過程——関係発達論の視点から」山田千明（編著）『多文化に生きる子どもたち——乳幼児期からの異文化間教育』明石書店，2006年，pp. 34-69。

表10-1 外国籍家庭の子どもと保護者を受け入れるポイント

範囲の明示と柔軟的対応	施設で対応できる範囲を明確に保育者と保護者に示し、できないことは他の機関に依頼するなどの柔軟さをもっていること。
保育者の受容	保育者の考え方や性格，経験年数や働き方の多様性が受容されていること。
園長・所長の姿勢	園長・所長が自ら外国籍家庭の子どもを受け入れるために必要な研修を行っていること。

出所：塘（2006）を参考に筆者改変。

が指摘されています[*5]（表10-1）。

　第一に，施設で対応できる範囲を保育者全員の把握のもと，保護者にもそれを明示し，できないことには柔軟に対応することです。たとえば，宗教上の違いによって，特別な食事を用意しなければならない状況が生まれた場合，施設によって対応できる範囲は異なるでしょう。その範囲を互いに理解し，できないことは他の施設や機関との連携によって対応するといった柔軟さがあることで，互いに無理なく生活をすることができると考えられます。

　第二に，保育者が受容されていることです。施設において，保育者自身の性格や働き方などの価値観が受容されていることが，外国籍家庭の子どもや保護者を受容する姿勢につながります。子どもや家庭だけでなく，保育者も一人一人が尊重されている環境が大切だと言えます。

　第三に，園長・所長の姿勢です。園長・所長のような施設のリーダーが自ら外国籍家庭の子どもや保護者を受け入れるための努力をしたり，工夫したりすることで，施設全体に多様性を受け入れる雰囲気が生まれます。

　そのうえで保育者に求められることは，家庭での生育歴や環境の把握，および自身が行っている保育において，子どもに何を期待しているかを理解することです。外国籍家庭といっても，それぞれがまったく異なる環境のなかで子育てをしています。各家庭で子どもがどのように育ってきたのか，またどのような環境で子育てがなされてきたのかを把握します。そして，保育者は，自身が

＊5　塘利枝子「環境に埋め込まれた保育観と乳幼児の発達」山田千明（編著）『多文化に生きる子どもたち――乳幼児期からの異文化間教育』明石書店，2006年，pp. 70-100。

行っている保育において，子どもに何を期待しているかを理解します。他のみんなと一緒に行動すること（協調性），自分の意見をしっかりと言えるようになること（自己主張），一人でできることを増やすこと（自立心）など，それぞれに価値観もあるでしょうし，担当する年齢やクラスの人数などの要因でも異なるかもしれません。そういった期待から外れる子どもに対して，自分がどのように関わっているのかを自覚する必要があります。

これらは，外国籍家庭の子どものみならず，子ども一人一人を理解するために行う基本的な事項と言えます。つまり，保育の基本原理に沿えば自ずと外国籍家庭の子どもや保護者も受け入れることができるはずです。

2 貧困家庭の子どもの理解と保育

次の国々は豊かな国，貧しい国のどちらでしょうか？　分類してみましょう。

[イギリス　ドイツ　ルーマニア　米国　スイス　メキシコ　フィンランド
  スペイン　日本　オーストラリア]

豊かな国	貧しい国

1　ニッポンの貧困

図10-1は，子どもがいる家庭の所得格差に関する国際比較の結果です。さきほど分類した国がどこに位置づいているか，チェックしてみてください。

日本は34番目に位置しています。これは先進諸国と比較して，日本の貧困がかなり進んでいることを示しています。ここで覚えておきたいのが，「相対的貧困率[*6]」と「相対的所得ギャップ[*7]」です。では，図10-2の4人世帯の家庭を想定して，具体的に考えてみましょう。

＊6　**相対的貧困率**：等価可処分所得（世帯の可処分所得を世帯人数の平方根で割って算出）が全人口の中央値の半分（貧困ライン）未満の世帯員の割合。

第10章　多様な子どもの理解と保育

順位	国　名	相対的所得ギャップ	子どもの貧困率（中央値の50%）
1	ノルウェー	37.00	4.5
2	アイスランド	37.76	6.4
3	フィンランド	38.34	3.7
4	デンマーク	39.54	4.8
5	チェコ	39.62	6.3
6	スイス	39.64	7
7	英国	39.94	9.3
8	オランダ	40.64	5.7
9	ルクセンブルク	41.21	13
10	アイルランド	41.49	6.9
11	オーストリア	41.87	9.6
12	ドイツ	43.11	7.2
13	フランス	43.95	9
14	オーストラリア	44.75	9.3
15	韓国	45.74	8
16	スウェーデン	46.23	9.1
17	ニュージーランド	46.52	11
18	キプロス	47.19	9.1
19	スロベニア	47.29	8.3
20	マルタ	48.21	14.5
21	ハンガリー	48.34	15
22	ベルギー	48.41	10.1
23	ポーランド	51.76	14.5
24	カナダ	53.19	16.9
25	スロバキア	54.21	13.7
26	クロアチア	54.59	14.8
27	リトアニア	54.81	17.8
28	エストニア	55.55	12.4
29	トルコ	57.07	22.8
30	米国	58.85	20
31	チリ	59.03	26.3
32	ラトビア	59.66	16.3
33	ポルトガル	60.17	17.4
34	日本	60.21	15.8
35	イタリア	60.64	17.7
36	スペイン	62.62	20.2
37	イスラエル	64.58	27.5
38	ギリシャ	64.69	22.3
39	メキシコ	65.00	24.6
40	ブルガリア	67.01	23.1
41	ルーマニア	67.08	24.3

図10-1　子どもがいる世帯の所得格差が小さい国

出所：ユニセフ「子どもたちのための公平性——先進諸国における子どもたちの幸福度の格差に関する順位表（イノチェンティレポートカード13）」2016年，p. 4より。

＊7　**相対的所得ギャップ**：所得階層の下から10％目の子どもの所得が，所得階層の真ん中の子どもの所得に比べてどれほどかけ離れているかを示す指標。

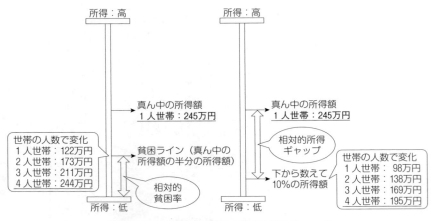

図10-2 相対的貧困率と相対的所得ギャップ

注：金額は，厚生労働省「平成28年国民生活基礎調査の概況」より。
出所：筆者作成。

　父親，母親，子ども2人の4人世帯の場合，2015年のデータでいうと，税金など諸々差し引いたいわゆる手取りの額で年収244万円が貧困ラインとなります。このラインを下回る家庭が相対的貧困家庭となります。1か月あたりに換算すると，20万円程度です。「月収20万円で貧困？」と思われるかもしれません。確かに月収20万円ぐらいであれば，日々の生活も立ちゆかない（絶対的貧困）というほどの貧困状態ではありません。ただし，生活費以外で使用できる経済的な余裕はなく，貯蓄も十分にできません。その場合，子どもの立場になると多くの制約が生まれることが想像できます。他の友達と違って，どうして僕は，「おもちゃや絵本を買ってもらえないんだろう」「同じ服ばっかり着ているんだろう」「この靴しかないんだろう」「習い事をさせてもらえないんだろう」「休みの日に旅行に行くことができないんだろう」……。さらに，相対的所得ギャップの数値を4人世帯に当てはめると，所得の下から10％目の世帯の年収は195万円程度，月収16万円程度になります。さらに厳しい状況が想像できるでしょう。

　このように，貧困家庭では子どもが，"ふつう"であれば得られるモノ，"ふつう"であれば得られる機会を奪われることになります。その結果，成長・発

第10章　多様な子どもの理解と保育

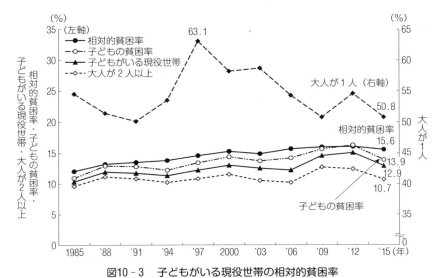

図10-3　子どもがいる現役世帯の相対的貧困率
出所：厚生労働省「平成28年国民生活基礎調査の概況」より。

達に大きな影響を及ぼし，進学や就職における選択肢が狭まるといった人生の不利を負ってしまうことが問題と考えられているのです。特に，ひとり親家庭における貧困は深刻で，半数以上の50.8％の家庭が相対的貧困の状況にあることが報告されています[*8]（図10-3）。

2　遊びを通して貧困家庭を支える

　貧困の解決に向けて，2014年1月から「子どもの貧困対策の推進に関する法律」が施行され，8月には「子供の貧困対策に関する大綱――全ての子供たちが夢と希望を持って成長していける社会の実現を目指して」が出されています。そのなかで，幼児期の質の高い幼児教育・保育の提供が貧困を防ぐ有効な手立てであることが述べられています。
　そこで次のエピソードを通して，保育が貧困状況にある家庭をどのように支

[*8] 厚生労働省「平成28年国民生活基礎調査の概況」 http://www.mhlw.go.jp/toukei/saikin/hw/k-tyosa/k-tyosa16/dl/16.pdf（2018年9月30日閲覧）。

えるのか，考えてみましょう。

> **エピソード2-1　子どもの得意を支援に変える**
>
> 　年長児Bくん（家族構成：母，高校1年生の姉，小学3年生の兄，本児）。
> 　Bくん（5歳，男児）はひとり親家庭の末っ子。母は仕事が忙しく，いつも時間に追われている。保育者との会話はほとんどなく，Bくんに対しても無関心な様子が見られる。家では姉がBくんの面倒を見てきたようだが，高校に上がって時間の余裕がなくなり，Bくんとの関わりは乏しい。忘れ物や服装の汚れが目立つようになり，養育の難しい家庭環境で生活を送っている。
> 　保育所でのBくんは友達に関心を示さず，無言で一人でブロックや廃材を使って制作をするのが好きである。発想が豊かで独創的なものをつくることも多かった。集団活動には気が向けば部分的に参加することもあるが，常に無表情で考えていることが読み取りづらい。突然脈絡なく花瓶を突き飛ばして割ってみたり，友達の手を強く引っ張って笑っていたりするなど，危険な行動をすることもあった。保育者は，そのような行動がいつ起こるのか予想できず，Bくんをどう支えていいのか苦慮していた。Bくんの様子をどのように母に伝えたらいいのかもわからなかった。

　Bくんの得意な制作から，保育のなかでどのような工夫ができるか考えてみてください。このエピソードの場合は，次のような展開になりました。

> **エピソード2-2　子どもの得意を支援に変える（続き）**
>
> 　園内でBくんの支援を検討し，空き教室にBくんのアトリエスペースをつくることにした。Bくんは無理に集団活動に参加させようとしても嫌がるし，保育所の子どものなかにはBくんがまた突然何かするのではないかと距離を置こうとする子どももいた。だったら，思う存分，制作に没頭してもらおうという意図である。ただし，Bくんが孤立しないようにクラスの子どもたちに対しては，Bくんの制作に関心がもてるよう，「Bくんどんなものつくるのかな？」「後で見に行こうね」といった声かけは行った。

第 10 章　多様な子どもの理解と保育

> 　アトリエスペースをつくってから，Ｂくんは毎日そこでの制作に没頭するようになった。無言で脇目もふらずに次々と作品を仕上げていく。その姿に初めに関心をもったのは，年少児であった。Ｂくんが何をつくっているのか気になり，部屋の外からじっと眺める子どもたちも出てきた。そこで，あるときＢくんの担任が年少児数名を連れて，「Ｂくん，何をつくったか見せてもらっていいかな？」と声をかけてみた。振り向き，年少児の顔をじっと眺めるＢくん。少ししてうなずく。Ｂくんの作品をうれしそうに見つめる年少児たち。そのとき，保育者にあるアイデアが閃いた。Ｂくんのつくったものを写真にとって，作品集をつくってみたらどうか。関心のある子どもたちに見せてもいいし，母親に見せても会話のきっかけになるかもしれない。
> 　次の日，Ｂくんに「つくったものを写真に撮ってもいい？」と尋ねた。うなずくＢくん。保育者が写真を撮ると，どのように撮れたかＢくんが覗きこんできた。少しして微笑む。それを見て保育者が「Ｂくん，これは何をつくったのかな？」と尋ねると，小さい声で応答があった。その日から保育者は，写真にＢくんのコメントを付けて，作品集をつくりだした。2週間後，行事で保育所に来ていた母親に声をかけて作品集を見せてみる。母親「こんなことできるんやな」と薄く関心を示した。そこで，Ｂくんのアトリエスペースを紹介し，どういう環境で制作をしているかを紹介し，「もし，おうちでも何かつくったものがあったら作品集に載せたいので教えてもらえませんか？」と言葉をかけた。すると，「えー，めんどくさい。でもまあ，お姉ちゃんかお兄ちゃんに写真撮っておいてもらおうかな」と返答があった。

　その後，Ｂくんは表情が出始めて，危険な行動をまったくしなくなり，アトリエスペースに入ってきた友達への関心も見せるようになりました。母親からはメールで写真を送ってもらうようにし，保育者が作品集をつくっています。その作業を通じて，母親と会話ができるようになり，子育てにも改善のきざしが見えてきました。

　貧困の解決における保育所の可能性として，子どもが家庭での厳しい状況を離れて安心して過ごし夢中になって遊べること，保護者がほぼ毎日訪れるため

アプローチしやすい施設ということがあります。保育者が取り組むべきは，まず子どもの遊びや生活を充実させること，そしてそういった子どもの姿を通して，保護者と連携を深めることだと言えるでしょう。

3 障害のある子どもの理解と保育

下の吹き出しは，ある子どもの言葉です。この子どもが，どのような表情で何と言っているか想像して記入してみましょう。

正解は，「せんせい，そとであそびたい」でした。外で遊ばせてよという不満顔，外で遊びたくてわくわくしている表情でもいいですね。

1　子どもが「生きてよかった」と思える保育を目指す

保育所・幼稚園・認定こども園には，さまざまな障害のある子どもが在籍しています。ただし，障害種別にかかわらず，保育者が目指すところは，ただ1つです。それは何か。次の言葉から考えてみましょう。

> どんな子どもも，自分が今日一日生きてよかったと思えるようにしたい。
> その中身をいえば，いろいろある。自分で何かやったという気持ちをもつこと。自分のやっていることを大人から認めてもらうこと。何もやれなくてもいい。生きてここにいることを喜んでもらえること。この学校はそのために工夫したい。

＊9　小西祐馬「乳幼児期の貧困と保育」秋田喜代美・小西祐馬・菅原ますみ（編著）『貧困と保育——社会と福祉につなぎ，希望をつむぐ』かもがわ出版，2016年，pp. 26-52。

第10章　多様な子どもの理解と保育

このことは普通の子どもも同じである。*10

　言葉がわかりにくいためにコミュニケーションがとりづらい子どももいるでしょう。また，情動面に課題があって落ち着きのなさや攻撃的な行動が目立ち，大人から認めてもらいにくい子どももいると思います。自分から何かをやるということが難しい子どももいます。
　ただし，どんな子どもにも表情の変化はあります。保育者はその表情の変化をつぶさに読みとり，それを笑顔に変えてあげること。つまり，子どもたち一人一人が，「自分が今日一日生きてよかった」と思えるような保育を目指しましょう。

2　子どもの思いを読みとるために

　想像してみましょう。いつも落ち着きのないちょっと気になる年少の男児です。自由遊びの時間に，遊戯室に行ってみたらふいに物陰から，あなたの目の前に飛び出してきました。

　さて，あなたは，この子どもに対してどのような声かけをしますか？

＊10　津守眞『保育の現在——学びの友と語る』萌文書林，2013年，pp. iii-iv。

表10-2　子どもへの声かけの種類と具体例

疑問の声かけ	子どもに行動の理由を尋ねる	「なんで箱をかぶったの？」 「何になって（なりきって）いるの？」
感心の声かけ	子どものできたことを褒める	「すごーい」 「こんなに重い箱なのに持てるんだね」
説明の声かけ	子どもの行動を客観的に伝える	「そこに置いてあった箱をかぶってみたんだね」
制止の声かけ	子どもの行動を止める	「前が見えないから危ないよ」 「それは使っちゃダメよ」
共感の声かけ	子どもの気持ちに寄り添う	「楽しそうなの見つけたね」 「せんせいにもやらせて」

出所：筆者作成。

　表10-2に声かけの例を5つ示します。
　これらは，どの声かけが良くてどれが悪いという話ではありません。ただし，普段からの子ども理解が，保育者のちょっとした声かけに影響していることは知っておく必要があります。保育者がこの子どもを「いつも落ち着きのないちょっと気になる男の子」という理解をしていると，ついつい制止の声かけが最初にきてしまうのではないでしょうか。一方で，普段から「おもしろい行動をする戦いごっこが好きな子」と理解していれば，思いっきり共感的に「出たな，怪人！」といった声かけがすぐに出るかもしれません。
　このように，一人一人の保育者がいろいろな基準で子どもの行動を見ているのです。子どもの思いを読みとった保育を進めるためには，まず今の自分の基準を理解する必要があるでしょう。

4　すべての子どもがうれしい保育をするために

　外国籍家庭の子ども，貧困家庭の子ども，障害のある子ども，本章で述べてきたように保育所・幼稚園・認定こども園には，多様なニーズをもった子どもたちがいます。そういった子どもたちは，時にマイノリティとして扱われ，保育所の生活に「適応」することが求められます。
　しかし，これは「一人一人の思いを大切にする」という保育の原理に反して

います。保育者は子どもを保育所の生活に引き入れようとする前に，その子の世界に"おじゃま"して，その子の思いを理解することから始めなければなりません。

> **エピソード3　子どもの世界を知るために**
>
> 　自閉症の診断を受けているCくん（4歳，男児）。入園してから誰とも関わることなく，いつも一人で園庭を探索していた。あるとき，Cくんがログハウスの上に登って屋根にまたがり，ぼーっとしている様子が見られた。ログハウスは高く，落ちると危険なため，登ってはいけないルール。保育者は，「Cくん，そこは行っちゃだめだよ。降りようね」と伝える。しかし，降りようとしないCくん。保育者は，下から両手を差し出して「ほら，こっちへおいで」と言うが，応じてくれない。その日はしかたなく，保育者が無理やり抱っこして降ろしたが，Cくんは不満で大暴れしてしまった。
>
> 　翌日，再びCくんがログハウスの屋根に登った。昨日，大暴れしたこともあり，保育者はどうしようか悩む。そのとき，それを見ていた同じクラスのDちゃんが一言。「Cくん，何を見てるんかなぁ」。
>
> 　それを聞いてはっとした保育者。確かに，Cくんを見るとただぼーっとしているのではなく，遠くを眺めているように見えた。そこで，思い切って保育者もログハウスに登り，Cくんの後ろで屋根にまたがってみた。すると，遠くの森の木々が太陽の光で反射してキラキラ光っているように見える。思わず，「きれいやなあ，Cくんこれを見よったんやなあ」と保育者。にこっと微笑むCくん。Cくんの世界に"おじゃま"したことで，Cくんとの距離が近づいた気がした保育者であった。

　保育者は当初，子どもを園生活のルールに適応させるのに焦ってしまいました。子ども一人一人には世界があります。保育者はまずゆったりと構えて，その子の世界のドアをノックします。そして，その子の世界に"おじゃま"し，共に気持ちを揺り動かす経験をします。すると，おのずと子どもの思いが理解できるでしょう。そういった経験を経て，すべての子どもが居場所を感じ，安

心して遊びに夢中になれる、すなわち「すべての子どもがうれしい保育」をすることが可能になるのです。

本章で取り上げた「外国籍」「貧困」「障害」だけでなく、もともと子どもたちは一人一人が異なる存在です。その意味で、多様な子どもを理解し、保育を考える際には、おのずと保育の本質を捉えなおすことが求められます。「差異を差別でなく、学びへと転換する[*11]」。保育の原理です。みなさんは本章での学びを実践へと転換してください。

 まとめ

外国籍家庭の子どもを含めた保育を進める際には、外国籍家庭の子どもを日本の言語や文化に適応させることを強調するのではなく、関係性が築かれる過程を大切にし、そのなかで生まれる共通の価値観や文化を支えましょう。貧困家庭の子どもを含めた保育を進める際には、保育の質を高めて子どもの発達保障をすることを念頭に、子どもの遊びや生活を充実させること、そして子どもの遊びをきっかけに保護者と連携を深めることを大切にしましょう。障害のある子どもを含めた保育を進める際には、子どもが生きてよかったと思えるような経験ができる保育づくり、子どもに対する声かけの基準を理解しましょう。そして、そもそも子どもはみな多様であることを忘れずに、多様な子どもの存在をそれぞれの学びに転換することを意識しましょう。

 さらに学びたい人のために

〇山田千明（編著）『多文化に生きる子どもたち――乳幼児期からの異文化間教育』明石書店、2006年。

　　国際化していく社会のなかで、乳幼児期から多文化を経験する子どもたち。そのなかで、子どもたちはどのような発達を見せるのか、外国籍家庭の子どもや家庭にどのような支援が必要かと考えさせてくれる本です。

---

*11　津守眞「差異を差別にではなく学びへと転換する」『幼児の教育』105(11)、2006年、pp. 42-47。

第 10 章　多様な子どもの理解と保育

○秋田喜代美・小西祐馬・菅原ますみ（編著）『貧困と保育――社会と福祉につなぎ，希望をつむぐ』かもがわ出版，2016年。
　　現代の貧困家庭の状況について，政策的な側面もフォローしながら，実際の生活における困難さを描いた一冊。保育現場で貧困を解決する糸口を見出すときに参考にしたい本です。

○津守真『保育者の地平――私的体験から普遍に向けて』ミネルヴァ書房，1997年。
　　障害のある子どもの保育を考えるうえで欠かせない名著。著者が障害のある子どもとの関わりのなかで体験したことをもとに，どんな子どもでも生き生きと育つ保育の在り方を問うた一冊です。

第 11 章

学校や地域との連携のなかで行う保育

・・・・ 学びのポイント ・・・・

- 学校や地域との連携はなぜ大事なのかを考える。
- 人が学ぶために必要な環境とはどんなことかを考える。
- 連携によって学校や地域が変わっていく可能性を探る。

WORK　何かをやりたくなるってどんなとき？

　ここに2枚の写真があります。
　1枚目（左の写真）は年長児が小学校へ行き，運動会直前の5，6年生の体育の授業のなかで行うソーラン節の踊りを見せてもらっている写真です。
　2枚目（右の写真）は，小学校から園に帰ってきてからの年長児の子どもの姿です。

① 　2枚の写真を見て感じたことを，5～6人のグループで話し合ってみてください。

② 　子どもが何か（写真では踊りです）を主体的にやりたくなるために，保育者ができることはどんなことなのでしょうか。写真から見えてきたことを出し合ってみましょう。

③ 　踊りたくなった子どもたちに保育者はどんな援助をしたと思いますか。あなたが保育者だと仮定して考えてみてください。

第11章 学校や地域との連携のなかで行う保育

● 導 入 ● ● ● ● ● ●

　この章では，保育のなかで小学校や地域と連携することの大事さを学びます。子どもは園のなかだけで育つわけではありません。保育所ならば地域の公園に毎日のように散歩に行きますし，多くの園では春や秋には遠足が計画され，みんなで行くことを楽しみにしています。また，卒園した子どもたちは，だれもが小学校に入学することを考えれば，入学前から小学校と連携をして小学校を身近に感じることもとても大事なことです。

● ● ● ● ● ● ● ● ●

1 連携は何で大事なのだろう？

　2017年に改訂（定）された幼稚園教育要領や保育所保育指針，幼保連携型認定こども園教育・保育要領（以下，幼稚園教育要領等）において，小学校との円滑な接続を行うことが求められています。これは，小学校や地域と連携することで，子どもたちの世界がさらに広がっていくからです。

　ただし，学校や地域とただ連携すればいいということではありません。連携したことで，何が子どもに育つのかという視点をもつことがとても重要です。年間行事として毎年決まっているからとか，小学校に求められたので，子どもたちを小学校に連れていったというような連携の仕方では，子どもたちの学びにはなりません。そのことを，まず冒頭のWORKの写真から考えてみましょう。

1 運動会で小学校高学年の踊りを見て

　筆者の園では，毎年，小学校に連絡して，あえて小学校の運動会直前に，5，6年生の授業を見せてもらっています。小学校では，5月の運動会で，5，6年生がソーラン節を踊るのが定番になっています。そして，何しろそのソーラン節の踊りがかっこよく，揃っていて，子どもたちからみて魅力的なのです。

特に運動会直前の授業では，5・6年生が，本番のときと同じように頭に鉢巻きをまき，黒いはんてんを着て，裸足で踊ってくれます。その姿に圧倒されて見ている子もいれば，一緒に体を動かす子も出てくるのです。

小学校で踊りを見て園に帰ってきた子どもたちからは，自然に，ソーラン節を踊りたいという要求が出てきます。もちろん，ただ踊るだけでなく，小学生と同じような衣装で踊りたいという声もあります。そこで，保育者が黄色のスズランテープや黒のごみ袋を出すと，子どもたちは鉢巻きをつくり，黒のごみ袋ではんてんをつくり，自ら裸足になって園庭で踊り出すのです。その様子が2枚目の写真です。

年長になってまだ2か月，5月の保育ですから，保育者はクラス全員で踊らせることを願っているわけではありません。個々の子どもたちには踊る楽しさを味わってほしいと願っているのですが，小学校でソーラン節を見たことで，子どもたちのほうから，かっこよくみんなで踊りたいという思いが強く出てきたのです。年長の子どもたちが自らかっこよく踊り出すと，そのおもしろさは年中や年少の子どもたちにも広がっていきます。「小学生のように踊りたい」「みんなと揃えて踊ると素敵」というような思いが，園内に広がっていきました。

2　学びとは何か，学びが起こるとは

今回の幼稚園教育要領等や学習指導要領では，個別の知識や技能を教えることよりも，知っていることやできることをどう使うかという力や，どのように社会や世界と関わり，よりよい人生を送るかといった力の育成が重視されています。その学び方として，特に重視されたのがアクティブ・ラーニング[*1]（幼稚園教育要領等の言葉では「主体的・対話的で深い学び」と表示）です。

[*1] **アクティブ・ラーニング**：教員からの一方向的な講義で知識を覚えるといった受動的な学びではなく，子どもたちが主体的に参加し，仲間と深く考えながら課題を解決する力を養うのを目的とした学びの方法。そうした力を養う手法として，ディスカッションやグループワークなどがあげられることが多い。

幼児教育・保育では，遊びを通して学ぶという，まさに「アクティブ・ラーニング」が重視されてきました。子どもが興味や関心のあることに主体的に取り組むことが，まさに「遊び」であり，「学び」だからです。

保育者がソーラン節を踊らせようとして教えることと，子どもたちが年上の子どもたちが踊るソーラン節に出会って，自ら踊りたいと思って踊り出すのでは，結果として同じようにソーラン節が踊れるようになったとしても，「学び」の意味が違います。子どもたちが小学校という身近な社会や世界と関わったなかで，自らやりたいと思ったことを見つけ，主体的に何度も踊ることに取り組むことで，みんなと息を合わせて踊る楽しさも感じていきました。

子どもが学校や地域に出ていくなかで，未知なことや魅力あることに出会うと，心を動かします。そこで「何が本当かという問い」をもったり，「なってみたい自分」が見つかると，うまくできる，できないにかかわらず，主体的に何度も挑戦したり調べたりしながら，さらには人と関わりながら，結果的に「ものごとの本質」に迫っていったり，「なりたい自分」を実現させていきます。このことこそが，深い「学び」なのです。

2 エピソードから小学校や地域との連携を考える

では次に，エピソードを通して，小学校や地域との連携から起こった学びについて，考えてみましょう。

> **エピソード　きゅうりの栽培から学んだこと**
>
> 　年長児になると，自分たちで育てたい野菜を話し合って決めて，そのグループごとに野菜を栽培します。きゅうりを育てることにしたグループが，苗をプランターに植えて世話をし始めたのですが，しばらくすると葉は白くなり，苗が一向に大きくなりませんでした。
> 　担任は新たな苗を買うということも視野に入れていたのですが，きゅうりを育てることを決めた2人の女の子は，どうしても今ある苗を育てたいとあきらめません。土を替えてみたり，根が育っていないので，根を切り

取って茎から植え直し，新たな根が出てくることを祈るなど，2人は，園の図鑑を調べたり，栽培に詳しい保育者に育て方を聞いたりして，どうしたらこのきゅうりの苗が伸びるのか，病気を治せるのかに一生懸命でした。

この時期に，たまたま小学校との交流授業があり，図書室で司書の先生から図書室の説明を受ける機会がありました。一通りの説明が終わり，司書の先生から，「何か質問がありますか」という問いかけに，すかさず手をあげたのが，病気になったきゅうりの苗を育てたい2人でした。

「きゅうりの病気が載っている本はありますか？」という質問に，司書の先生が，野菜の病気のことが書いてある図鑑を渡すと，2人は「小学校ってすごい」と感激します。図鑑を一生懸命見て，病気のことをわかろうとする2人がそこにはいたのです。

とはいえ，病気のことが書いてある図鑑はみつかっても，きゅうりの病気が治るわけではありません。担任は悩んだ末に，農業を営んでいる昨年卒業した園児のお父さんに連絡をして，きゅうりの育っているところを見せてもらうことにしました。農家に行くと，早速，きゅうり畑に連れて行ってくれて，青々と育ったきゅうりを見せてくれました。それだけでも子どもたちは大興奮だったのですが，さらにきゅうりをもがせて食べさせてくれたのです。

結局，自分たちで植えたきゅうりは育てられなかったのですが，病気になったきゅうりの苗を育てることに夢中になった2人にとっては，学びが多い，そして印象に残るきゅうりの栽培となりました。

このエピソードを通して，学校や農家も含め，どのような要因が「主体的・対話的で深い学び」を可能にしたのかを話し合ってみましょう。

どこの園でも何らかの植物を栽培していることは多いと思います。栽培を通して，子どもたちが学ぶことも多くあると思います。ただ，このエピソードでは，きゅうりの栽培がうまくいかなかったからこそ，結果として，予想外の多くの学びがもたらされたとも言えます。

まず，きゅうりを栽培することに決めたのは，2人の属していたグループの子どもたちです。特に2人の女の子は，「きゅうりを育てたい」という気持ち

を強くもっていました。ところが，せっかく植えたきゅうりの苗は，すぐに葉が白くなって病気になってしまいます。きゅうりを収穫することが目的ならば，すぐに新しい苗を買ってきて植え替えればいいのですが，このエピソードの2人の女の子の気持ちは，あくまでも病気になったきゅうりの苗を何とか救いたいという思いだったのです。

　この気持ちを理解した保育者は，その2人の気持ちに付き合ってみることにします。一緒に本を探したり，栽培が好きな保育者に聞いてみたことを，一緒に試してみたりします。ただ，何をやっても苗は枯れていく一方なので，担任としては焦る気持ちが強くなっていくのですが，その気持ちに反して，2人は，どうしてもきゅうりの病気のことを知りたいという気持ちをもち続けていたのです。だからこそ，小学校の司書の先生に，真っ先に質問の手をあげたし，またそこで病気のことが載っている本を手にして，驚きの声をあげたのでした。

　その後，農家（地域）の家にまで出かけ，病気のことを聞いても，きゅうりの苗を救うことはできなかったのですが，農家の畑で，いっぱいのきゅうりを見て，さらにきゅうりをもがせてもらい，新鮮なきゅうりを食べた2人が，この活動から学んだことは多くありました。

　その学びを支えたのが，2人の「どうしても育てたい，病気のことを知りたい」という主体的な問いでした。そして，その思いを受け止めた担任保育者との対話があり，また2人を取り巻く子どもたちや保育者との対話，そして小学校の司書や農家の人たちとの出会いも，学びを深くしていきました。

3 学校との連携

1　各園と学校との取り組み

　幼稚園や保育所，認定こども園では，小学校との連携は，さまざまなかたちで行われます。筆者の園では，園のすいか割りに小学1年生を招待したり，小学校の秋祭りに招待されたり，3学期には小学校見学に行かせてもらっています。園によっては，散歩の途中で小学校に立ち寄って，小動物などを見せても

らうという交流をしているところもあります。さらには，中学生や高校生の職業体験やボランティアが来たりすることもあります。筆者の園では，預かり保育や長期休暇中の保育に，卒業生が中心ではあるのですが，小学生がボランティアとして来て，ドッジボールの相手をしてくれたり，学校ごっこの先生役をしてくれるなど，遊びをより楽しくしてくれる役割を果たしています。

　どの園でも，学校との段差を高くするのではなく，子どもが育つ場として，より身近に感じてもらうような連携が求められているのです。

2　小学校側の大きな変化

　また今回の改訂で，すべての小学校で，1年生の4，5月にスタートカリキュラム[*2]を作成し実施することが義務づけられました。これは今までの小学校が，4月からきちんと椅子に座って，45分の授業を聞かなければならないという枠を，もっと柔軟に，子どもの興味や関心を大事にした授業を行っていこうとするものです。文部科学省は生活科を中心として第1学年で実施するスタートカリキュラムについて，以下のように具体的な説明をしています[*3]。

> 生活科において学校を探検する学習活動を行い，そこで発見した事柄について，伝えたいという児童の意欲を生かして，国語科，音楽科，図画工作科においてそれぞれのねらいを踏まえた表現活動を行うなど，合科的に扱うことが考えられます。

　学習指導要領が変わり，小学校でも教師主導の教え方から，児童の主体性を生かした教育の在り方が模索されています。筆者の園がある横浜市では，小学校，幼稚園，保育所，認定こども園の園長や教員，保育者が集まって，接続期

---

*2 　**スタートカリキュラム**：小学校に入学した子どもが幼稚園・保育所・認定こども園などの遊びや生活を通した学びと育ちを基礎として，主体的に自己を発揮し，新しい学校生活を創り出していくためのカリキュラム（文部科学省・国立教育政策研究所教育課程研究センター「スタートカリキュラム　スタートブック」2015年）。

*3 　文部科学省「学習指導要領『生きる力』Q&A」　http://www.mext.go.jp/a_menu/shotou/new-cs/qa/06.htm（2018年10月22日閲覧）。

第11章　学校や地域との連携のなかで行う保育

についての研究を重ね、「育ちと学びをつなぐ[*4]」という冊子を作成しています。

　冊子に関わっている小学校では、朝の時間に遊ぶ時間をつくったり、チャイムをなくして、子どもの興味・関心に合わせて授業時間を変えたり、グループで学校探検に行きクラスで発表し合うなど、これまでの小学校のイメージを大きく変えています。今後、大きく変わってくるのは、小学校の授業の仕方ではないかとも感じています。

　小学校ではどのようなスタートカリキュラムが行われているかを、いろいろな市町村の教育委員会が出している資料から調べてみましょう。そのなかで、どんなスタートカリキュラムが望ましいのかを、各自で発表してみてください。

4　地域との連携

　以下の写真は、保護者の音楽バンドサークルが子どもたちの前で活動している様子と、地域の和菓子屋さんが、和菓子のつくり方を年長児に教えてくれている場面です。幼児期に本物の文化に出会うことの意味を考えてみましょう。

写真11-1　保護者のバンド活動

写真11-2　和菓子づくり

---

*4　横浜市こども青少年局「育ちと学びをつなぐ――横浜版接続期カリキュラム（平成29年度版）」2018年。

1　園に地域を呼び込む

　地域との連携を，単に園活動の一つと考えるのではなく，地域を通じて本物の文化に出会ったり，子どもたちの世界を広げる機会として考えてみましょう。そう考えると，遠足で動物園に行ったり，さつまいも掘りに行くなどの活動も，単なる行事として子どもに経験させればいいという保育ではなく，子どもにとって，新たな世界と出会う場や未知なることを経験する場として，保育を計画し実践していくことが大事になってきます。

　写真11-1は，音楽の好きな保護者が集まって，KMOというバンドをつくって活動している様子です。赤ちゃんを抱っこして歌う保護者もいれば，ドラムをたたく保護者もいます。週末に練習をして，学期ごとに1回，子どもたちのために演奏してくれています。子どもたちが興味や関心をもつように，曲の選び方や演奏の仕方にも配慮してもらっています。演奏を聴いた子どもたちは，自分たちで楽器を演奏したり，楽器をつくったりして，音楽を楽しむ姿が見られます。

　写真11-2は，地域の和菓子屋さんが，年長児にお菓子づくりを教えてくれている写真です。もともとはお店屋さんごっこなどの遊びの延長で，本物を見たい，つくりたいという子どもの思いから，懇意の和菓子屋さんに来てもらうことになりました。幼児にどこまでプロの技を見せるかについては，配慮すべき点もあるのですが，本物と出会うなかで，自分もより本物に近いものをつくりたいという子どもの主体性が発揮されるのです。

2　地域に子どもたちが出ていく

　待機児童が多い都市部の保育所では，園庭がないところも多くあります。そのような園では，近くの公園が園庭の代わりになっていて，地域を散歩することが日常の保育の一部となっています。また，園庭があったとしても，子どもの声がうるさいなど，地域の住民から理解が得られないことも起こってきています。園庭がある，なしにかかわらず，地域に出ていき，地域の人も巻き込み

第11章　学校や地域との連携のなかで行う保育

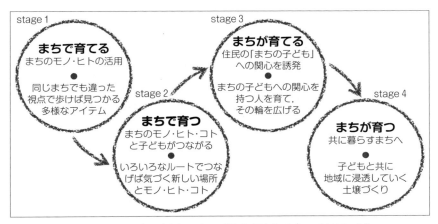

図11-1　子どもがまちで育つ「まち保育」の4つのステージ
出所：三輪・尾木（2017），p. 30。

ながら，子どもたちがより豊かな経験ができるように，地域とよりよい関係を築いていくことが園に求められています。

散歩の途中で地域の人に挨拶したり，公園で子育て中の親子と一緒に遊んだりすることでも，園を理解してくれる人が増え，また子どもたちも地域を感じることができます。地域の資源を豊かにし，それを上手に生かしていくことは，間違いなく保育の質を向上させていくのです。

保育所をベースに，散歩のコースに地域の人を巻き込んで，まちづくりにまで広げていったプロジェクトがあります。横浜市立大学の三輪律江先生が保育所と地域の方とでワークショップを重ね，まち保育の実践として本にまとめられています[*5]。そのなかで，子どもがまちで育つ「まち保育」の4つのステージが紹介されています（図11-1）。以下に，その図に基づきながらポイントを要約して紹介します。

＊5　三輪律江・尾木まり（編著）『まち保育のススメ——おさんぽ・多世代交流・地域交流・防災・まちづくり』萌文社，2017年。

> ①まちで育てる
>   普段のおさんぽマップをもとに保護者と一緒に歩き，点検し，新たな散歩コースを発見するワークショップを行い，新たなまちの資源を見つけていきます。
> ②まちで育つ
>   まちの新しい発見をつないで，散歩の新しいルートをつくるワークショップを行います。
> ③まちが育てる
>   地域の人に声をかけ，一緒にまち歩きをします。まちでの子どもへの関心をもつ人を育て，その輪を広げていきます。
> ④まちが育つ
>   子どもと共に地域に浸透していく土壌づくりをワークショップとして行います。子どもたちのお気に入りを地域の人たちに伝えていきます。

まちで子どもを育てることが，まちが育つことになるというつながりがとても素敵だと思いませんか？

3　園を中心に地域をつくる

　音楽バンドの事例でも，まち保育の事例でも，園を中心に，保護者や地域の人を巻き込んで子どもを育てる輪が広がっています。人と人を結びつけている役割を果たしているのが，幼稚園や保育所，認定こども園といっていいかもしれません。学校はもちろん，保護者にも地域にも，さまざまな魅力をもった人が多くいます。そのような力をどのように発見し，子どもたちと結びつけていくかが，保育者に求められているのです。

　子どもたちに学びが起こるためには，学校や地域も含め，豊かな資源を確保する必要があります。また，そのような資源は，保育者が子どもとの関わりのなかで発見的に見出していくものでもあります。「主体的・対話的で深い学び」は，子どもの主体性を尊重し，保育者が対話的に関わるなかで，子どもと共に，問いを一緒に解決しようとしたり，共に解を発見していくような保育を実現するなかでこそ得ることができるのです。

第 11 章　学校や地域との連携のなかで行う保育

 まとめ

　子どもは学校も含め地域で育っていきます。保育者も，また保護者も，学校や地域と連携することの重要性について否定する人はいないと思います。

　とはいえ，学校や地域の連携について，子どもにとってどのような意味や育ちがあるのか，またそこでどのような学びや出会いがあるのかを，きちんと踏まえて連携をしている園は少ないと思います。連携を園行事の一つとして，決まっているから行うというのでは，せっかくの機会を生かせません。子どもが人として育っていくためには，園の外に出て，多くの人や出来事，文化等と出会い，主体的に興味や関心を広げ，自分の経験を積み重ねていくプロセスが求められます。そのような意味ある機会として，学校や地域との連携を見直して保育を考えていくことは，これからの子どもの育ちにとってますます重要になっていきます。

 さらに学びたい人のために

○大豆生田啓友（編著）『「対話」から生まれる乳幼児の学びの物語り――子ども主体の保育の実践と環境』学研教育みらい，2016年。
　子どもの思いや言葉を受け止めるなかで，保育を地域など外部に開いていくことで，子ども主体の保育がどのように行われているかを，豊富な園の事例で示しています。

○三輪律江・尾木まり（編著）『まち保育のススメ――おさんぽ・多世代交流・地域交流・防災・まちづくり』萌文社，2017年。
　子どもを中心に，保育所の散歩を見直すことを通して，地域の人を巻き込んで，地域までも子どもにやさしいまちに育てていこうとするワークショップの記録です。当たり前と思っている保育所の保育を見直すきっかけになる本です。

207

第12章
保育に関わる法律と制度

● ● ● 学びのポイント ● ● ●

・法律等の構造について学ぶ。
・保育に関連する法律について学ぶ。
・保育制度の基本について学ぶ。

WORK　赤ちゃんの命と人生をどう守る

出所：熊本市要保護児童対策地域協議会こうのとりのゆりかご専門部会「『こうのとりのゆりかご』第4期検証報告書」2017年。

　2007年5月，慈恵病院（熊本市）は，虐待で奪われる「命を救うため」に，匿名で赤ちゃんを預けることのできる「こうのとりのゆりかご」という仕組みを開設しました。2020年3月までの約13年間の利用者は155人で，利用者は，近隣の県のみならず，全国に広がっています。また，医療関係者がまったく立ち会わない自宅出産が半数以上を占めていることも特徴です。

　「こうのとりのゆりかご」について，次の観点から考えてみましょう。

① 「こうのとりのゆりかご」が守っている人権と，危険にさらしている人権について考えてみましょう（15分）。
　　※子どもの視点，母親の視点，父親の視点など，多様な立場で考える。

② もしあなたに高校生の妹がいるとして，「妊娠してしまった」という相談を受けたら，あなたはどのように答えますか（15分）。
　　※話し合いは，プライバシーに立ち入りすぎないように配慮する。

第 12 章　保育に関わる法律と制度

● 導　入 ●

　公的な保育の基本は，法律等に定められています。たとえば保育所でいうと，保育士という専門職を含め，制度上の基本や社会的位置づけについては「児童福祉法」に，保育所の運営の基本や環境，職員配置などは「児童福祉施設の設備及び運営に関する基準」に，保育実践の在り方については「保育所保育指針」にそれぞれ示されています。各種の制度や事業は，このような法律に直接規定されるものもありますが，多くはそれを具体的に展開するための通知で詳細を規定することがほとんどです。本章では，法律等の構造をまず理解し，保育に関する具体的な法律や制度について学習します。

1　法律等の意味と読み方

1　法律等の種類と意味合い

　制度としての保育，実践としての保育，地域の子育て支援活動などを社会的に展開していく根拠となるのがさまざまな法律です。広い意味での法律には，さまざまなレベルがあります。もっとも広域で適用されるのが多国間で承認されたり締結されたりするもので，国際法や，条約・規約などと呼ばれます。このうち，国際連合（国連）が核となって制定される条約や規約は，それぞれの国が批准[*1]や加入[*2]という手続きをし，締約国とならなければ，少なくともその国においては有効とはなりません。
　これと類似したものに，宣言とか憲章と呼ばれるものがあります。条約・規約と国際的な意味は大きく異なるものではありませんが，条約の場合，有効となるための要件[*3]，あるいは，締約国における実態の報告義務や違反した場合などの手続きが規定されているものが多く，拘束力は高くなっています。

＊1　批准：条約に署名した国が，国内手続きを経て公式に締約国となること。
＊2　加入：条約に署名することなく，国内手続きを経て公式に締約国となること。加入後の効力は批准と変わらない。

国内法は，「憲法」を基盤にして，「民法」「刑法」「児童福祉法」「学校教育法」「就学前の子どもに関する教育，保育等の総合的な提供の推進に関する法律」（以下，認定こども園法）など，生活の多岐にわたる領域で多くの法律がつくられています。国際法と国内法の関係については，国によって解釈が異なりますが，日本では憲法が最高法規であり，国際法はそれに続くものと解される規定をしています（憲法第98条第1項および第2項）。

　以上のように法律同士の関係では，憲法が最上位のものであり，次が国際条約・規約，最後に憲法以外の国内法ということになります。したがって，国際条約・規約が国内法に抵触する場合，国内法を改正することが必要となります。

　国内法およびそれに準ずるものも階層化されています。大きくは法律（「児童福祉法」「学校教育法」など），政令・省令・規則等（「児童福祉施設の設備及び運営に関する基準」など），告示（「保育所保育指針」「幼稚園教育要領」など），通知（「医療的ケア児の支援に関する保健，医療，福祉，教育等の連携の一層の推進について」など）があります。告示や通知は，正確には法律には位置づけられませんが，地方自治体や教育・保育事業者等が事業を展開する場合に重要な参考資料となります。通知の場合，「地方自治法の規定に基づく技術的な助言である」という記述があるものも少なくありません。

　さらに，地方自治体が条例等を策定することがあります。条例等は，地方の事情や政策判断に基づいて策定され，当該地方自治体内でのみ機能します。ただし，国基準の質を下げるような内容を定めることはできません。保育所や認定こども園関係では，職員配置を高くしたり，保育料を下げたりするような条例が時々見られます。

＊3　たとえば，「児童の権利に関する条約」では，「20番目の批准書又は加入書が国際連合事務総長に寄託された日の後30日目の日に効力を生ずる」（第49条）という規定がある。1989年11月20日に国連総会で採択されたこの条約が発効となったのは，批准および加盟国が20か国を超えた翌月の1990年9月2日である。

第 12 章　保育に関わる法律と制度

表12-1　法律の表記法および読み方

> 第4条　この法律で，児童とは，満18歳に満たない者をいい，児童を左のように分ける。
> 　一　乳児　満1歳に満たない者
> 　二　幼児　満1歳から，小学校就学の始期に達するまでの者
> 　三　少年　小学校就学の始期から，満18歳に達するまでの者
> ②　この法律で，障害児とは，身体に障害のある児童，知的障害のある児童，精神に障害のある児童（以下略）。
> 第18条の4　この法律で，保育士とは，第18条の18第1項の登録を受け，保育士の名称を用いて，専門的知識及び技術をもつて，児童の保育及び児童の保護者に対する保育に関する指導を行うことを業とする者をいう。

出所：児童福祉法より抜粋し筆者作成。

2　条文の表記法および読み方

　法律等の条文は独自の表記法や読み方をすることがあります。

　表12-1の前段は，児童福祉法第4条の児童の定義です。「②」[*4]の部分を「項」と言います。「①」がありませんが，法律では何も書いていなくても，最初の条文を第1項と言います。「一」の部分は「号」と言います。号の場合は，常に「一」からはじまります。したがって，幼児の定義の部分は，「児童福祉法第4条第1項第2号」となります。

　また，法律の改正等で条文が追加された場合，表12-1の後段に見られるように，「第18条の4」のような記載をすることがあります。これ自体が1つの「条」として位置づけられており，「第18条の4」という「条」という意味になります。

---

*4　項番号については，法律原文に記載されているものと，記載されていないものがある。法律原文に記載されているものについては「2」「3」などと数字がふられており，法律原文に記載がないものについては，便宜上「②」や「〇2」などと表記されることがある。なお，ここで例示として用いた「児童福祉法」も法律原文には，項番号の記載がないため，「②」と表記している。

2　保育に関わる法律等

1　子どもの生活に関わる法律

　QOL（Quality of Life）という言葉を聞いたことがあるでしょうか。一般に，「生活の質」と訳されますが，英語のライフには，生活，人生，生命などの意味があります。QOLのLは，単に「生活」を指すものとして捉えるのではなく，人生や生命を含めて考えるべきものです。

　保育は，人生の初期段階である子どもの「ライフ（Life）」を支える制度であり，実践です。保育に関わる法律は，広くは，子ども期の生活や生命・健康などに関わる法律と捉える必要があります。子どもの生活に関わる法律には，表12-2に示すような，さまざまな法律があります。

2　国際条約・規約と保育・教育

　「児童の権利に関する条約」には「保育」という言葉は規定されていませんが，「教育」という言葉は，すべての子どもに関する規定以外にも，障害のある子どもおよび社会的養護のもとで生活する子どもに対する規定が見られます。

　すべての子どもに関する規定は，第28条および第29条に見られます。第29条では，教育のあり方が5項目にわたって規定されています。たとえば，「児童の人格，才能並びに精神的及び身体的な能力をその可能な最大限度まで発達させること」「人権及び基本的自由並びに国際連合憲章にうたう原則の尊重を育成すること」「自然環境の尊重を育成すること」などです。第29条に規定される内容は，保育現場でも尊重すべきものです。

3　憲法と保育・教育

　憲法にも「保育」という言葉は規定されていません。「教育」については，

表12-2　子どもの生活に関わる代表的法律

【国際法・条約・規約】 　児童の権利に関する条約，国際人権規約，障害者の権利に関する条約，女子に対するあらゆる形態の差別の撤廃に関する条約
【社会の基盤に関する法律】 　憲法，民法，少子化社会対策基本法，男女共同参画社会基本法
【子ども家庭福祉六法】 　児童福祉法，児童扶養手当法，母子及び父子並びに寡婦福祉法，母子保健法，特別児童扶養手当等の支給に関する法律，児童手当法
【子ども家庭福祉に関連する法律】 　認定こども園法，子ども・子育て支援法，児童虐待の防止等に関する法律，次世代育成支援対策推進法，子ども・若者育成支援推進法，子どもの貧困対策の推進に関する法律
【子どもの生活に関わる法律】 　教育分野：教育基本法，学校教育法，いじめ防止対策推進法 　司法・青少年の健全育成分野：少年法，少年院法，少年鑑別所法，児童買春・児童ポルノに係る行為等の規制及び処罰並びに児童の保護等に関する法律 　保健医療分野：学校保健安全法，母体保護法，地域保健法 　労働分野：労働基準法，育児休業・介護休業等育児又は家族介護を行う労働者の福祉に関する法律
【社会福祉の基礎に関わる法律】 　社会福祉法，生活保護法，民生委員法，売春防止法，精神保健及び精神障害者福祉に関する法律，配偶者からの暴力の防止及び被害者の保護等に関する法律

出所：筆者作成。

第26条に規定があります（表12-3）。このうち第1項は，保育現場でも尊重すべきものです。

4　教育基本法と保育・教育

　教育基本法では，教育の場などについて，義務教育（第5条），学校教育（第6条），大学（第7条），私立学校（第8条），教員（第9条），家庭教育（第10条），幼児期の教育（第11条），社会教育（第12条），などを示しています。
　第11条は幼児期の教育に関する規定です（表12-4）。幼児期の教育とは，本条において明確な定義はなされていませんが，おおむね，生後から小学校就学前の時期の幼児を対象として，幼児が生活するすべての場において行われる教育を総称したものと解されています。具体的には，「幼稚園等における教育，家庭における教育，地域社会における様々な教育活動を含む，拡がりをもった

表12-3　憲法第26条と保育・教育

第26条　すべて国民は，法律の定めるところにより，その能力に応じて，ひとしく教育を受ける権利を有する。
　②　すべて国民は，法律の定めるところにより，その保護する子女に普通教育を受けさせる義務を負ふ。義務教育は，これを無償とする。

表12-4　教育基本法第11条と保育・教育

第11条　幼児期の教育は，生涯にわたる人格形成の基礎を培う重要なものであることにかんがみ，国及び地方公共団体は，幼児の健やかな成長に資する良好な環境の整備その他適当な方法によって，その振興に努めなければならない。

概念としてとらえられる。したがって，保育所において行われる教育も，本条の『幼児期の教育』に含まれる[*5]」とされています。

5　保育所・幼保連携型認定こども園・幼稚園に関する法律上の規定

　保育所，幼保連携型認定こども園，幼稚園に関する規定は，それぞれ，「児童福祉法」「認定こども園法」「学校教育法」にあります。

　表12-5および表12-6には，それぞれの目的と，職員の業務に関する規定を示してあります。

　なお，保育所および幼保連携型認定こども園は児童福祉法で児童福祉施設，幼稚園は学校教育法で学校と位置づけられています。さらに，幼保連携型認定こども園は，教育基本法において学校としての性格を位置づけ，学校教育法における幼稚園と同様の教育を行うものとされています。すなわち，幼保連携型認定こども園は，児童福祉施設でもあり，学校でもあるということを意味しています。

　認定こども園で保育・教育に直接あたる職員は，乳児の担当を含め，すべて保育教諭と呼ばれます。ただし，独立した養成課程は設けられておらず，幼稚園教諭および保育士両方の免許・資格を有することが原則となりますが，当面

＊5　教育基本法研究会（編著）『逐条解説 改正教育基本法』第一法規，2007年。

表12−5　保育所・幼保連携型認定こども園・幼稚園の目的

【保育所】（児童福祉法第39条）
　保育所は，保育を必要とする乳児・幼児を日々保護者の下から通わせて保育を行うことを目的とする施設（利用定員が20人以上であるものに限り，幼保連携型認定こども園を除く。）とする。

【幼保連携型認定こども園】
　①認定こども園法第2条第7項
　この法律において「幼保連携型認定こども園」とは，義務教育及びその後の教育の基礎を培うものとしての満3歳以上の子どもに対する教育並びに保育を必要とする子どもに対する保育を一体的に行い，これらの子どもの健やかな成長が図られるよう適当な環境を与えて，その心身の発達を助長するとともに，保護者に対する子育ての支援を行うことを目的として，この法律の定めるところにより設置される施設をいう。
　②児童福祉法第39条の2
　幼保連携型認定こども園は，義務教育及びその後の教育の基礎を培うものとしての満3歳以上の幼児に対する教育（教育基本法第6条第1項に規定する法律に定める学校において行われる教育をいう。）及び保育を必要とする乳児・幼児に対する保育を一体的に行い，これらの乳児又は幼児の健やかな成長が図られるよう適当な環境を与えて，その心身の発達を助長することを目的とする施設とする（一部略）。

【幼稚園】（学校教育法第22条）
　幼稚園は，義務教育及びその後の教育の基礎を培うものとして，幼児を保育し，幼児の健やかな成長のために適当な環境を与えて，その心身の発達を助長することを目的とする。

表12−6　保育士・保育教諭・幼稚園教諭の業務

【保育士】（児童福祉法第18条の4）
　保育士とは，（中略）保育士の名称を用いて，専門的知識及び技術をもつて，児童の保育及び児童の保護者に対する保育に関する指導を行うことを業とする者をいう。

【保育教諭】（認定こども園法第14条第10項）
　保育教諭は，園児の教育及び保育をつかさどる。

【幼稚園教諭】（学校教育法第27条第9項）
　教諭は，幼児の保育をつかさどる。

の間，いずれか一方を有しておれば，制度上の配置は問題ないとされています。さらに，残るいずれかの資格・免許をとるための方策も示されています。

3 保育に関わる制度

1 保育に関わる行政機構

　国においては，原則として福祉は厚生労働省，教育は文部科学省が担当します。認定こども園については，教育と福祉の両面が関係しているため，内閣府も関係しています。

　地方自治体も原則として国に準じた管轄となります。ただし，地方自治体には内閣府のようなものがないため，認定こども園については，福祉関係部局の所管が多くなっています。

2 保育に関わる機関[*6]

　保育所（公立，私立含む），公立幼稚園，認定こども園（4類型）のほか，子ども・子育て支援制度のもとで実施される小規模保育事業，家庭的保育事業，放課後児童健全育成事業等の各種事業など，保育に直接的に関わる機関は市町村です。私立幼稚園については，私学助成で運営される幼稚園（以下，私学助成幼稚園）は都道府県，子ども・子育て支援給付を受ける幼稚園は市町村となります。

　保育を実施するうえで関係する機関としては以下のようなものがあります。

①市町村

　市町村は，子ども家庭福祉相談の第一義的窓口と位置づけられ，子どもに関わるさまざまな相談に応じます。虐待に代表される，保護や支援の必要な子どもについても，第一義的通告の窓口と位置づけられています。

　市町村には，要保護児童対策地域協議会，子ども家庭（総合）支援拠点，母子健康包括支援センター（子育て世代包括支援センター），市町村保健センターなどの設置についても，努力義務が課せられています。

＊6　ここで説明するさまざまな機関や事業については，「子ども家庭福祉」や「子ども家庭支援論」など，他の科目で詳しく学習するので，そちらも参照のこと。

②児童相談所

児童相談所は，都道府県および政令指定都市が義務設置，東京都区部および中核市[*7]が任意設置で，①子どもに関するさまざまな問題について家庭その他からの相談，②子どもおよびその家庭について，必要な調査，医学的・心理学的・教育学的・社会学的および精神保健上の判定，③子どもおよびその保護者について，調査または判定に基づいての必要な指導，④一時保護，を行っています。虐待を受けている子どもの保護や支援などでは，保育所，認定こども園，幼稚園，各種児童福祉施設等と連携が求められます。

③福祉事務所

福祉事務所は，社会福祉法に規定される「福祉に関する事務所」の通称で，都道府県および市が義務設置で，町村は任意設置です。福祉事務所は主に生活保護に関する業務を担っていますが，子ども家庭福祉についてはひとり親家庭福祉に関する業務など，子どもに関連する業務も多く担っています。さらに，一部の福祉事務所には家庭児童相談室という，地域の子どもの相談窓口が設置されています。

④家庭裁判所

家庭裁判所は，裁判所法に基づき設置される裁判所の一つであり，家庭裁判所では，①子どもの虐待や養子縁組，離婚，親権の一時停止・喪失など，家庭に関する事案の審判および調停（家事事件），②少年保護事件の審判（少年事件），などの業務を行っています。

3　保育の財政

保育は無論のこと，子ども家庭福祉が目指している子どもの健全な発育や成長は，児童福祉法にも定められているように社会全体の責任です。したがって，そのための費用は，保護者負担のみならず，制度によって，税金，事業主負担，保険料など，さまざまに組み合わせてまかなわれています。

＊7　中核市等で，児童福祉法に基づき児童相談所を設置した場合，児童相談所設置市と呼ばれ，児童相談所の業務を遂行することができる。

4 子ども・子育て支援制度

①子ども・子育て支援制度の目的

子ども・子育て支援制度は，2015年4月，少子高齢社会の加速化，サービス整備の自治体間格差，サービス不足領域への対応などを背景に，①質の高い幼児期

図12-1　給付の全体像
出所：筆者作成。

の学校教育・保育の総合的な提供（認定こども園制度の改編），②保育の量的拡大・確保（過疎地の資源の確保と再配分，保育所待機児童の解消），③地域の子ども・子育て支援の充実，を主な目的としてはじまったものです。保育所，認定こども園（4類型）は，すべてこの制度のもとで運営されます。幼稚園については，設置者の意向で，私学助成を中心に運営することもできます（私学助成幼稚園）。

②給付の全体像

子ども・子育て支援制度における給付は，子ども・子育て支援給付，地域子ども・子育て支援事業の大きく2つに分かれます。子ども・子育て支援給付はさらに児童手当，施設型給付，地域型保育給付の3つに分かれます（図12-1）。

施設型給付の対象となるのは，保育所，子ども・子育て支援制度に移行した幼稚園（以下，施設型給付幼稚園）および認定こども園（4類型）です。

地域型保育給付には，小規模保育（利用定員6人以上19人以下），家庭的保育（利用定員5人以下），居宅訪問型保育，事業所内保育（従業員の子どものほか，地域において保育を必要とする子どもにも保育を提供するもの）の4事業が該当します。

地域子ども・子育て支援事業は，表12-7に示す13の事業で成り立っています。

③保育所と幼稚園の現在

この制度により，従来の幼稚園は，図12-2に示す，私学助成幼稚園，施設型給付幼稚園，幼稚園型認定こども園，幼保連携型認定こども園の4つのいずれかを選択することになりました。このうち私学助成幼稚園は，この制度のもとには位置づけられず，管轄も市町村とはなりません。また，幼保連携型認定

第 12 章　保育に関わる法律と制度

表12-7　地域子ども・子育て支援事業の概要

事 業 名	概　　　　　　要
①利用者支援事業	子ども及びその保護者の身近な場所で，教育・保育・保健その他の子育て支援の情報提供及び必要に応じ相談・助言等を行うとともに，関係機関との連絡調整等を実施する事業
②地域子育て支援拠点事業	乳幼児及びその保護者が相互の交流を行う場を提供し，子育てについての相談，情報の提供，助言その他の援助を行う事業
③妊婦健康診査	妊婦の健康の保持及び増進を図るため，妊婦に対する健康診査として，①健康状態の把握，②検査計測，③保健指導を実施するとともに，妊娠期間中の適時に必要に応じた医学的検査を実施する事業
④乳児家庭全戸訪問事業	生後4か月までの乳児のいる全ての家庭を訪問し，子育て支援に関する情報提供や養育環境等の把握，育児に関する不安や悩みの相談を行う事業
⑤養育支援訪問事業，子どもを守る地域ネットワーク機能強化事業（その他要保護児童等の支援に資する事業）	・養育支援訪問事業 養育支援が特に必要な家庭に対して，保健師，助産師，保育士などがその居宅を訪問し，養育に関する指導・助言等を行うことにより，養育能力を向上させるための支援を行う事業 ・子どもを守る地域ネットワーク機能強化事業 要保護児童対策地域協議会の機能強化を図るため，調整機関職員やネットワーク構成員（関係機関）の専門性強化と，ネットワーク機関間の連携強化を図る取組を実施する事業
⑥子育て短期支援事業	保護者の疾病等の理由により家庭において養育を受けることが一時的に困難となった児童について，児童養護施設等において，必要な養育・保護を行う事業（短期入所生活援助事業（ショートステイ事業）及び夜間養護等事業（トワイライトステイ事業））
⑦子育て援助活動支援事業（ファミリー・サポート・センター事業）	乳幼児や小学生等の児童を有する子育て中の保護者を会員として，児童の預かり等の援助を受けることを希望する者と当該援助を行うことを希望する者との相互援助活動に関する連絡，調整を行う事業
⑧一時預かり事業	家庭において保育を受けることが一時的に困難となった乳幼児について，主として昼間において，認定こども園，幼稚園，保育所，地域子育て支援拠点その他の場所において，一時的に預かり，必要な保護を行う事業
⑨延長保育事業	保育認定を受けた子どもについて，通常の利用日及び利用時間以外の日及び時間において，認定こども園，保育所等において保育を実施する事業
⑩病児保育事業	病児について，病院・保育所等に付設された専用スペース等において，看護師等が一時的に保育等をする事業（訪問型もあり）
⑪放課後児童健全育成事業	保護者が労働等により昼間家庭にいない小学校に就学している児童に対し，授業の終了後に小学校の余裕教室，児童館等を利用して適切な遊び及び生活の場を与えて，その健全な育成を図る事業
⑫実費徴収に係る補足給付を行う事業	保護者の世帯所得の状況等を勘案して，特定教育・保育施設等に対して保護者が支払うべき日用品，文房具その他の教育・保育に必要な物品の購入に要する費用又は行事への参加に要する費用等，特定子ども・子育て支援に対して保護者が支払うべき食事の提供（副食に限る）にかかる費用を助成する事業
⑬多様な事業者の参入促進・能力活用事業	特定教育・保育施設等への民間事業者の参入の促進に関する調査研究その他多様な事業者の能力を活用した特定教育・保育施設等の設置又は運営を促進するための事業

出所：内閣府「子ども・子育て支援新制度について（令和3年6月）」2021年をもとに筆者作成。

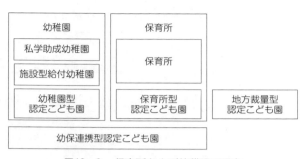

図12-2　保育所および幼稚園の現在
出所：筆者作成。

こども園は、学校教育には位置づけられますが、学校教育法上の幼稚園とは位置づけられません。公立幼稚園は、認定こども園を選択しなければ、予算措置は別としてすべて施設型給付幼稚園の考え方で運営されることになります。

保育所は、保育所、保育所型認定こども園、幼保連携型認定こども園のいずれかを選択することになります。幼保連携型認定こども園を選択すると、保育所ではなくなりますが、児童福祉施設としての位置づけは残ります。また、保育所の場合、民間保育所は元々すべて市町村の管轄であったので、すべてこの制度の下に位置づけられます。

④保育の必要性の認定と利用申し込み

保育所や認定こども園等で保育を受ける場合、市町村による保育の必要性の認定を受けなければなりません。保育の必要性の認定は、保育標準時間認定（月120時間以上の保育が必要であるものに対して、送迎時間を含め、1日最長11時間の利用が認められるもの）と保育短時間認定（原則、月48〜64時間程度の範囲以上の保育が必要であるものに対して、1日最長8時間の利用が認められるもの）の2段階で行われます。これ以外に、教育標準時間利用（1日4時間程度）という、3歳以上の子どもが利用できる枠があります。この利用は、年齢以外の要件はありませんので、保育の必要性があっても、家庭によってはこの枠を希望される場合もあります。その場合、幼稚園型一時預かり事業（幼稚園の預かり保育のようなもの）の利用と組み合わされる場合が多くなります。

利用契約は、保育の必要性がない場合（教育標準時間利用を希望する家庭）は、

第12章　保育に関わる法律と制度

表12-8　保育の必要性の認定と利用申し込み

	保育の必要性なし	保育の必要性あり
3歳未満児	利用枠なし	3号認定子ども
3歳以上児	1号認定子ども	2号認定子ども
利用申し込み	事業者との直接契約	市町村

出所：筆者作成。

表12-9　保育料の決定と徴収

	私学助成幼稚園	施設型給付幼稚園 認定こども園（4類型）	保育所
保育料の決定	事業者	市町村	市町村
負担原則	応益負担	応能負担	応能負担
徴収者	事業者	事業者	市町村

出所：筆者作成。

すべて事業者との直接契約となります。このような利用をする子どもを，「1号認定子ども」と言います。保育の必要性があると認定された場合，すべて市町村への利用申請となります。その場合は，申請者は，利用希望施設の順位をつけて申請します。第一希望が定員を超過した場合，市町村は，第二希望と保育の必要度を勘案しながら利用調整をします。以下，これを繰り返すことになります。保育の必要性があると認定を受けた3歳以上の子どもを「2号認定子ども」，同じく3歳未満の子どもを「3号認定子ども」と言います（表12-8）。

⑤保育料の決定と徴収

保育料の決定は，私学助成幼稚園の場合，従来通り事業者が，応益負担の原則で決定し，自ら徴収します（表12-9）。応益負担は，所得による差がない均一保育料という考え方であるため，低所得者の負担感が強くなります。その差を埋めるため，年度末に就園奨励費という名目で，保護者の所得に応じた給付金が支給されることがあります。

施設型給付幼稚園および認定こども園（4類型）の場合，保育料は，すべて市町村が応能負担の原則で（所得に応じた利用料設定）決定し，事業者自ら徴収します。公立幼稚園も施設型給付幼稚園として位置づけられるので，制度上は

223

保育料は応能負担となりますが，保育料の決定権は市町村にあるので，従来通り応益負担（均一保育料）にしているところも少なくありません。さらに，保育料については，市町村との協議を経て，かつすべての保護者に事前に説明することを前提に別途保育料を増額することもできます（特定保育料）。保育所は，子ども・子育て支援制度以前と変化がなく，市町村が応能負担の原則で保育料を決定し徴収します。

まとめ

　保育には，制度としての側面と実践としての側面の両方がありますが，いずれも，その基盤には法律や通知等があります。本章では，大きく3つの点を学習しました。第一は，保育・教育に関わる法律の体系です。その基本として，国際法と国内法の関係についても整理してあります。第二は，保育・教育に関わる行政や制度の仕組みです。第三は，保育・教育に関わる制度，とりわけ，子ども・子育て支援制度について丁寧に説明してあります。
　保育者を目指すものは，保育実践に関心を寄せがちですが，実践としての保育を含む，保育自体を成立させている法律や制度についても，関心をもっていただきたいものです。

さらに学びたい人のために

○田尻由貴子『「赤ちゃんポスト」は，それでも必要です。――かけがえのない「命」を救うために』ミネルヴァ書房，2017年。
　こうのとりのゆりかご（赤ちゃんポスト）の開設に携わり，その後も相談員として長く活動した著者の目を通して見た，こうのとりのゆりかごの意義や直接相談を受け対応した子どもへのフォローなどが丁寧に綴られています。

○柏女霊峰『これからの子ども・子育て支援を考える――共生社会の創出をめざして』ミネルヴァ書房，2017年。
　2015年の子ども・子育て支援制度，2016年の児童福祉法改正という，子ども家庭福祉に関わる重要な変化を踏まえ，今後の子ども・子育て支援の在り方を検討したものです。

第 13 章

これからの保育の課題と展望

●　●　●　学びのポイント　●　●　●

- 幼稚園・保育所さらに認定こども園の保育の中味の共通性が増してきて，要領・指針でも同様の記載とすることとしていることを理解する。
- 教育とは資質・能力が発揮され伸びていくプロセスにあり，それは乳児期から始まり，幼児期の終わりさらに小学校以降へと伸びていくことを理解する。
- 「幼児期の終わりまでに育ってほしい姿」とは，資質・能力が各内容領域においてどのように伸びていきつつあるかを，子どもの具体的な活動での様子（姿）として表し，保育の様子の共有化と改善に用いるためにあることを理解する。

WORK　乳幼児教育・保育の課題とは何だろう？

1．小学校教育との接続について考える

　乳幼児期の「子ども主体の遊びが学び（教育）」であることが重要であると言うためには，その育ちや学びを小学校に説得力をもって伝えられることが大切です。

　あなたなら「子ども主体の遊びが学び」だということを，どのように説明しますか。幼児期の終わりまでに育ってほしい「10の姿」を使って，具体的に説明してみましょう。

① これまでの授業などで紹介された5歳児の事例（あるいは映像）から「10の姿」を書き出してみましょう。10枚の付箋紙を使うとよいでしょう。

② 5，6名のグループで集まってみましょう。模造紙の上に，書き出した「10の姿」の付箋紙を出し合ってみましょう。

③ グループごとに模造紙を使って，小学校に伝えることを想定して，プレゼンをしてみましょう。

2．保育の質・保育者の専門性について考える

　保育の質の向上，保育者の専門性の向上が求められています。そのためには，何が必要でしょうか。

① 保育の質の向上や保育者の専門性の向上のためには何が大切でしょうか。自分のノートに書き出し，その後，近くの人と話し合ってみましょう。

② 保育の質の向上や保育者の専門性向上のために，保育所保育指針などでは何をすることが大切だと書かれているか，調べてみましょう。

③ 文部科学省や厚生労働省などでは，保育の質の確保や向上のためにどのような検討がなされているでしょうか。インターネットなどで調べてみましょう。

第 13 章　これからの保育の課題と展望

● 導　入 ● ● ● ● ● ● ● ●
　本章では主に幼稚園教育要領や保育所保育指針の趣旨をまとめています。それは単に国の出す文書だから理解すべきだということではなく，保育現場において保育の質をいかによりよいものにしていくかの視点としてそれらを使えるようにすることを目指しています。それは2つの連続性と3つの構造的な視点から検討できます。2つの連続性の1つは乳児から小学校に至るまでの発達（育ち）の縦の連続性です。もう1つは家庭・地域と園とのつながりという生活の連続性です。3つの構造的な視点とは，①資質・能力の考えを子どもの活動のプロセスの中心に置き，そこから学びが生まれるとすること，②内容として必要なことを規定する5つの領域，③それらが組み合わされ，幼児期の終わり頃の育ちの具体的な姿とする「幼児期の終わりまでに育ってほしい姿」です。
　　　　　　　　　　　　　　　　　　　● ● ● ● ● ● ● ●

1　これからの保育の在り方を考える

　2017年3月末日に幼稚園教育要領，保育所保育指針，幼保連携型認定こども園教育・保育要領が同時に改訂（定）（以下，改訂）されました。それらは従来からの「環境を通しての保育」の考え方を踏襲しつつ，さらに保育の質の向上を目指して，構造化を図り，そこでの子どもの学びと育ちを明確にして，乳幼児期全体の保育の連続性と，さらに小学校以降の教育の基盤を培うことを目指しています。
　以下では，今回の幼稚園教育要領等の改訂のポイントから，これからの保育の在り方について考えていきたいと思います。
　その前に，本章の議論の前提となる用語である「保育」と「幼児教育」について，簡単に整理しておきます。
　「保育」とは児童福祉法や学校教育法を参照すると，保護者が子どもを愛し，保護し，養育する営みに類して，基本的に保護者の代理のものが家庭のような在り方で成長を援助することの全般を指します。保育所で行うその営みを「保育所保育」と呼びます。幼稚園ではその教育の営みを「保育する」と呼びます。

認定こども園では，子ども・子育て支援法と認定こども園法において「教育」は幼児期の学校教育，「保育」は保育を必要とする子どもの保育と狭く定義しています。

「幼児教育」は幼児期の教育としての子どもの成長の援助をすべて指すことがあり（その場合，乳幼児期全体を含める），これがもっとも基本となる定義です。もう少し狭く，3歳以上の1日4時間程度の幼稚園等で行う教育のことを指すこともあります。

1 幼児期の教育の共通性の確立

①3歳以上の幼児教育の共通化

今回の改訂の大きなポイントの一つとして，幼稚園・保育所・認定こども園において，特に3歳以上について，その教育を共通化することを明確化したことがあげられます。今回の改訂ではそれを「幼児教育」と呼んでいるのですが，今回突然そうなったわけではなく，教育要領・保育指針などの1989（平成元）年度以降の数度の改訂で少しずつ幼稚園と保育所とが共通化してきたものです。そういう意味で特に保育指針の流れを見ると，保育所保育の専門性の確立とセットで，幼児教育としての位置づけを明確にしたということになります。

ただ，幼児期の学校教育とは，あくまで幼稚園と幼保連携型認定こども園においてということであり，保育所は児童福祉法の児童福祉施設であることに変わりはありません。保育所における教育とは学校教育に準じるものであり，広義の成長に資するという意味であり，学校教育としての体系に組み入れられた詳細なカリキュラムを規定されていません。これらのことは，いずれ改訂されるかもしれないのですが，今回の保育指針の改定では，ぎりぎりのところまで幼児教育としての修正を図ったということになります。その結果として，実質

---

*1 正式名称，就学前の子どもに関する教育，保育等の総合的な提供の推進に関する法律。
*2 「幼児期の教育」については，教育基本法第11条において，次のように規定されている。
　　第11条　幼児期の教育は，生涯にわたる人格形成の基礎を培う重要なものであることにかんがみ，国及び地方公共団体は，幼児の健やかな成長に資する良好な環境の整備その他適当な方法によって，その振興に努めなければならない。

第13章　これからの保育の課題と展望

的に3歳以上は幼稚園でも保育所でも同じことを指導し，教育していくということになったのです。

②「資質・能力」の捉え方と「幼児期の終わりまでに育ってほしい姿」

従来からの幼稚園や保育所の保育の捉え方として，以下の3つの原則があげられます。

・乳幼児期にふさわしい保育（教育）をする
・環境における出会いを基本とした保育を行う
・経験すべき内容をもって活動に導く

　乳幼児期にふさわしい保育（教育）というときに，大切にされるのが「環境を通しての保育」という考え方です。それは，子どもが身近な環境に能動的・主体的に関わることで，子どもの成長そして学びを援助していこうということです。その一方で，子どもが行う活動には，必ず内容が伴います。周りの環境への関わりというときに，それがどういう環境の側面への関わりなのかということは子どもが成長していくときに大事なことであり，それを保育内容として保証するのです。

　今回の改訂では，この乳幼児期にふさわしい教育（保育）の方法と内容という2つの面を維持しながら，子どものなかに育つもっとも基本となる「資質・能力」に着目するという考え方を打ち出しています。[*3]「知識及び技能の基礎」「思考力，判断力，表現力等の基礎」「学びに向かう力，人間性等」としてその柱を立てました。

　この「資質・能力」は3つの役割を果たします。第一は，乳児から18歳までの子ども時代の教育を貫く柱を確保し，その成長のためにそれぞれの時期にふさわしい教育を行いながら，それが互いに組み合わさっていくようにしようということです。第二は，内容と方法からなる幼児期の教育を通して育つ力を明示し，それにより長い目での育ちを保障していこうということです。第三は，特に，知識・技能は「感じたり，気付いたり，分かったり，できるようになったりする」として，思考力等は「考えたり，試したり，工夫したり，表現した

＊3　「幼児期において育みたい資質・能力」については，本書第3章の図3-4参照。

りする」，学びに向かう力等は「心情，意欲，態度が育つ中で，よりよい生活を営もうとする」こととしました。それらは短い活動においても，発揮し，伸ばしていくことができることとして概念化してあります。なかでも，「気付く」「できるようになる」「試す」「工夫する」などは活動の具体的な姿のなかに見てとれるでしょう。子どもが心を動かされ，そこからやってみたい意欲が生まれ，それを実現しようとして粘り強く取り組むことなどが学びに向かう力の中身になるので，それも活動のなかに見てとれ，援助できます。

　そのうえで，「幼児期の終わりまでに育ってほしい姿」というのは，子どもを育てていくうえでの方向性であり，構造化を図ったもので，「資質・能力」が5つの内容のなかでどのように実現していくかを示しています。幼児期の終わり（年長の後半）において，資質・能力が具体的な内容のなかでどういった特定の在り方を示し，それが子どもの活動の様子として現れていくかを明らかにしています。しかし，それらは根本的に新しく提案されたというわけではないのです。「資質・能力」とは言っていなくても似たような考え方はすでにあったでしょうし，「幼児期の終わりまでに育ってほしい姿」というのは，実は5領域に書いてある領域の指導のポイント（幼稚園教育要領などの「内容の取扱い」）の整理なのです。

　こういった構造化を図りながら，幼児教育としての共通性を確立したのです。実際，日本の子どもたちの95％以上（4歳児・5歳児）が幼稚園か保育所か認定こども園に通い，その後小学校に行くようになっています。それらの幼児教育施設以外の無認可の施設に行く子どもも多少はいますが，それを含めれば4歳以上では100％近くが，また3歳児でも90％近くがこのような教育を受けていることになります。もはや幼稚園だけが「教育」を行っているというような言い方はできません。だからこそ，すべての子どもが良質な幼児教育を受けるべきなのであり，その際，幼稚園か保育所か認定こども園かといったことを問うべきではないのです。

　③非認知と認知能力

　「資質・能力」の捉え方を構成するものとして認知と非認知という概念が要になります。保育において普通の言い方をすれば，「認知」というのは知的な

第13章　これからの保育の課題と展望

力で，「非認知」というのは情意的な力や人と協働する力などを指します。

「資質・能力」では，「知識及び技能の基礎」は「気付くこと」と簡単には言えますが，それは知的な力の一面です（「できるようになること」はいわば身体知と言ってよいのですが）。知的な力のもう一面は，2つ目の「思考力等」であり，それは考えること，工夫することであり，知的な力の中心です。つまり，この2つがいわゆる「認知能力」と言われるものです。

3つ目の「学びに向かう力，人間性等」というのは「心情・意欲・態度」の育ちから生まれるとあるので，情意的な部分となります。つまり，「非認知能力」ということになります。「心情・意欲・態度」の「心情」は，気持ちや感情であり，心が動かされることと説明できます。「意欲」はやりたいと思うこと，「態度」というのは，保育内容でいうと粘り強く取り組むといった類いのことを指しています。粘り強く最後まで取り組むとか，難しいことにも挑戦してとか，みんなで一緒に考えていくというのを「態度」に含めています。今回そのあたりを一括りにして「学びに向かう力」と名づけ，これを幼児教育から小中学校の教育に共通の言い方にしようとしています。

④養護性と教育の一体性

養護とは生命的な存在である子どもの生きることそのものの保障を言っています。「生命の保持」と「情緒の安定」という整理は，子どもの身体とさらに心の基盤を整えるということを意味しています。特に保育する側がそのことの責務を負っており，保育所なり認定こども園では特に幼い子どもがおり，長時間の生活があるので強調されているところです。実はその用語を使うかどうかは別とすれば，幼稚園教育でもそもそも「保育」という用語を使っており，保護という概念がそこに中核的な意味をもっています。また幼稚園においても，児童福祉法の根幹にある理念としての「保護と愛情」[*4]を受けている以上，幼児教育も「養護」と一体的であるというのは，当然なのです。

---

*4　児童福祉法第1条に「全て児童は，児童の権利に関する条約の精神にのっとり，適切に養育されること，その生活を保障されること，愛され，保護されること，その心身の健やかな成長及び発達並びにその自立が図られることその他の福祉を等しく保障される権利を有する」とその理念が規定されている。

養護とは，保育・幼児教育の施設という家庭から離れた場で，不安になっている子どもが安心して過ごせるようにするところから始まります。そこから，保育者との安定した愛着・信頼の関係に支えられ，子どもの関心が徐々にその周囲へと広がっていきます。すると，そこには他の子どもたちがおり，いろいろなものがあり，さまざまな活動が展開していることに気づき，そこに加わろうとする動きが始まります。そこでの経験の保証が（乳児期には3つの視点で，1歳以降は）保育内容の5つの領域として整理されたものであり，その経験から発する内面の変容を「学び」と呼ぶのです。だから，養護に支えられた教育が「幼児教育」ともなり，将来の小学校以降の学校教育の土台となります。同時に小学校以降の教育を下に降ろすのではなく，身近な環境における出会いとそこでの関わりから成り立つ経験をその幼児教育としていくのです。

⑤教育の連続性

　もう一つ，幼児期の教育ということが意味をもつとすれば，それは乳幼児から大人までの連続性を確保するということにあります。乳幼児期は乳幼児期として育てるべき独自のやり方やねらいがあるのですが，同時にそれが小中学校につながっていかなければいけないはずです。このことは義務教育を小学校前に下ろすとか，幼児教育を上に上げるということではなく，つながりというのを明確にすることによって，それぞれの育て方を理解しながら，全体として子どもがしっかり育つようにしようという趣旨なのです。そのために，「資質・能力」を基盤としながら，「幼児期の終わりまでに育ってほしい姿」を共有し，そこから子どもが小学校に入学してから，少しずつ小学校の教育の在り方に誘導していく。そういう接続の仕方を提示しているのです。

⑥幼児教育の重要性のエビデンスをめぐって

　乳幼児期の施設での保育（幼児教育）は，特に2歳ないし3歳以上において，どの子どもも受けることが望ましいという実証的な証拠が，過去30年間ほどの間で世界のさまざまな国で収集されてきました。[*5]

　その多くの研究では，影響の指標として，小中学校の学力（特に国語と算数の

＊5　その要点は次のものを参照。内田千春・無藤隆「幼児教育のエビデンスと政策⑴〜⑷」ちとせプレス，2015年　http://chitosepress.com/2015/11/09/432/（2018年10月30日閲覧）。

成績）および不適応行動（不登校やいじめや非行行動など）を規準としています。要点をまとめると，第一に，幼児教育を受けたほうが，受けないよりも，学力が高く，不適応行動が少ないことが明らかにされており，特に文化的に貧困な家庭・地域においては有効だということです。第二に，質の高い幼児教育を受けるほうが，質の高くない（でも最低基準を満たした）ものより有効だということもわかっています。ただし，質の高さについては，さまざまな議論と研究があり難しいのですが，わが国の幼稚園教育要領などで表される保育は質が高いと言えるでしょう。第三に，質の高さについては，さまざまな要件が絡みますが，保育者自身の資質・能力や園の環境の豊かさが寄与しているという証拠が増えてきています。

　こういった研究の証拠から，日本でも3歳以上について，どの子どもも良質な幼児教育を受けられるようにするべきだという施策が国や自治体や保育関係団体，さらに研究者などから提起されるようになりました。要領・指針の改訂はその一環でもあるのです。

2　乳児期からの連続としての教育・保育を捉える

①乳児保育の原理の明確化

　改訂点として大事なことのさらなるポイントは，保育所と認定こども園に直接関わることですが，「乳児保育」などの原理を明確にしたということです。

　1〜2歳児の5領域と3歳児以上の5領域は内容が多少異なるのですが，基本的には「健康」「人間関係」「環境」「言葉」「表現」の5領域から子どもの育ちを捉えることができるでしょう。それ以前の乳児では，少し様子が異なります。

　保育は，身の回りにあるいろいろなものの分類とその出会いからなるのですが，その根本のところに子どもと周りの関わりの在り方そのものがあります。それが乳児保育なのです。乳児保育では，たとえば8か月の赤ちゃんは，自分の体と相手となる大人，そしてそばにある物との関わりで始まります。乳児保育では，そのような関わりに着目するところから，保育の内容を考えていきま

す。1歳以降の保育内容とは、周りの物事に子ども自身が関わることで成り立つその子どもの経験です。人がいる、物がある、動物がいる、植物がある、積み木があるというように、物や人や出来事の整理をし、そこに子どもが出会っていくという捉え方をしています。しかし乳児保育においては、子どもが関わるという行為そのものが先にあって、そこから対象となるものの把握が始まると考えています。それを「領域」と呼ぶと誤解を招くので、「関わりの視点」としているのです。関わるという在り方が重要なのです。乳児自身が周りにどう働きかけ、周りとどう関わるかということの視点です。とりわけ、小さい時期から人と関わるなかにいろいろなことが生まれてくるという、関わりから捉えるということを意味しています。これが特に2歳さらに3歳となれば、子どもの内面に培われた経験が組織化されてきており、それにより周りにあるものや出来事を意味づける働きが強くなり、内容領域の意味が大きくなるのです。

　このようなことから、乳児保育は、この時期の発達の特徴を踏まえ「健やかに伸び伸びと育つ」「身近な人と気持ちが通じ合う」「身近なものと関わり感性が育つ」という3つの視点から捉えることとなったのです。

　そして、子どもの根本的な周りの人や自分の心身また周りにあるものへの関わりがあって、それが伸びていくことを通して少しずつ内容としての重みを増しながら5領域となっていきます。小学校に入るとそれが教科教育という方向に向かっていきます。こういう流れを明確にすると、小さい時期からの発達という基盤のうえに立ってその先々を構想していくという保育の理念が見えてくるでしょう。

②小学校との結びつき

　保育所保育指針、幼稚園教育要領、幼保連携型認定こども園教育・保育要領の改訂と小学校の学習指導要領の改訂は同時になされましたが、その中身もかなり揃えました。その直接的なインパクトは2つあります。

　一つは先ほど述べたように、資質・能力の育成を考えたときに、乳幼児から高校生まで、実は大学生や社会人になっても連続していくという意味において、視野が広くなってきました。

　もう一つは、より具体的に「幼児期の終わりまでに育ってほしい姿」を提示

して，年長時である程度そういうことが育ってきたことを受けて，今度は小学校の1年生のスタートカリキュラム[*6]において，「幼児期の終わりまでに育ってほしい姿」を生かして教育しようとしたことです。小学校の学習指導要領にもスタートカリキュラムを実施することが義務づけとして明記されました。ただスタートカリキュラムを形だけやるのではなく，「幼児期の終わりまでに育ってほしい姿」を生かして実施するとしてあります。これは特に低学年教育では幼児期の教育に学んで，そこから始めながら徐々に小学校教育らしいところにもっていくということを意味しています。幼児教育の独自性とその後の教育を支える基盤性が共に明確になったのです。

そして「幼児期の終わりまでに育ってほしい姿」を理解するとき，乳児期から始まるということが重要です。先にも述べたように，「乳児保育のねらい・内容」で3つの視点が示されています。第一が自分の心身への関わりです（「健やかに伸び伸びと育つ」）。第二は親や保育士など身近な人との関わりで，信頼感とか愛着を育てることです（「身近な人と気持ちが通じ合う」）。これはとりわけ非認知能力の始まりを形成します。第三は物との関わりで，ここに気づいたり考えたりという知的な部分の芽生えがあります（「身近なものと関わり感性が育つ」）。

なお，「健やかに伸び伸びと育つ」という部分で，「健康な心と体を育て，自ら健康で安全な生活をつくり出す力の基盤を培う」としており，これが「幼児期の終わりまでに育ってほしい姿」の「健康な心と体」とつながることがわかります。つまり乳児から始まって幼児期，さらに小中学校との連続性を明瞭に示しているのです。また，「身近なものと関わり感性が育つ」のほうは，「考える」「好奇心」などが入っています。乳児もまた当然ながら考えるのです。それは小学生やまして大人とは違う働きでもあり，無意図的で無自覚的であるけれど，そこから発展していき，乳幼児期全体を通してより意図的で自覚的な考

---

*6　**スタートカリキュラム**：小学校へ入学した子どもが，幼稚園・保育所・認定こども園などでの遊びや生活を通して育った「資質・能力」と「幼児期の終わりまでに育ってほしい姿」を発揮して，徐々に小学校の授業のやり方へと移っていく。その移行を助けるのがスタートカリキュラムで，生活科を中心にさまざまな教科等を適宜合わせて，子どもが幼児期の育ちを発揮しながら，小学校のやり方に納得しつつ，そのやり方に慣れて学習活動へと進む（詳細は，文部科学省「小学校学習指導要領解説　総則編」2017年を参照）。

えへと発達していきます。「身近な人と気持ちが通じ合う」に関連していうと，人間関係は段階的であり，まず愛着が成り立って，その次に1〜2歳児では仲間との仲良し関係が始まり，3歳児以降に集団的な取り組みや協同的活動が始まるという3段階になっているのです。そのベースとして愛着関係の成立があります。

このように，いずれも発達的な展開として示してあり，それぞれの視点で異なりますが，いずれにしても乳児期からの連続的な発展というのが強く打ち出されているのです。

③資質・能力の姿による把握と保育の改善

子どもが主体的に環境と相互作用することで，その成長が保障されていくという原理は，1989（平成元）年度から入っていますが，子どもの主体的な生活，自発的な活動としての遊びを，専門家である幼稚園教諭・保育士が援助していくという構造が，2008（平成20）年度の改訂ではっきり示されました。ねらいの計画としての教育課程・保育課程，実現としての指導計画というカリキュラムが明確に提示されました。それを受けて，今回，幼児教育全体の原則が構造的に明示されました。子どもにおいて対象内容への能動的な関わりが成り立ち，その経験から学びが生まれ，長期にわたる育ちとしての資質・能力が成り立っていきます。その成長の様子をその都度，保育者が捉えることを「姿」による理解と呼んでいます。

ですから，この「幼児期の終わりまでに育ってほしい姿」というのは方向性であると述べました。それは幼児期に完成させようとしているわけではありません。乳児期から育っていく方向です。「姿」というのはさまざまな活動のなかで見えてくる子どもの様子です。かつ，保育者が丁寧に見ていけば見えるような様子なのであり，現場で見えてくる部分を大切にしていこう，そしてそれにより保育を改善し向上させていこうというメッセージなのです。特に，乳児保育から始まり，乳幼児期全体を通して発達していく子どもの姿なのですが，幼稚園にしてもゼロから始まるわけではなく，幼稚園に行く前に家庭での育ちがあり，さらに子育て支援施設などで集団経験がある程度あり，そういうところの育ちを受けて幼稚園の教育が成り立つことも明らかになっています。

2 今後の保育の課題とは何か

1 幼児教育・保育とは何かを問う

　以上，2017年度の要領・指針の改訂に即して，その理念を解明し，そこからこれからの保育（幼児教育）の在り方を考えてきました。改めてそれを受けて，特に保育の質を向上させていく仕組みをつくっていくことを中心に，今後の課題を整理しておきましょう。

　①幼稚園，保育所，認定こども園の幼児教育としての共通化

　幼児教育の施設として幼稚園，保育所，認定こども園は互いの類似性を増していくでしょう。さらに，そこでいう幼児教育とは何かを問うていくべきですし，また法的な整理が進められるべきです。

　②小学校以降の学校教育の土台としての位置づけ

　幼児教育と小学校教育のつながりを，「資質・能力」の一貫した成長のうえに，幼児教育において「幼児期の終わりまでに育ってほしい姿」の実現を進め，その経過を受けて，小学校教育をスタートさせるというかたちで接続を図りました。さらにそれを実質化し，2つの教育のそれぞれの時期にふさわしい在り方を保持しつつ，連続させていく必要があります。

　③「教育及び保育」の考え方

　認定こども園で進める「教育及び保育」の理念として，学校教育としての教育が養護を含めた保育により常に支えられていくということは今後，幼稚園でも保育所でも取り入れていく必要があります。それは保育所では幼児教育を進め，幼稚園では預かり保育を広げることなどで明白になります。

2 専門性の向上に向けて

　①支援体制の確立

　幼児教育・保育への専門的支援の体制をつくっていく必要があります。それ

はまずは，市町村担当者の専門化にあります。中身がよくわかっている人が担当するという仕組みとしていくべきです。また，今，全国に少しずつ幼児教育センター[*7]が設置され，そのもとに幼児教育アドバイザーが置かれるようになりました。その拡充と，在り方の検討が必要です。

②研修体制の確立

　公立幼稚園は公立小学校と基本的には同等の研修体制をもっているのですが，私立幼稚園また保育所はそこまでの研修の保障がなされていません。そもそも研修機会が少ないことや保育を見直すことに特化した研修が少ないという問題があります。また，勤務が忙しく研修活動に時間を割くゆとりがないというのも深刻です。それを受けて，キャリア別研修を行うことや，それに義務づけや報償との連動を行うことが広がりつつあります。その広がりをどう可能にするかの工夫が求められます。

③養成課程の質保証

　保育の質を向上させていくには，研修とともに養成課程の質の改善があるはずです。幼稚園教諭養成課程と保育士養成課程が改訂され，その新たな体制での実施が求められています。同時に，その養成に携わる教員が保育実践に詳しくなるために，そのための研修も拡充される必要があります。養成課程についての実践的な研究を進めていくことも大事です。それらの養成校教員の大学院博士課程における育成も組織的に行われていくべきでしょう。

④無償化，法令化，処遇改善，第三者評価

　保育・幼児教育の公的な位置づけを上げていくべきでしょう。そのための重要なステップが幼児教育の無償化です。まずは3歳以上について無償に近づける必要があるでしょう。また，法令としての整備も必要です。働く保育者の処遇を改善することで質の高い保育者が継続して勤務できるようにしていきます。いずれ専門家により第三者評価とそれに基づく改善への助言，さらに勧告も必要になるのではないでしょうか。

＊7　**幼児教育センター**：幼児教育の内容・指導方法等に関する調査研究，幼稚園教諭・保育士・保育教諭や幼児教育アドバイザーに対する研修機会の提供や相談業務，幼児教育施設などに対する助言・情報提供等を行うため自治体に設ける拠点のこと。

⑤資格の高度化

　保育士資格は基本的には高校卒業プラス2年ほどの養成課程を必要としますが，その一方で，幼稚園教諭は二種，一種，専修とあり，四年制大学と大学院修士課程に対応した高度免許を用意しています。保育士の高度資格化が必要でしょう。また，特に修士修了者の位置づけを積極的に図っていくことも必要でしょう。

⑥情報の交換と普及の仕組みの構築

　保育の実践的な改善の試みは全国に無数にあるはずですが，それが必ずしも利用可能なかたちで流通し，共有されていません。本，雑誌，公開保育，研修などとともに，インターネットの利用などが推進されるべきです。

⑦研究拠点の構築とエビデンスの積み上げ

　保育の質とは卓越した実践を行い，それを実地において広めていくこととともに，数量的なデータに基づくエビデンスにより，特定の保育の在り方の有効性を示していく必要があります。日本ではまだそういった研究拠点が少ないので，それを広げ，予算を拡大していくべきです。

まとめ

　日本の保育あるいは幼児教育は，その量的拡充を進めるとともに質を上げていこうとしています。そのため，最低基準を改善したり，そこで働く保育者の処遇を良くしていくことを少しずつ進めています。同時に，日々の園の活動のなかでその保育の質を良くしていく必要があります。そのための基本は，保育を計画的に進め，同時に，日々の子どもや保育の在り方に沿ってそこでの良いところを発展させ，またうまくいっていないところに修正を加えるという見直しの作業が不可欠です。そこで保育そのものとは別に記録をとって分析したり，その分析を組織立ったやり方にして活用しやすくすることが大事になります。乳児期からの育ち，小学校への接続，「資質・能力」，「5領域」，「幼児期の終わりまでに育ってほしい姿」などは，そういった質の改善のためのいわば道具であり，いかに使いこなすかが重要になるのです。

さらに学びたい人のために

○無藤隆（編著）『幼児期の終わりまでに育ってほしい10の姿』東洋館出版社，2018年。
　本書は，新しい幼稚園教育要領等のキーワードである「幼児期の終わりまでに育ってほしい姿」について，具体的な子どもの成長の様子がわかる豊富な事例を用いながら，10の姿とはどのようなものかについて解説しています。

○無藤隆（編）『育てたい子どもの姿とこれからの保育』ぎょうせい，2018年。
　新しい幼稚園教育要領等の改訂のポイントについて具体的な事例を踏まえながらわかりやすく解説しています。また，乳幼児期の育ちと学びに関するキーワードから「子ども理解」を深められるとともに，環境構成や教材研究，保育記録など，「保育者の仕事」に関わる実践課題を具体的に解説しています。

《監修者紹介》

汐見稔幸（しおみ　としゆき）
　　現　在　東京大学名誉教授。

大豆生田啓友（おおまめうだ　ひろとも）
　　現　在　玉川大学教授。

《執筆者紹介》（執筆順，担当章）

汐見稔幸（しおみ　としゆき）はじめに，第1章
　　編著者紹介参照。

三谷大紀（みたに　だいき）第2章
　　現　在　関東学院大学准教授。
　　主　著　『共感』（共著）ミネルヴァ書房，2007年。
　　　　　　『子どもを「人間としてみる」ということ』（共著）ミネルヴァ書房，2013年。

砂上史子（すながみ　ふみこ）第3章
　　現　在　千葉大学教授。
　　主　著　『保育のいとなみ』（共著）東京大学出版会，2016年。
　　　　　　『保育現場の人間関係対処法』（編著）中央法規出版，2017年。

中坪史典（なかつぼ　ふみのり）第4章
　　現　在　広島大学大学院教授。
　　主　著　『テーマでみる保育実践の中にある保育者の専門性へのアプローチ』（編著）ミネルヴァ書房，2018年。
　　　　　　『質的アプローチが拓く「協働型」園内研修をデザインする』（編著）ミネルヴァ書房，2018年。

北野幸子（きたの　さちこ）第5章
　　現　在　神戸大学大学院教授。
　　主　著　『認定こども園の時代（増補改訂新版）』（共著）ひかりのくに，2015年。
　　　　　　『手がるに園内研修メイキング』（共著）わかば社，2016年。

大豆生田啓友（おおまめうだ　ひろとも）第6章
　　編著者紹介参照。

猪熊弘子（いのくま　ひろこ）第7章
　　現　在　ジャーナリスト，（一社）子ども安全計画研究所代表理事，名寄市立大学特命教授。
　　主　著　『死を招いた保育』（単著）ひとなる書房，2011年。
　　　　　　『子どもがすくすく育つ幼稚園・保育園』（共著）内外出版社，2018年。

矢藤誠慈郎（やとう　せいじろう）第8章
　　現　在　和洋女子大学教授。
　　主　著　『保育者を生きる』（共著）東京大学出版会，2016年。
　　　　　　『保育の質を高めるチームづくり』（単著）わかば社，2017年。

浅井幸子（あさい　さちこ）第9章
　　現　在　東京大学大学院教授。
　　主　著　『保育と家庭教育の誕生』（共編著）藤原書店，2012年。
　　　　　　『教師の声を聴く』（共編著）学文社，2016年。

松井剛太（まつい　ごうた）第10章
　　現　在　香川大学准教授。
　　主　著　『子どもの育ちを保護者とともに喜び合う』（共著）ひとなる書房，2018年。
　　　　　　『特別な配慮を必要とする子どもが輝くクラス運営』（単著）中央法規出版，2018年。

渡邉英則（わたなべ　ひでのり）第11章
　　現　在　ゆうゆうのもり幼保園園長，港北幼稚園園長。
　　主　著　『子どもを「人間としてみる」ということ』（共著）ミネルヴァ書房，2013年。
　　　　　　『保育原理（新しい保育講座）』（共編著）ミネルヴァ書房，2018年。

山縣文治（やまがた　ふみはる）第12章
　　現　在　関西大学教授。
　　主　著　『子ども家庭福祉論（第2版）』（単著）ミネルヴァ書房，2018年。
　　　　　　『新版　よくわかる子ども家庭福祉』（共編著）ミネルヴァ書房，2019年。

無藤　隆（むとう　たかし）第13章
　　編著者紹介参照。

《編著者紹介》

汐見稔幸（しおみ　としゆき）
- 現　在　東京大学名誉教授。
- 主　著　『さあ，子どもたちの「未来」を話しませんか』（単著）小学館，2017年。
『汐見稔幸　こども・保育・人間』（単著）学研教育みらい，2018年。

無藤　隆（むとう　たかし）
- 現　在　白梅学園大学名誉教授。
- 主　著　『幼児教育のデザイン』（単著）東京大学出版会，2013年。
『毎日コツコツ役立つ保育のコツ50』（単著）フレーベル館，2015年。

大豆生田啓友（おおまめうだ　ひろとも）
- 現　在　玉川大学教授。
- 主　著　『子育てを元気にすることば』（単著）エイデル研究所，2017年。
『あそびから学びが生まれる動的環境デザイン』（編著）学研教育みらい，2018年。

アクティベート保育学①

保育原理

2019年4月30日　初版第1刷発行	〈検印省略〉
2022年1月10日　初版第5刷発行	定価はカバーに表示しています

監修者	汐　見　稔　幸 大豆生田　啓　友
編著者	汐　見　稔　幸 無　藤　　　隆 大豆生田　啓　友
発行者	杉　田　啓　三
印刷者	江　戸　孝　典

発行所　株式会社　ミネルヴァ書房
607-8494　京都市山科区日ノ岡堤谷町1
電話代表　(075)581-5191
振替口座　01020-0-8076

© 汐見・無藤・大豆生田ほか，2019　　共同印刷工業・藤沢製本

ISBN978-4-623-08433-3
Printed in Japan

アクティベート保育学

汐見稔幸・大豆生田啓友　監修

Ａ５判／美装カバー

1. 保育原理
汐見稔幸・無藤隆・大豆生田啓友　編著
本体2000円

2. 保育者論
大豆生田啓友・秋田喜代美・汐見稔幸　編著
本体2000円

3. 子ども理解と援助
大豆生田啓友・久保山茂樹・渡邉英則　編著

4. 保育・教育課程論
神長美津子・戸田雅美・三谷大紀　編著

5. 保育方法・指導法
北野幸子・那須信樹・大豆生田啓友　編著

6. 保育内容総論
大豆生田啓友・北野幸子・砂上史子　編著

7. 保育内容「健康」
河邉貴子・中村和彦・三谷大紀　編著

8. 保育内容「人間関係」
大豆生田啓友・岩田恵子・久保健太　編著

9. 保育内容「環境」
秋田喜代美・佐々木正人・大豆生田啓友　編著

10. 保育内容「言葉」
汐見稔幸・松井智子・三谷大紀　編著

11. 保育内容「表現」
岡本拡子・花原幹夫・汐見稔幸　編著
本体2000円

12. 保育・教育実習
矢藤誠慈郎・髙嶋景子・久保健太　編著
本体2000円

13. 乳児保育
遠藤利彦・髙嶋景子・汐見稔幸　編著

14. 障害児保育
榊原洋一・市川奈緒子・渡邉英則　編著
本体2000円

アクティベート教育学

汐見稔幸・奈須正裕　監修

Ａ５判／美装カバー

1. 教育原理　　　　木村 元・汐見稔幸　編著
2. 現代の教師論　　佐久間亜紀・佐伯 胖　編著
3. 現代社会と教育　酒井 朗　編著
4. 教育経営　　　　天笠 茂　編著
5. 教育制度を支える教育行政　青木栄一　編著
6. 発達と学習の心理学　松木健一・奈須正裕　編著
7. 特別支援教育　廣瀬由美子・石塚謙二　編著
8. 教育課程論　　澤田 稔　編著
9. 道徳教育の理論と実践　上地完治　編著
10. 総合的な学習の時間　奈須正裕・田村 学　編著
11. 特別活動の理論と実践　上岡 学・林 尚示　編著
12. 教育の方法と技術
江間史明・黒上晴夫・奈須正裕　編著
13. 教育相談　家近早苗・田村修一・石隈利紀　編著
14. 生徒指導・キャリア教育
八並光俊・藤田晃之・石隈利紀　編著
15. 教職のための憲法　斎藤一久・城野一憲　編著

(2019年春より順次刊行)

ミネルヴァ書房

https://www.minervashobo.co.jp/